Die Haftung des Anlagevermittlers
beim Vertrieb von geschlossenen Fonds
und anderen Finanzanlagen des Nebenkapitalmarktes

Europäische Hochschulschriften

Publications Universitaires Européennes
European University Studies

Reihe II
Rechtswissenschaft

Série II Series II
Droit
Law

Bd./Vol. 3807

PETER LANG
Frankfurt am Main · Berlin · Bern · Bruxelles · New York · Oxford · Wien

Peer Koch

Die Haftung des Anlagevermittlers beim Vertrieb von geschlossenen Fonds und anderen Finanzanlagen des Nebenkapitalmarktes

PETER LANG
Europäischer Verlag der Wissenschaften

Bibliografische Information Der Deutschen Bibliothek
Die Deutsche Bibliothek verzeichnet diese Publikation in der Deutschen Nationalbibliografie; detaillierte bibliografische Daten sind im Internet über <http://dnb.ddb.de> abrufbar.

Zugl.: Bremen, Univ., Diss., 2003

Layout: Kumpernatz + Bromann,
Schenefeld bei Hamburg

D 46
ISSN 0531-7312
ISBN 3-631-51751-3

www.peterlang.de

Für Silke und Friederike

Vorwort

Dem Finanzdienstleistungsbereich kommt in Zeiten, in denen der Staat seine Leistungen der Kranken- und Altersversorgung stark verringert und damit dem Bürger die Höhe seiner Vorsorgeaufwendungen und die Wahl der Anlageart überlässt, eine überragende Bedeutung zu. Den Anbietern von Kapitalanlagen sowie den Banken und Vertriebsunternehmen ist hierdurch die Verantwortung übertragen worden, für diese Anlegergelder geeignete Kapitalanlagen zu entwickeln und durch angemessene Beratung zu ermöglichen, dass diese Vorsorgeaufwendungen der adäquaten Anlageart zugewiesen werden.

Die gesetzlichen Voraussetzungen für die Sicherstellung dieser Aufgabe sind aber insbesondere im Bereich des Vertriebs von Kapitalanlagen nicht gegeben. Für den Beruf des Anlagevermittlers oder Anlageberaters bedarf es nach wie vor keiner fachlichen Qualifikation, die Vertriebssysteme sind grundsätzlich provisionsorientiert, also auf die Anbieterseite ausgerichtet. Es fehlt an gesetzlich statuierten Wohlverhaltenspflichten für Berater und Vermittler, welche sämtliche Finanzanlagen, also auch solche des so genannten grauen Kapitalmarktes erfassen. Die Anlegerschäden durch fehlerhafte Vermittlung und Beratung sind immens und letztlich nicht zu beziffern, da nur ein geringer Teil der Schäden gerichtlich geltend gemacht wird.

Die vorliegende Arbeit unternimmt es, die Lücken des Anlegerschutzes in Gesetzgebung und Rechtsprechung zu ermitteln, die ergangene Rechtsprechung zu systematisieren und die Finanzdienstleistung der Anlagevermittlung zu definieren. Sie soll damit einen Beitrag zum Anlegerschutz leisten.

Ich möchte allen, die mich bei Erstellung der Arbeit begleitet haben, herzlich danken, insbesondere meinem Doktorvater Prof. Dr. Peter Derleder, der mich fachlich und freundschaftlich in dieser Zeit sehr unterstützt hat. Herrn Prof. Dr. Ehricke danke ich für die Erstellung des Zweitgutachtens.

Ein großer Dank gilt auch meinen Eltern, die meine Ausbildung in jeder Weise unterstützt haben. Mein größter Dank geht aber an meine Frau Silke. Sie hat mich auch in schwierigen Stadien der Bearbeitung stets ermuntert und viel Verständnis aufgebracht. Ihr und unserer Tochter Friederike ist diese Arbeit gewidmet.

Bremen, den 5. August 2003 *Peer Koch*

Inhaltsverzeichnis

Viertes Kapitel
Der Vermittlerbegriff und die Vermittlerhaftung 106

Sechstes Kapitel

Einleitung

Die Rechtsprechung zum Anlegerschutz beruht im Wesentlichen auf den Weichenstellungen zu Beginn der 80er Jahre und hat praktikable Maßstäbe für die Haftung beratender und finanzierender Banken sowie für die Haftung von den an der Konzeption der Finanzanlage Beteiligten ergeben. Seither hat sich jedoch aufgrund der expansiven Entwicklung des Nebenkapitalmarktes eine außerordentliche Bedeutung der Vermittlertätigkeit im Vertrieb ergeben, in den sich auch große Organisationen eingeschaltet haben. Insofern besteht eine Lücke im Anlegerschutz, die eine Weiterentwicklung der Rechtsprechung und Literatur erforderlich macht. Die Arbeit hat die Aufgabe, diese Lücken genauer zu bestimmen, den Vermittlungsbegriff präziser zu fassen, die Vermittlungstätigkeiten zuzuordnen, die speziellen Sorgfaltspflichten zu kommentieren und die Beweislast im Anlegerschutzprozess zu präzisieren.

Die Arbeit will sich hierfür mit der zwischen Berater und Vermittler differenzierenden Rechtsprechung aufgrund einer Analyse der Tätigkeit des Vermittelns in den einzelnen Finanzdienstleistungsbereichen und in den Vertriebsebenen auseinandersetzen. Aus den handelsgesetzlichen Regelungen (zum Handelsvertreter- und Handelsmaklerrecht) und den spezialgesetzlichen Regelungen (Kreditwesengesetz und Wertpapierhandelsgesetz) soll eine Definition der Vermittlungstätigkeit entwickelt werden. Insbesondere soll an dem so gewonnenen Vermittlungsbegriff diskutiert werden, ob die von der Rechtsprechung dem Tatbestand der Anlagevermittlung zugeordneten Verhaltenspflichten ausreichend sind und ob eine Differenzierung zwischen Vermittlung und Beratung durchführbar ist. Hierfür sollen anhand des Vermittlungsbegriffs die spezifischen Tätigkeiten der am Vertrieb der Finanzanlage Beteiligten qualifiziert werden. Dabei kommen insbesondere Vermittler verschiedener Hierarchiestufen in den unterschiedlichen Vertriebsorganisationen in Betracht. Die exemplarische Untersuchung von Finanzanlagen des Nebenkapitalmarktes ist hier sinnvoll, weil deren Vertrieb durch die Einschaltung vieler in unterschiedlicher Weise tätigen und fachlich geeigneten Personen gekennzeichnet ist.

Insbesondere ist dabei festzustellen, inwieweit in der bisherigen Rechtsprechung die Beiträge der an der Vermittlung Beteiligten in die Haftung eingeflossen sind. Hierbei soll auch untersucht werden, in welchem Umfang bisher eine Wissenszurechnung bei der Kooperation mit den Banken und Initiatoren erfolgt ist.

Schließlich wird sich die Arbeit der Frage der Beweislastverteilung im Haftungsprozess gegen den Finanzdienstleister zuwenden und die Frage einer Beweislastumkehr bei Vorliegen besonderer Angewiesenheitslagen auf Seiten des Anlegers untersuchen.

Erstes Kapitel

Die wirtschaftlichen Rahmenbedingungen der Anlagevermittlung

A. Die Auswertung und Ausdifferenzierung des „grauen Kapitalmarktes“

Aufgrund fehlerhafter oder unzureichender Beratung durch Finanzdienstleistungsvermittler sind Anlegern in den meisten der durch die Rechtsprechung dokumentierten Fälle Schäden durch solche Anlageprodukte entstanden, die in der Literatur und in den Presseberichten dem sogenannten „grauen Kapitalmarkt“ zugeordnet werden[1]. Die Untersuchung soll sich daher auf die Feststellung von Verhaltenspflichten bei der Vermittlung von Produkten des „grauen Kapitalmarktes“ beschränken.

1. Definition des „grauen Kapitalmarktes

Neben dem Begriff „grauer Kapitalmarkt“ werden in der Literatur weitgehend synonym die Bezeichnungen ungeregelter Kapitalmarkt, alternativer Markt[2], kleiner[3], freier Kapitalmarkt[4] und „Neben-Kapitalmarkt“[5] verwendet. Die unterschiedlichen Bezeichnungen resultieren überwiegend aus der unterschiedlichen Bewertung dieses Marktsegmentes durch die Autoren. Solche, die die Bezeichnung „grauer Kapitalmarkt“ und „ungeregelter Kapitalmarkt“ wählen, sind der Auffassung, der Markt und insbesondere der Anlegerschutz sei nicht oder unzureichend gesetzlich geregelt. Wegen des Fehlens solcher spezieller gesetzlicher Regelungen und der Intransparenz der angebotenen Produkte wird der Begriff des „grauen“ Marktes verwendet[6]. Bezeichnungen wie „alternativer Markt“, „kleiner Kapitalmarkt“ und „Nebenkapitalmarkt“ verwenden überwiegend Autoren, die eine Konsolidierung dieses Marktsegmentes feststellen, jedoch die Frage nach einer ausreichenden Regelung des Marktes im Rahmen ihrer Untersuchun-

---

1 U.a. BGHZ 74, 105 (Abschreibungsgesellschaft); BGH NJW 1991, 2556 (Erwerbermodell); BGH VersR 1993, 1104 (Abschreibungsgesellschaft); OLG Düsseldorf, WM 1996, 1082 (Bond-Beteiligungen); OLG Düsseldorf, WM 1996, 1059 (Financial Notes Special); OLG Düsseldorf, NJW-RR 1996, 1006 (Promissory Notes); BGH NJW 1998, 448 (geschlossener Immobilienfonds).

2 Crezelius, BB 1985, S. 209.

3 Jansen, in: Allfinanz 2000, S. 1, 42.

4 Pabst, S. 2.

5 Assmann, NJW 1982, S. 1083; Barkam, S. 1.

6 Barkam, S. 6.

gen aufwerfen[7]. Diese Untersuchung verwendet den Begriff „Nebenkapitalmarkt", da dieser der nach dreißig Jahren eingetretenen Institutionalisierung dieses Marktsegmentes gerecht wird und die Frage nach dem ausreichendem Anlegerschutz nicht vorschnell beantwortet.

a) Begriff des Kapitalmarktes

Um die Kapitalanlagen zuverlässig zu bestimmen, die auf dem Nebenkapitalmarkt gehandelt werden, ist zunächst eine Definition des Kapitalmarktes erforderlich. Als Kapitalmarkt wird der Markt für längerfristige Kredite und Beteiligungskapital bezeichnet. Er ist ein Teil des Kreditmarktes, der weitere vier Teilmärkte umfasst. Diese sind der Geldmarkt, der Bankenkreditmarkt, der Bankeneinlagenmarkt und der Markt der Finanzintermediäre. Die Hauptfunktion des Kapitalmarktes als Bindeglied zwischen Sparern und Investoren besteht darin, die auftretende längerfristige Kapitalnachfrage über den Zins und über andere Kreditkonditionen mit dem vorhandenen Kapitalangebot abzustimmen[8].

b) Definition des Nebenkapitalmarktes

Die Definition des Nebenkapitalmarkts in der Literatur ist uneinheitlich[9]. Autoren, die den Kapitalmarkt in einen organisierten und einen nicht-organisierten Markt einteilen[10], definieren letzteren als das Zusammentreffen von Angebot und Nachfrage bei mittelfristigen und langfristigen Krediten und Beteiligungen zwischen Nichtbanken. Diese Definition könne auch für den Begriff Nebenkapitalmarkt übernommen werden[11]. Andere Autoren sehen das Marktsegment allein durch die „nicht-klassischen" Anlageformen der Steuersparbranche gekennzeichnet[12] und wählen damit eine negative Abgrenzung[13]. Weiter soll der Nebenkapitalmarkt im Gegensatz zum geregelten Kapitalmarkt dadurch definiert sein, dass für ihn keine speziellen Kapitalmarktgesetze, wie zum Beispiel das Börsengesetz, das Gesetz über Kapitalanlagegesellschaften oder das Auslandsinvestmentgesetz gelten[14]. Als maßgeblich wurde es auch angesehen, dass für den Nebenkapitalmarkt nur allgemeine gesetzliche Regelungen gelten, die nicht primär den Schutz des Anlegers oder die Funktionsfähigkeit des Kapitalmarktes betreffen[15]. Da es sich bei den auf diesem Marktsegment angebotenen Kapitalanlagen um ganz un-

---

7 Uhlenbruck, S. 4.

8 Kirelli, in: Geld, Bank und Börsenwesen, S. 933.

9 Böhm, S. 14.

10 Hagenmüller, S. 759; Zahn, Sitzungsberichte zum 51. DJT, P 76.

11 Böhm, S. 16.

12 Crezelius, BB 1985, 209, Barkam, S. 1.

13 Horst, S. 5.

14 Barkam, S. 5.

15 Spannagel, S. 187.

terschiedliche wirtschaftliche Phänomene und rechtliche Formen handelt, die allein dadurch zu definieren sind, dass hier Alternativen zur rechtlich detailliert geregelten Wertpapieranlage angeboten werden, wird vereinzelt von „neuen Anlageformen" gesprochen, die in verschiedene Gruppen unterteilt werden. Diese Gruppen sind: 1. ausländische Obligationen, insbesondere Auslandsanleihen, 2. Beteiligungen an Abschreibungsgesellschaften, 3. Anteile an geschlossenen Immobilienfonds, 4. Anlagen, die für Dienst- und Verwaltungsleistungen maßgeblich sind, 5. Anlagen in Sachwerten ohne Dienst- bzw. Verwaltungsleistungen[16].

c) Weitere Merkmale des Nebenkapitalmarktes

Darüber hinaus werden in der Literatur weitere Merkmale des Nebenkapitalmarktes hervorgehoben. Danach ist der Handel mit Beteiligungswerten nicht auf bestimmte Plätze beschränkt[17]. Die Kontaktaufnahme mit den Anlegern findet über Medien, insbesondere Zeitschriften, Anschreiben, Messen und Haus- bzw. Firmenbesuche durch Vermittler statt[18]. Ferner ist bei den auf dem Nebenkapitalmarkt angebotenen Kapitalanlagen die Verwendung von Prospekten als „Vertriebsmedien" im Rahmen einer freiwilligen Publizität festzustellen[19]. Als ein Charakteristikum des Nebenkapitalmarktes werden vereinzelt auch die Vertriebsmethoden, also die Art und Weise der Kundengespräche genannt[20]. Der Markt zeichnet sich ferner durch die Unübersichtlichkeit, bedingt durch die Verschiedenartigkeit der Produkte, aus. Dadurch werde die Beurteilung und der Vergleich zwischen den Produkten erschwert. Eine weitere Eigenart besteht im ständigen Wandel in den Konzeptionen der angebotenen Kapitalanlagen[21]. Dieser Wandel ist zum Beispiel in der sogenannten Steuersparbranche motiviert durch die fortlaufende Änderung der Steuergesetzgebung, insbesondere des steuerlichen Anreizsystems. Bestand die Grundlage vieler Konzeptionen von geschlossenen Immobilienfonds in den siebziger Jahren in der vom Gesetzgeber betriebenen Zonenrandförderung, war die Grundlage vieler Konzeptionen Anfang der neunziger Jahre der „Aufbau Ost". Basis vieler Konzeptionen waren aber auch unbeabsichtigte Lücken in der Steuergesetzgebung, auf deren Schließung durch den Gesetzgeber die Branche in der Vergangenheit stets mit Neukonzeptionen reagierte.

d) Gegenstand der Untersuchung

Gegenstand der Untersuchung soll der bestehende gesetzliche und der gesetzlich geplante Kapitalanlegerschutz gegenüber Finanzdienstleistungsvermittlern sein.

---

16 Hopt, Gutachten, S. 26 ff.

17 Böhm, S. 18.

18 v. Armansperg, S. 1.

19 Helkenberg, S. 4; Barkam, S. 1.

20 Ogger, S. 175.

21 Barkam, S. 3.

Eine Begrenzung der Untersuchung soll wegen der Vielgestaltigkeit der auf dem Nebenkapitalmarkt angebotenen Kapitalanlagen auf solche Anlageformen vorgenommen werden, die Beteiligungsrechte verkörpern oder die durch die Inanspruchnahme von Dienst- und Verwaltungsleistungen (z.B. Treuhandmodelle) gekennzeichnet sind, da diese den größten Marktanteil des Nebenkapitalmarktes ausmachen[22] und sich hier in jüngster Zeit die Notwendigkeit des Anlegerschutzes in besonderer Weise gezeigt hat[23].

2. Historische Entwicklung des Beteiligungskapitalmarktes

Beteiligungsmodelle mit steuerlichem Hintergrund gibt es in Deutschland seit Beginn der sechziger Jahre[24]. Bereits 1962 wurde in Deutschland die erste „Abschreibungsgesellschaft" gegründet[25]. Der Markt hat sich seit Mitte der sechziger Jahre neben den klassischen Kapitalanlagen in Wertpapieren, Grundvermögen, Versicherungen und Bausparverträgen etabliert[26], da mit dem Ansteigen der Sparquote, dem Erreichen konventioneller Anlageziele sowie der Zunahme des Lebensstandards auch die Bereitschaft wuchs, Geld in neue, alternative und spekulativere Anlageformen zu investieren[27]. Verstärkend kam hinzu, dass aufgrund wirtschaftlicher Rahmendaten bei Teilen der Bevölkerung reale Vermögensverluste eintraten. So lag in den siebziger Jahren die Kapitalverzinsung zwar bei 8% p.a., die Steuerprogression jedoch bei 50% und die Inflationsrate bei 5% p.a.[28]. Die bisherigen Anbieter, also die Banken, erkannten bzw. übergingen das Bedürfnis der Anleger, in Sachwerte zu investieren[29] und mit neuen Kapitalanlagekonzepten eine höhere Nettorendite zu erzielen. Hierdurch entstand ein neuer Teilmarkt[30]. Bereits 1967 traten neu gegründete Unternehmen mit Vermögensanlage-Angeboten an die Bezieher hoher Einkommen heran. Diese sogenannten Initiatoren waren auch als Entwickler und Betreuer der Projekte tätig[31].

Die Entwicklung von Konzeptionen bezüglich Unternehmensbeteiligungen wird in drei Phasen unterteilt: die Platzierung von reinen Steuerkonzepten, von Steuer- und Renditekonzepten und schließlich von reinen Renditemodellen[32]. Diese

22 Spannagel, S.186.

23 Vgl. Füllmich, ZIP 1999, S. 465 ff.

24 Grannemann, S. 18.

25 Spannagel, S. 190.

26 Crezelius, BB 1985, S. 209.

27 Horst, S. 3.

28 Grannemann, S. 19; Coing, WM 1980, S. 206, Meinig, S. 5.

29 Pressler, S. 6; Jansen, in: Finanzen, Geld und Vermögen, S. 17.

30 O.V., Wirtschaftswoche vom 1.2.1974 („Voilà, ein neuer Markt").

31 Pressler, S. 6; Barkam, S. 34.

32 Jansen, in: Finanzen, Geld und Vermögen, S. 20.

Entwicklungsstufen begründen sich aus den verschiedenen Anlage-Konzepten der Initiatoren.

Die Beteiligungsangebote Ende der sechziger Jahre bis zum Beginn der achtziger Jahre waren reine Steuerkonzepte. Sie beinhalteten keinen ernsthaften Investitionsansatz, sondern lediglich die Absicht, die individuelle Einkunftslage des Anlegers günstiger zu gestalten[33]. Die Wirtschaftlichkeit der Anlage resultierte allein aus der Durchsetzbarkeit der geplanten Verluste gegenüber der Finanzverwaltung. Die Beteiligungsprojekte waren entsprechend ihren hohen rechnerischen Verlustzuweisungen durch hohen Abschreibungsbedarf größtenteils Offerten aus der Explorationsbranche (Öl- und Gasgeschäft), Filmbeteiligungen und Patentverwertungsobjekte (Wagnisfinanzierungen)[34]. 1971 wurden bereits mehr als 4 Milliarden DM in „Abschreibungs-KG-Anteilen“ platziert – im Gegensatz zu einem Aktien-Emissionsvolumen von 3 Milliarden DM[35]. Erster Höhepunkt für die Abschreibungsbranche war das Entwicklungshilfe-Steuergesetz von 1972. Das gesetzgeberische Ziel bestand darin, Kapital ohne Inanspruchnahme der öffentlichen Hand für Projekte in den Entwicklungsländern zu investieren[36]. Durch diese Investitionen sollten die Initiative einheimischer Unternehmer zur Schaffung zusätzlicher Arbeitskräfte und dadurch die Nachfrage nach industriellen Produkten gesteigert werden[37]. Die Steuermindereinnahmen durch dieses Gesetz betrugen allein im Jahre 1970 rund 170, im Jahre 1971 rund 200 und im Jahre 1972 rund 280 Mio. DM. Das gesetzgeberische Ziel hingegen stellte sich nicht ein: 1972 entfielen von den mehr als 1 Milliarde DM Privatinvestitionen 62 Prozent auf Spanien und die Kanarischen Inseln (hauptsächlich für Hotelbauten), 14,4 Prozent auf Brasilien und 11,5 Prozent auf Israel. Die Vergünstigungsvorschriften des Entwicklungshilfe-Steuergesetzes führten damit zu einem sehr starken Investitionsboom in Ferien- bzw. Touristikobjekte. Der Umfang der deutschen Nettoinvestitionen in die ärmsten Länder betrug dagegen nur 9,5 Millionen Mark (0,8 Prozent). Die Gesetzesverlängerung wurde daraufhin in der sozialliberalen Koalition kontrovers diskutiert, jedoch unter dem veränderten Entwicklungshilfesteuergesetz durchgesetzt[38]. Letzteres sah vor, dass die steuerfreie Rücklage nach dem Entwicklungsstand des jeweiligen Entwicklungslandes gestaffelt war. Dieses be-

33 Meyerhoff, in: Steuern die Vermögen werden?, S. 19.

34 Jansen, in: Finanzen, Geld und Vermögen, S. 21.

35 O.V., Frankfurter Allgemeine Zeitung vom 28.12.1971, S. 13 („Mehr Kommanditanteile als neue Aktien abgesetzt“).

36 Börnstein, S. 18.

37 Jansen, in: Allfinanz 2000, S. 39.

38 Frankfurter Rundschau vom 8.3.1974, S. 1 („Eppler wurde überstimmt – Auch künftig Wirtschaftssubventionen für Entwicklungshilfe“).

wirkte faktisch den Ausschluss der Tourismusprojekte aus dem Kreis der förderungswürdigen Investitionen[39].

Den Zusammenhang zwischen der bundesdeutschen Gesetzgebung und den Offerten der Abschreibungsbranche zeigt exemplarisch eine Anzeige eines Anbieters von Beteiligungen aus diesen Jahren. In der Anzeige warb das Unternehmen mit einer Chronik ihrer Beteiligungsangebote: „1967 erstmalige Anwendung der Zonenrandförderbestimmung für ein neues Touristik-Zentrum an der deutschen Ostseeküste, 1968 erster deutscher Abschreibungsfonds, 1969 erstes Beteiligungsangebot nach dem Entwicklungshilfe-Steuergesetz, 1970 einziges Beteiligungsangebot unter Ausnutzung des Ruhrkohleförderungsgesetzes, 1971 Eigentumswohnung mit hohen Steuervorteilen nach dem ALBAG-System (sog. Bauherrenmodell), 1972 Bestätigung unserer Ideen und Angebote durch die Finanzverwaltung und die wirtschaftliche Entwicklung“[40].

Mit Anlegerschutz und freiwilliger Selbstkontrolle der Anbieter befasste sich erstmals 1972 ein von verschiedenen Konzeptionsbeteiligten gegründeter Verband, der steuerbegünstigte Privatinvestitionen fördern wollte. Dieser blieb zwar ohne entscheidenden Einfluss auf den Gesetzgeber, hatte jedoch maßgeblichen Einfluss auf den Inhalt der sogenannten IdW-Richtlinien, nach welchen Wirtschaftsprüfer seit 1983 die wirtschaftliche und steuerliche Richtigkeit von Prospektangaben überprüfen[41].

Betrug die Zahl der Fonds im Dezember 1973 noch 252, erfasste die Statistik der Deutschen Bundesbank im September 1976 bereits 302 Fonds mit einem aufgenommenen Zertifikatskapital von 3.201 Mio. DM[42]. In dieser Zeit kam es jedoch auch zu beachtlichen Kapitalfehlleitungen. Der seit 1968 durch betrügerische Vorhaben verlorengegangene Eigenkapitalanteil wurde auf ca. 15 Prozent geschätzt[43], und der Anteil der erfolgreich abgeschlossenen Investitionsobjekte wurde von Kennern der Anbieterseite mit 50-70%angegeben[44].

Das erstmalige Angebot von sogenannten Renditekonzepten in der 2. Phase ist vor dem Hintergrund der Einführung des § 15 a EStG im Jahre 1980 zu verstehen. Dieser beschränkte die Höhe der Verlustzuweisungen auf 100%der Anlage- bzw. Haftsumme. Hierdurch wurde der Wettbewerb um die höchstmöglichen

39 Gloystein/Krägenau, Wirtschaftsdienst Nr. V/1973, S. 238.

40 Jansen, in: Finanzen, Geld und Vermögen, S. 5 über die „Consulta/Köln“; o.V., in: Jahrbuch der deutschen Anlageberatung 1972/73, S. 65.

41 Jansen, in: Allfinanz 2000, S. 30

42 Statistische Beihefte zu den Monatsberichten der Deutschen Bundesbank, Reihe 2, Wertpapierstatistik, Mai 1977, Nr. 5, 22 Geschlossene Immobilienfonds.

43 Grütering, in: JbdA 1974/75, S. 88.

44 Graebner, in: JbdA 1974/75, S. 96.

Verluste unter den Anbietern beendet[45]. Ausnahmen galten aus struktur- und beschäftigungspolitischen Gründen lediglich für Schiffsbeteiligungen. Viele Unternehmen wichen aber auf andere steuerliche Konstruktionen aus. Durch den ab dem 1.1.1983 neu eingeführten § 2 a EStG wurde eine Verrechnung von Verlusten aus Auslandsinvestitionen, mit Ausnahme der Industriebeteiligungen und der Rohstoffexploration, mit inländischen Einkünften untersagt.

Ab Mitte der achtziger Jahre wurden auf dem Markt hauptsächlich die überwiegend renditeorientierten Beteiligungsofferten angeboten und damit die dritte Generation der Beteiligungsofferten vorgestellt. Die bei den Schiffsbeteiligungen anfallenden hohen Verlustzuweisungen waren die Ausnahme. Die jährlich seit Anfang der 70er Jahre bis Mitte der 90er Jahre öffentlich angebotenen unternehmerischen Beteiligungsangebote werden auf durchschnittlich 200 bis 300 Stück und das jährliche Gesamtinvestitionsvolumen auf bis zu 9 Milliarden DM geschätzt[46].

Auch in den neunziger Jahren verloren zinstragende Anlagen wegen des anhaltenden Renditerückgangs weiterhin an Attraktivität, wohingegen Investitionen in die Wohnungswirtschaft erfolgten und dabei insbesondere die Abschreibungserleichterungen nach dem Fördergebietsgesetz eine nicht erwartete Resonanz fanden[47]. Die Fondsentwicklungen wurden, wie bei den Bauherren-Modellen in den frühen achtziger Jahren, maßgeblich von steuerlichen Aspekten bestimmt[48]. Es handelt sich bei diesen neueren Fondsgestaltungen um die Anzahlungs- bzw. Konservierungsfonds[49], die Senioren-Fonds[50] und die Leasing-Fonds[51]. Letztere stellen ein neues Kapitalanlage-Segment dar[52], auf dem hochwertige Wirtschaftsgüter, vergleichbar den Schiffsbeteiligungen, angeboten werden.

3. Gegenwärtige Marktsituation

Im Bereich des Beteiligungsmarktes gibt es, im Unterschied zum Wertpapiermarkt, weiterhin keine zentralen Notierungsstellen, die den potenziellen Anlegern einen Überblick über Preise und Konditionen der Anlagemöglichkeiten geben könnten. Die Informationsbeschaffung erfolgt über die Presse, also Kapitalanlagemagazine und Literatur, sowie über private Analysegesellschaften, die bei

45 Meyerhoff, in: Steuern, die Vermögen werden?, S. 20.
46 Jansen, in: Finanzen, Geld und Vermögen, S. 22.
47 Deutsche Bundesbank, Monatsbericht Januar 1999, S. 37.
48 Wagner, NZG 1999, S. 238.
49 Fleischmann/Meyer-Scharenberg, DStR 1997, S. 106.
50 Loritz, in: Konzeptionshandbuch der steuerorientierten Kapitalanlage, Rdnr. 2448-2486.
51 Wagner, DStR 1995, S. 1153.
52 Wagner, DStR 1999, S. 230.

ihrer Informationsbeschaffung fast ausschließlich auf die Prospektangaben und ihre Kenntnisse über Initiatoren und Konzepte beschränkt sind.

Auf dem erst seit 1987 bestehenden privatwirtschaftlich organisierten Zweit- oder Sekundärmarkt wird auch gegenwärtig ein geringer Teil der Beteiligungstitel gehandelt.[53]. Somit gestaltet sich der Verkauf von Fondsanteilen durch die Anleger schwierig.

Hatte die staatliche Förderung vieler Produkte in der Vergangenheit bei vielen zu dem Irrtum geführt, der Staat identifiziere sich mit dem Anlageobjekt[54], sind insbesondere nach dem Regierungswechsel 1998 die Beteiligungen an Verlustzuweisungsgesellschaften in das staatliche Visier genommen worden[55]. Durch das Steuerentlastungsgesetz (StEntlG) 1999/2000/2002 ist ein Verlustausgleich und damit eine Steuerminderung gemäß § 10 d EStG insbesondere bei den in § 2 b definierten Verlustzuweisungsgesellschaften nur noch eingeschränkt möglich[56] und mit steuerrechtlichen Unsicherheiten, die aus der Anwendung des Gesetzes herrühren[57], belastet[58]. Dieses wird zu einer Zunahme von renditeorientierten Beteiligungsofferten führen.

Die Ausgestaltung von Unternehmensbeteiligungen als renditeorientierte Anlage ermöglicht es, das Produkt nicht nur den Anlegern mit hohem Einkommen, sondern auch den vermögenden Anlegern ohne hohes Einkommen und sogar den Kleinverdienern[59] verstärkt anzubieten. Die Gruppe aus vermögenden Anlegern hat sich insbesondere durch kräftige Einkommenszuwächse der „Generation der Erben“ gebildet. Bereits in den achtziger Jahren verdoppelte sich das Geldvermögen der privaten Haushalte nahezu von 1,5 auf 2,7 Milliarden DM[60]. Hierdurch ist auch eine Verlagerung vom Liquiditäts- zum Renditebewusstsein der Bevölkerung einhergegangen[61].

---

53 Nach Information der Hanseatischen Wertpapierhandelshaus AG (HWAG), Hamburg, bietet der sogenannte „Follow Up Market“ zur Zeit den Handel von Fondsanteilen für eine Gebühr von 1.000,00 DM pro Anteil zuzüglich einer Jahresbetreuungsgebühr mittels eines „Listings“ an. Bei Verkauf fällt eine Vermittlungscourtage je Anteil von 1,5% auf den Kurswert an.

54 Uhlenbruck, GmbH-Rundsch. 1973, S. 107; v. Armansperg, S. VII.

55 Seer/Schneider, BB 1999, S. 872.

56 Unbegrenzter Verlustausgleich besteht nur noch innerhalb derselben Einkunftsart; gezielte Einschränkungen des Verlustausgleichs und Verlustabzugs bestehen bei Verlustzuweisungsgesellschaften, dazu im einzelnen: Risthaus/Plenker, DB 1999, S. 605-610.

57 Seer/Schneider, BB 1999, S. 872.

58 Günkel/Frenzl, DStR 1999, S. 666.

59 G. Wüst, JZ 1989, S. 67.

60 Deutsche Bundesbank, Monatsberichte Mai 1990, S. 26.

61 Remsperger, S. 304.

Bei den zu untersuchenden Anlagearten sind insbesondere die Investitionen in Immobilien hervorzuheben. Von dem Gesamtvermögen von rund 10,5 Billionen DM entfallen über 7 Billionen auf das private Immobilienvermögen. Jährlich werden ca. 18 Mrd. DM in Immobilien investiert. Ist der Mietwohnungsbau für institutionelle Anleger wegen mangelnder Wirtschaftlichkeit wenig attraktiv, sind nunmehr verstärkt sogenannte Erwerber-Modelle und neue Formen von Fondsmodellen am Markt[62].

Insbesondere im sogenannten Venture-Capital-Bereich hat in der jüngsten Vergangenheit eine starke Expansion eingesetzt. Von 1980 bis 1995 hat sich in den Ländern der Europäischen Union die Bereitstellung von Wagniskapital von etwa 0,8 auf 65,1 Milliarden US$ erhöht[63], sodass hier in Zukunft vermehrt Beteiligungsangebote zu erwarten sind.

Gleichwohl wächst die Konkurrenz zu anderen Beteiligungsformen, insbesondere dem unter den Einwirkungen der Rezession stehenden Aktienmarkt[64]. Auch eine stärkere Konsumneigung und eine niedrigere Sparbereitschaft der Bevölkerung[65] wird die Konkurrenz zwischen den Anlageprodukten des „geregelten" Kapitalmarktes und des Nebenkapitalmarktes verstärken.

4. Volkswirtschaftliche Aufgabe des Nebenkapitalmarktes

Aufgabe des Nebenkapitalmarktes ist in erster Linie die Kapitalaufbringung[66]. Der Markt der Unternehmensbeteiligungen kann der Eigenkapitalbeschaffung nicht börsenfähiger, kleiner und mittlerer Unternehmen dienen[67]. Unter Nutzung des Marktmechanismus besteht eine weitere Funktion in der Investitionslenkung, indem die Kapitalströme ausschließlich in Projekte mit hohem Nutzen fließen können[68]. In dieser Weise ist es möglich, viele besonders riskante Projekte, die aufgrund hoher gesetzlicher Anforderungen bei der Kapitalaufnahme durch Aktienemission nicht finanziert werden können, auf dem Nebenkapitalmarkt zu finanzieren[69]. Dem Nebenkapitalmarkt wird aus diesen Gründen eine elementare Bedeutung zugesprochen[70].

Auf dem Nebenkapitalmarkt hat der Staat in der Vergangenheit durch steuerliche Anreize regierungs- und konjunkturabhängig Wirtschaftspolitik verfolgt.

---

62 Ekkehard v. Heymann, S. 3.
63 Leopold/Frommann, S. 217.
64 Deutsche Bundesbank, Monatsbericht Januar 1999, S. 40.
65 Deutsche Bundesbank, Monatsbericht Januar 1999, S. 40.
66 Helkenberg, S. 5.
67 Leopold, DStR 1999, S. 471.
68 Helkenberg, S. 5.
69 Böhm, S. 22.
70 Böhm, S. 12 f., 23; Leopold/Frommann, S. 217; Crezelius, BB 1985, S. 209.

Diese zielte zum Beispiel auf die Entwicklungshilfe, die Zonenrandförderung oder den Aufbau-Ost. Die volkswirtschaftlichen Erfolge dieser Investitionslenkungen waren, wie es am Entwicklungshilfe-Gesetz deutlich wird[71], sehr unterschiedlich.

Die Abschreibungsbranche hebt zum Beispiel hervor, dass im Rahmen von Bauherrenmodellen im Zeitraum von 1969 bis 1981 ungefähr 120.000 Wohnungen entstanden sind[72]. Neben dem Zuwachs an Mietwohnraum wird die Sicherung von Arbeitsplätzen als positive Auswirkung solcher Kapitalanlagen hervorgehoben[73]. Außer acht gelassen wird dabei jedoch, dass hierdurch auch in vielen Fällen nicht bedarfsgerecht und damit leerstehender Wohnraum produziert wurde. In vielen Fällen der steuerlichen Subventionen ist die Rentabilität der Investition für den Investor lediglich ein Nebeneffekt oder sogar unerwünscht gewesen, wenn die Rentabilität die Steuerbegünstigung aufzehrte[74].

5. Anlegerschäden am Nebenkapitalmarkt

Die Schäden am deutschen Anlagemarkt wurden nach Angaben des Bundesverbandes Finanzdienstleistungen[75] und der Landeszentralbank Bayern auf bis zu 20 Mrd. EURO im Jahr geschätzt[76]. Aufgrund ihrer erweiterten Ermittlungsbefugnisse nach der sechsten Novelle zum Kreditwesengesetz haben die Landeszentralbanken ihre Ermittlungen gegen unerlaubte Finanz- und Dienstleistungsgeschäfte im Bereich des Nebenkapitalmarktes deutlich ausgeweitet[77]. Seit dem Beginn der neunziger Jahre sollen jährlich mindestens 150.000 Personen geschädigt worden sein, davon ca. 1.500 durch die Vermittlung von sogenannten Erwerber- oder Treuhandmodellen[78].

---

71 Oben II. A. 2.

72 Goldbeck/Uhde, S. 43.

73 Ebenda, S. 44.

74 Lutter, in: FS Bärmann, S. 606 f.

75 Honeck, Kreditwesen 1994, S. 16.

76 Lt. polizeilicher Kriminalstatistik registrierte die Polizei im Jahr 2000 über 12.400 Fälle von Wirtschaftskriminalität im Anlage- und Finanzierungsbereich, davon fast 10.800 im Bereich der Beteiligungen und Kapitalanlagen. Der Bundesverband der Finanzdienstleistungen schätzt die Verluste, die Anlegern durch falsche und unsachgemäße Beratung durch Vermittler von Immobilien- und Investmentfonds, von Kapitalbeteiligungen und anderen Anlageprodukten entstehen, auf bis zu 30 Mrd. Euro pro Jahr.

77 Die Welt vom 5.8.1999, S. 25.

78 Fuellmich, in: FS Deutsch, S. 920.

6. Zwischenergebnis

Eine Definition des Nebenkapitalmarktes kann aus dessen Entstehungsgrund und -zeitpunkt entnommen werden, wonach bestimmte Gruppen von Anlegern von den herkömmlichen Anlageformen auf alternative Anlageformen auswichen. Diese „nichtherkömmlichen Anlageformen" können als Anlageformen des Nebenkapitalmarktes bezeichnet werden.

Der Begriff Nebenkapitalmarkt eignet sich nicht, um Anlageformen zwecks gleichartiger juristischer Behandlung zusammenzufassen. Dies ergibt sich aus deren rechtlicher Verschiedenartigkeit. Vielmehr könnte ein solcher Ansatzpunkt die Tätigkeit der diese Produkte vermittelnden Personen sein.

Die Entwicklungen auf dem Nebenkapitalmarkt hinsichtlich der Konzeption von Kapitalanlagen resultieren in erster Linie aus der veränderten Gesetzgebung und der negativen Öffentlichkeitswirkung von gescheiterten oder unseriösen Platzierungsofferten. Insgesamt hat die Unsicherheit der Anleger hinsichtlich der Anerkennung von Steuerkonstruktionen durch die Finanzverwaltungen oder -gerichte dazu geführt, dass ein weitgehender Rückgang der Verlustzuweisungsmodelle zu verzeichnen ist. Die Zunahme von renditeorientierten Beteiligungs- und anderen Konzeptionen sowie die wachsende Risikobereitschaft bei Anlegern könnten dazu führen, dass Vermittler von Unternehmensbeteiligungen zukünftig verstärkt Anleger mit geringerem Einkommen ansprechen.

Die Fungibilität von Unternehmensbeteiligungen ist nach wie vor gering, da lediglich ein kleiner Zweitmarkt besteht, auf dem diese gehandelt werden. Im Gegensatz zum Aktienmarkt gibt es damit so gut wie keine Möglichkeit, den Wert dieser Kapitalanlage über die Nachfrage auf einem Markt zu ermitteln. Der Nebenkapitalmarkt ist daher geprägt vom Angebot bzw. Verkauf der Beteiligungen durch die Konzeptionäre oder die Vermittler als Emissionsgehilfen[79] und kann damit als „Emissionsmarkt"[80] bezeichnet werden.

Dem Nebenkapitalmarkt wird eine große volkswirtschaftliche Bedeutung zugemessen. Gesetzgeberische Initiativen zum Anlegerschutz müssen sich daher nicht auf eine Eindämmung des Marktes, sondern auf den Schutz der Anleger im Wege der sachgerechten Beratung ausrichten.

---

79 Lutter spricht von Emissionsgehilfen, s. Lutter, in: FS Bärmann, S. 605 ff.

80 Helkenberg, S. 2.

B. Die gebräuchlichsten Anlageformen bei Beteiligungen

Die auf dem Nebenkapitalmarkt angebotenen Anlagen zeichnen sich durch eine starke Heterogenität in ihrer rechtlichen Ausgestaltung aus. Dieses ist auf fehlende gesetzliche Gestaltungsvorschriften und Rechtsformzwänge zurückzuführen[81].

1. Steuerbegünstigte Kapitalanlagen

a) Begriff

Steuerbegünstigte Kapitalanlagen sind unternehmerische Beteiligungen am wirtschaftlichen Verkehr, bei denen der Eigenkapitalansatz ganz oder zum Teil aus ersparten Steuern finanziert werden kann[82] und deren vorrangiges Ziel folglich darin besteht, den Beteiligten aufgrund besonderer steuerlicher Vorschriften hohe Buchverluste zukommen zu lassen[83]. Diese Definition deckt sich mit der in § 2 b EStG enthalten Definition von Verlustzuweisungsgesellschaften[84].

b) Ursache für Abschreibungskonzeptionen

Steuerrechtliche Ursache für die Konzeptionen von Abschreibungsgesellschaften ist der progressive Steuertarif[85], da dieser ein überproportionales Ansteigen der Steuerlast bei steigendem Einkommen bedingt[86]. Ziel des Gesetzgebers ist es, Personen mit einem geringen Einkommen einen geringen Durchschnittssteuersatz zuzuweisen. Personen mit einem die Proportionalzone übersteigenden Betrag werden dagegen einem stufenweise steigenden Steuersatz zugewiesen, der beim sogenannten Spitzensteuersatz endet. In gleichem Maße wie der Steuersatz bei den Beziehern hoher Einkommen steigt, wirkt sich auch deren Geltendmachung von Abzügen von der Einkommensspitze aus[87]. In der Schaffung der Voraussetzungen für die Geltendmachung solcher Abzüge liegt die Hauptfunktion von Abschreibungsgesellschaften.

c) Gesetzliche Vorgaben, die zur Steuerminderung genutzt werden

Eine steuerbegünstigte Kapitalanlage erzielt die Verbesserung ihrer Nettorendite im Gegensatz zu „normalen" Kapitalanlagen durch unterschiedliche steuerrecht-

---

81 Böhm, S. 18.

82 Fleischmann, in: Steuern, die Vermögen werden?, S. 29

83 Quast, S. 3.

84 Eine Verlustzuweisungsgesellschaft oder ein ähnliches Modell liegt nach dem Wortlaut des Gesetzes dann vor, wenn bei dem Erwerb oder der Begründung der Einkunftsquelle die Erzielung eines steuerlichen Vorteils im Vordergrund steht.

85 v. Armansperg, S. 4.

86 Vgl. § 32 a EStG.

87 v. Armansperg, S. 5.

liche Vorgaben. Hier sind zunächst öffentliche Finanzhilfen in Form von Steuertarifermäßigungen zu nennen[88]. Diese haben Subventionscharakter, da der Staat dem Investor für ein bestimmtes Verhalten Zuschüsse gewährt[89]. Beispiel hierfür sind Zuschüsse für bestimmte Investitionen in förderungswürdigen Gebieten gem. § 1 II InvZulG 1996[90]. Zu den weiteren gesetzliche Vorgaben gehört die Gewährung von Sonderabschreibungen für abnutzbare Wirtschaftsgüter des Anlagevermögens zur Förderung von Investitionen[91]. Hierin sind spezielle Ausnahmen von geltenden Normen des Steuerrechts zu sehen, die zu vorübergehenden Steuermindereinnahmen der öffentlichen Hand führen. Schließlich können auch steuerliche Vorschriften ohne Förderungscharakter zur Steuerminderung genutzt werden. Hierzu gehört die Nutzung von Bilanzierungsgeboten, des Bilanzierungswahlrechts und der sofort abschreibungsfähigen Werbungskosten beim Bau von Eigenheimen. Darüber hinaus besteht die Möglichkeit der Verrechnung von Verlusten mit anderen Einkünften des Steuerpflichtigen unter den Einschränkungen des § 2 III und des § 2b EStG sowie die unmittelbare Steuereinsparung durch Abzug bei der Einkommensteuervorauszahlung gemäß § 37 III S. 2 EStG.

d) Merkmale steuermindernder Kapitalanlagen

Ausgangspunkt einer steuerermindernden Gestaltung der Kapitalanlage ist das Ziel des Gesetzgebers, ausschließlich den Zuwachs an wirtschaftlicher Leistungsfähigkeit zu besteuern, der den einzelnen in den Stand versetzt, seinen privaten Konsum zu bestreiten[92]. Den Konzeptionen der Anbieter von solchen Kapitalanlagen liegt das sogenannte Nettoprinzip nutzt, nach dem alle Aufwendungen der Einkommenserzielung einkommensmindernd zu berücksichtigen sind[93].

Gelingt es den Initiatoren, bestimmte Tatbestandsmerkmale von Gesetzen und Förderungsrichtlinien auf ein konkretes Anlageobjekt zu beziehen, wird dadurch den beteiligten Privatpersonen die Möglichkeit eröffnet, mit dem Geltendmachen von Aufwand (z.B. Abschreibungen) oder Kosten (z.B. Werbungskosten) negative Einkünfte nachzuweisen und somit Vermögen „vor Steuern" zu bilden[94]. Die Konzepte steuersparender Kapitalanlagen enthalten somit alternativ oder kumulativ in unterschiedlicher Gewichtung verschiedene einkommensmindernde Voraussetzungen. Die nachfolgenden Voraussetzungen sind damit auch die Merkmale steuersparender Kapitalanlagen.

---

88 Quast, S. 3; Lang, in: Steuerrecht, § 20 Rdnr. 1.

89 Lang, in: Steuerrecht, § 20 Rdnr. 5.

90 Neubekanntmachung des InvZulG i.d.F. der Bek. vom 23.9.1993 (BGBl. I, S. 1650).

91 Lang, in: Steuerrecht, § 20 Rdnr. 20.

92 Crezelius, BB 1985, S. 209.

93 Lang, in: Steuerrecht, § 4 Rdnr. 113.

94 Meinig, S. 86.

(1) Wahl der geeigneten Rechtsform und Beteiligungsart

Aktiengesellschaften, Kommanditgesellschaften auf Aktien und Gesellschaften mit beschränkter Haftung scheiden als unmittelbare Grundlage für die Konzeption von steuersparenden Vermögensanlagen aus, da die Verluste aus der Inanspruchnahme von Steuervergünstigungen nicht dem Investor zugerechnet werden können; OHG und GbR scheiden als Rechtformen aus, da die Gesellschafter unbeschränkt haften; häufigste Gesellschaftsform ist die GmbH & Co. KG[95], daneben oder in Kombination die stille Gesellschaft oder das patriarische Darlehen. Insbesondere die atypische stille Gesellschaft, bei der der Investor nicht nur am Geschäftserfolg, sondern schuldrechtlich am Anlagevermögen beteiligt wird[96], bietet neben der Möglichkeit der Haftungsbeschränkung die Vermeidung der Doppelbesteuerung und den Vorteil von geringen Aufwendungen für die Rechtsform.

Mittels Treuhandkonstruktionen kann die Verwaltung der Anlage vom Anleger auf einen Treuhänder übertragen werden, der bei der sogenannten „echten Treuhandschaft" in der Rechtsform einer KG als Kommanditist in das Handelsregister eingetragen wird[97]. Das Rechtsverhältnis zwischen Treuhänder und Anleger wird durch einen Treuhandvertrag geregelt.

(2) Hohe Verlustzuweisungen

Ein wesentliches Ziel der Abschreibungsgesellschaften besteht darin, die rechnerisch in der Gesellschaft ermittelten Verluste den Anlegern zum Ausgleich ihrer anderweitig ermittelten positiven Einkünfte zuzuweisen[98]. Dabei wird die Verrechnung von positiven und negativen Einkünften durch den Verlustausgleich des § 2 III EStG[99] ermöglicht. Durch eine zeitliche Vorverlagerung steuerlich gewinnmindernder Beträge entstehen in den ersten Perioden der Investition Verluste im steuerlichen Sinne[100]. Diese werden als Verlustzuweisungen bezeichnet, die in Prozenten des eingesetzten Kapitals ausgewiesen werden. Die für das Steuerjahr aus der Abschreibungsgesellschaft zu erwartenden Verlustzuweisungen können durch Verlustbescheinigungen nachgewiesen werden und führen zu Neufestsetzungen der gemäß § 37 I EStG vierteljährlich fällig werdenden Einkommens-

---

95 Uhlenbruck, S. 7; Coing, DB 1980, S. 206.

96 Bopp, in: Rädler/Raupach, S. 524 ff.

97 Barkam, S. 18 f.

98 v. Armansperg, S. 4.

99 Unter den Einschränkungen des § 2 III S. 2-8 (angefügt durch das Gesetz vom 24.3.1999 (BGBl. I, S. 402).

100 Häberle, in: Rädler/Raupach, S. 127.

steuervorauszahlungen. Durch die eingesparten Vorauszahlungen ist wiederum die Finanzierung von fällig werdenden Gesellschaftereinlagen möglich[101].

(3) Hoher Fremdkapitalanteil

Steuersparende Kapitalanlagen zeichnen sich ferner durch einen hohen Fremdkapitalanteil aus. Dieser verstärkt die Entstehung von Verlusten im steuerlichen Sinne (Leverage-Effekt). Diese sogenannte „Hebelwirkung" des Fremdkapitals wird durch die Tatsache ausgelöst, dass eine Abschreibung unabhängig davon erfolgt, ob das Wirtschaftsgut mit Eigen- und Fremdkapital finanziert wurde, der Verlust jedoch lediglich dem eingesetzten Eigenkapital zugewiesen wird[102].

(4) Nutzung von Steuervorteilen durch Inanspruchnahme von öffentlichen Finanzhilfen

Die Inanspruchnahme von Investitionszulagen führt zwar nicht zu einer Steuerersparnis, sie bewirkt jedoch eine Verbesserung der Eigenkapitalbasis der Gesellschaft[103]. Steuerliche Effekte ergeben sich dann daraus, dass bei gleichzeitig entstehenden Buchverlusten (z.B. durch Sonderabschreibungen) die auf das einzuzahlende Eigenkapital bezogene Verlustzuweisung größer wird. Hierdurch haben Investitionszulagen eine ähnliche Hebelwirkung wie das Fremdkapital[104]. Auch mit der Inanspruchnahme von Tarifermäßigungen kann die Nettorendite einer Anlage entscheidend verbessert werden, da die Erträge unter bestimmten Umständen einer verminderten Steuer unterliegen[105].

(a) Inanspruchnahme von Sonderabschreibungen

Sonderabschreibungen sind ein Mittel der regionalen und sektoralen Strukturpolitik und sollen Investitionsanreize bieten[106]. Da durch sie der Restbuchwert insgesamt vermindert wird, stehen sie in späteren Jahren nicht mehr zur Verfügung. Wenn also höhere Gewinne anfallen, erhöht sich auch das zu versteuernde Einkommen.

(b) Bildung von durch das Gesetz vorgegebenen steuerfreien Rücklagen

Während gewöhnliche Rücklagen Teile des Gewinns darstellen und deshalb zu versteuern sind, können steuerfreie Rücklagen zunächst aus Gewinnen vor Steu-

---

101 v. Armansperg, S. 6.
102 Fleischmann, in: Steuern, die Vermögen werden?, S. 37.
103 Quast, S. 28.
104 Meinig, S. 88.
105 Meinig, S. 92.
106 Meinig, S. 94.

ern gebildet werden[107]. Da sie nach einer bestimmten Zeit gewinnerhöhend aufzulösen sind, besteht auch hier nur der Effekt in der Steuerstundung.

(5) Beteiligung der Privatpersonen im Wege der Mitunternehmerschaft

Soweit es das Ziel ist, die Sonderabschreibungen, Regelabschreibungen und Bewertungsabschläge, die zu einem Buchverlust der Gesellschaft führen, jedem einzelnen Gesellschafter zukommen zu lassen, muss dieser die steuerliche Stellung als „Mitunternehmer“ gemäß § 15 EStG erlangen, mit der Folge, dass nicht die Gesellschaft selbst, sondern die einzelnen Gesellschafter steuerpflichtig sind und von der Gesellschaft erwirtschaftete Buchverluste anteilig mit der positiven Summe ihrer anderen Einkünfte verrechnet werden können. Unter Berufung auf die „Bilanzbündeltheorie[108]„können auch Privatpersonen Verluste geltend machen. Diese Theorie birgt die Konstruktion, dass die Bilanz einer Personenhandelsgesellschaft das Bündel der Bilanzen der einzelnen Gesellschafter ist[109].

2. Darstellung verschiedener Anlageformen, die sowohl als Steuermodelle als auch als reine Renditekonzepte ausgestaltet sein können

Nachfolgend soll die Ausgestaltung der häufigsten Produkttypen[110] kurz erläutert werden, ohne auf die rechtliche Ausgestaltung oder die steuerrechtliche Behandlung näher einzugehen. Beides soll im Zusammenhang mit den speziellen Anlagerisiken geschehen.

a) Immobilienprojekte

Immobilien werden privaten Kapitalanlegern in unterschiedlichen Formen angeboten. Die Modelle unterscheiden sich durch den Umfang der den Anlegern angebotenen Leistungen, den Grad der kapitalmäßigen und personellen Verflechtung der Funktionsträgerunternehmen und die Art und Weise der tatsächlichen Durchführung[111]. Die gebräuchlichsten Produkttypen sind Immobilienfonds, Bauherren-, Erwerber- und Bauträgermodelle.

(1) Immobilienfonds

Die Einlagen der Anleger werden in einem Fonds gesammelt und ausschließlich in Immobilien investiert. Zu unterscheiden sind offene und geschlossene Fonds.

---

107 Lang, in: Steuerrecht, § 20 Rdnr. 21.

108 RFH RStBl. 1937, 937; 1940, 134 und 460; 1943, 6; BFH BStBl. 1958 III 68 und 75; 1965 III, 708.

109 Meßmer, in: Steuerberater-Jahrbuch 1972/73, S. 127.

110 Nach Jansen/Heinl/Gilewitz, in: Allfinanz 2000, S. 50 f.

111 Ekkehard v. Heymann, S. 1.

Offene Fonds sind Kapitalanlagegesellschaften i.S.d. § 1 KAGG, an denen sich jedermann jederzeit beteiligen kann[112]. Der geschlossene Fonds hingegen hat ein von vornherein im Gesellschaftsvertrag vereinbartes Fondskapital[113]. Zweck des Zustandekommens eines sogenannten „closed end fonds" ist grundsätzlich die Finanzierung eines Objektes. Im Gegensatz zum offenen Fonds besteht das Ziel des Fonds nicht in einer breiten Risikostreuung, sondern im Erwerb von Grundstücken, deren Bebauung, Vermietung bzw. Verwertung Die Anleger erhalten an diesen wirtschaftliches Miteigentum. Die Erträge werden steuerlich als Einkünfte aus Vermietung und Verpachtung behandelt.

(2) Ausländische Immobilienfonds

Auch ausländische Immobilienfonds werden auf dem deutschen Beteiligungsmarkt angeboten. Es überwiegen Offerten aus den USA und Kanada, da diese einem geringeren Wechselkursrisiko und weniger der Gefahr der politischen Instabilität ausgesetzt sind. Diese Immobilienbeteiligungen werden zumeist als Limited Partnerchip angeboten und sind mit der deutschen Kommanditgesellschaft vergleichbar[114].

(3) Erwerber- und Bauträger-Modelle

Wesentliches Kennzeichen des Erwerbermodells ist, dass der Anleger eine fertiggestellte Immobilie kauft[115]. Als Immobilien kommen sowohl Häuser als auch Eigentumswohnungen in Frage, da an diesen Sondereigentum gebildet werden kann. Der Erwerber tritt in eine bereits bestehende Wohnungseigentümergemeinschaft ein[116]. Das Bauträgermodell beinhaltet den Kauf einer Immobilie und die Inanspruchnahme einer Vielzahl damit zusammenhängender Dienstleistungen. Treuhänder werden hier zur Verwaltungsvereinfachung eingesetzt. Der einkommenssteuerrechtliche Vorteil liegt darin, dass ein großer Teil der Gesamtaufwendungen dem sofortigen Werbungskostenabzug unterworfen werden kann[117]. Beim Altbausanierungsmodell wird eine Immobilie zwecks Sanierung erworben, und die gesetzlich vorgesehenen Sonderabschreibungen werden steuerlich geltend gemacht.

---

112 Gablers Wirtschaftslexikon, S. 2470-2471.

113 Werner/Machunsky, S. 1

114 Jansen/Heinl/Gilewitz, in: Allfinanz 2000, S. 60.

115 Werner/Machunsky, S. 139; Fleischmann: in: Steuern, die Vermögen werden?, S. 289 f.

116 Grannemann, S. 31.

117 Fleischmann, in: Steuern, die Vermögen werden?, S. 287, 289.

b) Schiffsbeteiligungen

Bei Schiffsobjekten beteiligt sich der Anleger an einem Schiffsfonds in der Rechtsform einer Kommanditgesellschaft. Diese erwirbt das Schiff und verchartert es langfristig[118]. Schiffsbeteiligungen zeichnen sich weniger durch hohe jährliche Ausschüttungen aus, als durch hohe Wiederverkaufspreise und durch besonders hohe Steuervorteile. Hierzu gehören hohe Anfangsabschreibungen und Verlustzuweisungen, ein ermäßigter Steuersatz in der Bewirtschaftungsphase und bei Verkauf des Schiffes. Gerade wegen fehlender Auslastung und zurückgehender Beschäftigung in der deutschen Schifffahrt werden Beteiligungen an Schiffen weiter angeboten, da Investitionen durch öffentliche Zuschüsse gefördert werden[119]. Die Rendite der Anteilseigner wird maßgeblich durch die mit der Schiffsbeteiligung angebotenen Charterverträge bestimmt. Die Vergünstigungen haben dazu beigetragen, dass 1985 mehr als 60% aller Schiffsneubauten auf das finanzielle Engagement privater Anleger zurückzuführen waren[120].

c) Leasing-Fonds

Der Grundgedanke des Leasing-Fonds besteht darin, dass an die Stelle einer institutionellen Leasinggesellschaft als Leasinggeber ein Leasing-Fonds gesetzt wird, um statt einer Kreditfinanzierung des Leasingguts eine Finanzierung über den freien Kapitalmarkt vorzunehmen[121]. Mobilien-Leasingfonds werden für hochwertige Wirtschaftsgüter, zum Beispiel Verkehrsflugzeuge, Hochgeschwindigkeitszüge, Straßen- oder U-Bahnen, angeboten. Gesellschaftsform ist die GmbH & Co. KG, die AG & Co. KG, die GmbH & Still sowie die GbR. Unternehmerische Risiken bestehen hierbei nicht, da es sich hierbei um eine Finanzierungskonzeption handelt[122]. Die steuerliche Anerkennung ist dadurch aber gefährdet. Gleiches gilt für Immobilien-Leasingfonds[123]. Auch hier fehlt es aufgrund feststehender Leasingraten, fester Laufzeit und eines vorgegebenen Verkaufspreises an unternehmerischen Risiken, wie an unsicheren Mieteinnahmen oder an einem ungewissen Kaufpreis. Abgesehen von steuerlichen Anfälligkeiten besteht auch keine Chance, von möglicherweise steigenden Mieten und Immobilienpreisen zu profitieren[124].

---

118 Grannemann, S. 28.

119 Jansen/Heinl/Gilewitz, in: Allfinanz 2000, S. 57.

120 O.V., Wirtschaftsmagazin „Capital" vom 29.11.1985.

121 Wagner, DStR 1995, S. 1155.

122 Wagner, DStR 1995, S. 1153.

123 Eschenbruch/Niebuhr, BB 1996, 2417.

124 Wagner, NZG 1999, S. 230.

d) Venture Capital-Beteiligungen

Die Venture Capital Beteiligung ist gekennzeichnet durch die zeitlich befristete Bereitstellung von haftendem Kapital in Kombination mit unternehmerischer Unterstützung an expansionsträchtigen, dass heißt mit überdurchschnittlichem Wachstumspotenzial ausgestatteten Technologieunternehmen, wobei im Gegensatz zu einer Kreditvergabe keine beleihungsfähigen Sicherheiten zum Gegenstand einer Bonitätsprüfung gemacht werden, sondern statt dessen die gute Projektidee und/oder eine fundierte positive Absatzprognose honoriert werden“[125]. Auf dem Nebenkapitalmarkt werden Venture-Capital-Fonds im Bereich der Forschung und Entwicklung als Alternative zu bestehenden Steuersparmodellen bisher in geringem Umfang angeboten[126]. Bei den Erdölexplorations-, Rohstoff- und Filmfonds, die ebenfalls aufgrund ihres wirtschaftlichen Risikos in den Bereich des Venture Capital eingeordnet werden[127], erfolgen Investitionen in Branchen, in denen immaterielle Wirtschaftsgüter, also dauerhafte Rechte und gewisse rechtliche und tatsächliche Zustände[128] erzeugt werden. In der Filmproduktion wird zum Beispiel nicht das materielle Substrat des Filmstreifens als Leistungsergebnis angesehen, sondern die vom Urheberrecht geschützte Befugnis, die Bild- und Tonfolge durch Verbreitung und Vorführung zu nutzen[129]. Je nach Verleih- oder Auftragsproduktion entstehen dem Hersteller oder Auftraggeber über längere Zeiträume hohe Bilanzverluste, die den Privatinvestoren im Wege der Mitunternehmerschaft zugewiesen werden können. In gleicher Weise wirken Investitionen in die Erdöl- und Erdgasexploration. Hier liegen immaterielle Wirtschaftsgüter in Form von Erkenntnissen über die geologische und geophysikalische Strukturierung des Gesteins vor[130]. Angebote auf dem Venture-Capital-Markt werden überwiegend in den Gestaltungsformen der Kommanditgesellschaft, der typischen und atypischen Gesellschaft angeboten[131].

3. Anlegerkreis und -interessen

Die Kapitalanleger sind weniger diejenigen, die an einer aktiven Mitunternehmerschaft interessiert sind, als die die primär nach einer Kapitalanlagemöglichkeit suchen, die ihren Rendite-, Liquiditäts- und Sicherheitserwartungen ge-

125 Büschgen, Die Bank 1985, S. 224.

126 E.-J. Horn, S. 107; Goddar, in: Steuern, die Vermögen werden?, S. 195.

127 Barkam, S. 18.

128 Heise, S. 192.

129 Priester, Die Wirtschaftsprüfung 1972, S. 581 f.

130 Verwaltungserlass des Bundesministers der Finanzen, Schreiben vom 20.5.1980 – IV B 2 – S 2170 – 50/80.

131 Barkam, S. 21.

nügt[132]. Sie sind daher zum überwiegenden Teil an einer Haftungsbeschränkung sowie am Bestand, Ertrag und an der Fungibilität der Anlage interessiert[133]. Die an einer Gesellschaft beteiligten Anleger kennen sich in der Regel untereinander nicht, wohnen weit verstreut und verstehen meist wenig von den Geschäften der Gesellschaft[134]. Bei den Steuersparmodellen gehörten fast ausschließlich wirtschaftlich Selbstständige mit überdurchschnittlichem Bildungs- und Einkommensniveau, so zum Beispiel Ärzte, Architekten, Rechtsanwälte, Künstler und Inhaber kleiner und mittlerer Betriebe zum Anlegerkreis[135]. Ihr Anlegerinteresse war geprägt durch die Bereitschaft, ihre Einkommensspitzen eher in risikoreiche Anlageformen zu investieren, als sie zu versteuern. Neben der Umgehung der steuerlichen Belastung spielte auch die Sorge vor der schleichenden Entwertung des Geldes eine nicht untergeordnete Rolle[136]. Reine Renditeobjekte oder Anlageobjekte, die durch Investitionszuschüsse gefördert werden, können aber auch für Bezieher niedriger Einkommen attraktiv sein[137]. Deren Risikobereitschaft ist jedoch erheblich geringer als das der oben beschriebenen Personengruppe. In den 90er Jahren sind zunehmend auch einkommensschwächere Schichten angeworben worden.

4. Generelle Risiken bei Beteiligungen

Als Risiken von Beteiligungen werden in der Literatur in erster Linie solche angesprochen, die sich aus der Gestaltung der Anlage durch die Konzeptionäre ergeben.

a) Risiken der Gesellschaftsform

Die Publikums-KG ist nicht die idealtypische Form für die Beteiligung des oben charakterisierten Anlegerkreises, da die Kommanditgesellschaft auf eine Arbeits- und Haftungsgemeinschaft weniger Personen mit engem Vertrauensverhältnis zugeschnitten und von einer Bindung der Gesellschaft an die Personen der Gesellschaft und der Gesellschafter untereinander geprägt ist[138]. Die idealtypische Form wäre vielmehr die Publikums-AG, die als die typische Rechtsform für die Beschaffung von Risikokapital durch öffentliches Angebot konzipiert wurde[139]. Ferner wird die Dispositivität des KG-Rechtes oftmals zur Absiche-

132 Quast, S. 47; Wiedemann, BB 1975, S. 1594; Barkam, S. 42.
133 Schwark, ZGR 1976, S. 272; Wielens, DB 1970, S. 2037.
134 H.-T. Schubert, S. 7.
135 G. Wüst, JZ 1989, S. 67; Ogger, S. 194.
136 Coing, WM 1980, S. 206.
137 Quast, S. 29.
138 H.-T. Schubert, S. 6; Uhlenbruck, GmbH-Rundsch. 1973, S. 107 f.
139 H.-T. Schubert, S. 5; Uhlenbruck, GmbH-Rundsch. 1973, S. 108.

rung der Stellung des Komplementärs – zum Beispiel durch kapitalunabhängige Vorzugsstimmrechte des Komplementärs – ausgenutzt[140].

b) Einschaltung von Treuhändern

Risiken können darüber hinaus in der Ausgestaltung der Treuhandverträge liegen, die unter anderem Mitsprache- und Kontrollrechte des Anlegers einschränken oder sogar aufheben[141]. Risiken bestehen insbesondere in der Person des Treuhänders, wenn dieser abhängig von oder sogar identisch mit dem Initiator ist.

c) Fehlende Information hinsichtlich Qualität der Anlage

Die in den Prospekten enthaltenen Informationen hinsichtlich der Risken der Anlage sind oft nicht ausreichend, da die Prospekte vorwiegend der Bewerbung der Anlage dienen sollen. Der Anleger ist auf die Beurteilung durch die Presse, durch Anlageberater oder durch andere Personen angewiesen. Die Heterogenität der Produkte erschwert auch die Vergleichsmöglichkeiten.

d) Geringe Fungibilität

Da nur ein kleiner Zweitmarkt besteht, ist die Fungiblität der Beteiligungsformen gering. Die Schwierigkeiten beim Weiterverkauf begründen sich aus der bei den Steuersparmodellen oftmals fehlenden Wirtschaftlichkeit der Anlage[142]. Ferner ist der Anleger bei Veräußerung auf die Vermittlung durch Initiatoren oder durch Vermittler angewiesen, die nicht unerhebliche Kosten verursachen kann. Darüber hinaus können gesellschaftsvertragliche Vereinbarungen und steuerrechtliche Restriktionen die Fungibilität hemmen.

e) Eingeschränkte Informations- und Kontrollmöglichkeiten

Der Anleger hat meist aufgrund der Ausgestaltung des Gesellschaftsvertrages und einer fehlenden Verpflichtung zur Rechnungslegungspublizität keine Kontrollmöglichkeit hinsichtlich der Verwendung seines eingesetzten Kapitals[143]: So können überhöhte Beratungskosten, Architektenhonorare, Gründerkosten und Managementgehälter berechnet werden[144]. Auch auf die Qualität des Managements hat der Anleger keinen Einfluss, da anders als bei der AG keine Kontrollmöglichkeiten durch Aufsichtsrat und Hauptversammlung bestehen. Insbesondere bei Vermögensanlagen mit Dienstleistungen resultiert das Risiko aus

140 H.-T. Schubert, S. 7.
141 Barkam, S. 19
142 Barkam, S. 28.
143 Ebenda, S. 61; Uhlenbruck, GmbH-Rundsch. 1973, S. 108.
144 Uhlenbruck, S. 50; Grannemann, S. 24 f.

dem Erwerb der Sachanlage zu überhöhten Preisen daraus, dass ein Eigentumserwerb juristisch nicht stattfindet oder die eingezahlten Gelder nicht zur Anschaffung oder Erstellung der Sachanlage verwendet werden.

f) Hoher Fremdkapitalanteil

Dieser kann sich dann ungünstig auswirken, wenn sich das Unternehmen in einer ungünstigen wirtschaftlichen Situation befindet, da Zinsen und Tilgung davon unabhängig anfallen[145]. Hierdurch besteht ein hohes Insolvenzrisiko.

g) Haftungsrisiko

Ein Haftungsrisiko des Anlegers als Kommanditist besteht immer dann, wenn die KG noch nicht in das Handelsregister eingetragen ist und gemäß § 176 I HGB unbeschränkt haftet oder Einlagen noch nicht voll eingezahlt bzw. durch Gewinnentnahmen reduziert sind (vgl. §§ 171 I, 172 IV HGB)[146]. Die Notwendigkeit von Nachschüssen kann sich aus gesellschaftsvertraglichen Nachschussklauseln oder auch aus einer drohenden Insolvenz der Gesellschaft ergeben, wenn diese mit Steuernachzahlungen für den Anleger verbunden ist[147].

h) Geringer wirtschaftlicher Ertrag

Zwar gewährt der Gesetzgeber Steuervergünstigungen zur Förderung bestimmter Regionen und Branchen als Ausgleich für die wirtschaftlich ungünstigen Bedingungen in diesen Bereichen. Daraus resultiert aber auch ein höheres Insolvenzrisiko[148]

i) Steuerrechtliche Risiken

Verlustzuweisungen sind in der Regel nicht mit einer Steuerersparnis verbunden, sondern es handelt sich um eine zinslose Steuerstundung[149], die in der Regel nur mit einem entsprechenden Liquiditätsvorteil für den Steuerschuldner verbunden ist[150]. Steuerrechtliche Risiken realisieren sich dann, wenn vom Anleger höhere oder frühere Steuerzahlungen zu leisten sind oder die prospektierten Steuerminderungen nicht, geringer oder später als erwartet anfallen[151]. Ursache sind hier-

---

145 Uhlenbruck, GmbH-Rundsch. 1973, S. 107.

146 Barkam, S. 65.

147 Uhlenbruck, S. 67 f.

148 Engel, Die Wirtschaftsprüfung 1974, S. 101-111.

149 Rasch, BB 1974, S. 166.

150 Hardlitschke, DStR 1969, S. 80; Fischer, in: Steuern, die Vermögen werden?, S. 494 ff.

151 Barkam, S. 67.

für unter anderem Änderungen des Steuerrechts, die falsche Auslegung von Steuergesetzen oder von Verwaltungserlassen durch die Initiatoren[152].

5. Zwischenergebnis

Bei der Wahl der Rechtsform dominiert die KG. Deren gesellschaftsvertragliche Ausgestaltung kann jedoch sehr unterschiedlich sein. Die Rechtsform der KG wirkt sich ungünstig auf die Kontrollmöglichkeiten des Anlegers aus. Durch die unterschiedliche Ausgestaltung der Anlageformen ist für den Anleger deren Beurteilung und deren Vergleich schwierig. Der Markt ist dadurch von Intransparenz geprägt. Grundsätzlich handelt es sich bei Investitionen in Abschreibungsgesellschaften um eine Form der Steuerstundung, wodurch der effektive Gewinn des Anlegers in einem augenblicklichen Liquiditätsvorteil und damit in ersparten Zinsen liegt; Ausnahmen gelten dort, wo der Anleger nach Auslaufen der Sonderabschreibungen einem niedrigeren, persönlichen Steuersatz unterliegt.

152 Haupt/Maerz, in: Steuern, die Vermögen werden?, S. 472.

Zweites Kapitel

Die Entwicklung des gesetzlichen Anlegerschutzes

Nachfolgend sollen die gesetzlichen Regelungen zum Kapitalanlagerecht auf ihre anlegerschützende Intention und Wirkung hin untersucht werden. Insbesondere soll die Frage beantwortet werden, ob die Gesetzgebung auch einen präventiven Schutz des Anlegers vor Vermögensschäden hinsichtlich der Anlageformen des Nebenkapitalmarktes erreichen konnte. Die Darstellung erfolgt in chronologischer Weise und bemüht sich im Sinne einer Tendenzanalyse um Transparenz. Um das Verhältnis zwischen Praxis und Recht zu beleuchten, sollen die Ausgangssituationen für die Gesetzgebung kurz dargestellt werden.

A. Begriff des Anlegerschutzes

Um die Entwicklung des Anlegerschutzes in Gesetzgebung und Rechtsprechung zu verfolgen, ist zu untersuchen, ob ein Gesetz einzelne Regelungen oder Feststellungen zum Anlegerschutz enthält. Die Prüfung orientiert sich dabei an drei Voraussetzungen: Es müssen Aussagen zum Schutzobjekt, zu bestimmten Anlegerrisiken bzw. -interessen und zum personalen Schutzbereich getroffen werden. Als Schutzobjekt werden sowohl der Individualschutz als auch der Funktionenschutz angesehen[1], da der Anlegerschutz nach Intensität und Art marktsegmentsspezifisch differenziert werden muss[2]. Als die zu schützenden Interessen werden von Hopt bestimmte Anlegerrisiken genannt[3] und von Schwark und Wiedemann unterschiedliche Anlegerinteressen unterschieden[4]. Der personale Schutzbereich orientiert sich an der Definition des Anlegers[5]. Die in der Literatur zu findenden Definitionen unterscheiden sich voneinander insbesondere hinsichtlich der Anlagearten und der sozialen Schutzbedürftigkeit des Anlegers. Uneinigkeit besteht darüber, ob zum Beispiel „Millionäre“ und institutionelle Anleger in den Kreis der schutzwürdigen Anleger einzubeziehen sind[6], ob Ein-

---

1 Hopt, Kapitalanlegerschutz, S. 61 ff.; Schwark, Anlegerschutz durch Wirtschaftsrecht, S. 74 ff.; Thiel, S. 30 ff.

2 Hopt, WM 1985, 793, 795; Hopt, Gutachten, G 54; – für einen reinen Institutionenschutz: Böhm, S. 60 ff., 73 ff.

3 Hopt, Anlegerschutz, S. 53 f., 83 ff. nennt: Substanzerhaltungs-, Informations-, Abwicklungs- und Verwaltungs-, Interessenvertretungs-, Konditionenrisiko.

4 Schwark, Anlegerschutz, S. 10 f.: Interesse an sachgerechter Anlageentscheidung, an der Erhaltung der Vermögenslage, am Ertrag, an der Liquidität; Wiedemann, Gesellschaftsrecht, S. 489: Verwaltungsinteresse, Bestands- und Ertragsinteresse, Liquiditätsinteresse.

5 Schäfer, Anlegerschutz, S. 24.

6 Schacht, S. 22 ff.; dagegen: Wiedemann, Gesellschaftsrecht, S. 475.

leger von Bausparkassen schutzwürdige Anleger sind[7], ob Inhaber von festverzinslichen Wertpapieren generell dem Begriff unterfallen[8] und ob die Geldanlage in Sachwerten einem Kapitalanlegerschutz unterfällt[9]. Für eine Entscheidung hinsichtlich der verschiedenen Definitionen ist die Frage von Bedeutung, ob bereits über den Begriff des Anlegers eine Prüfung von dessen Schutzbedürftigkeit erfolgen oder erst bei der Prüfung des Umfanges von Verhaltenspflichten von Personen oder Institutionen des Kapitalmarktes auf die Person des Anlegers eingegangen werden soll. Es ist ausreichend, wenn für die Frage nach dem „Ob“ des Anlegerschutzes ein weiter Anlegerbegriff gewählt wird, da das Ergebnis dieser Prüfung bei der Beantwortung der Frage nach dem „Wie“ bzw. nach dem Umfang des gebotenen Anlegerschutzes eine Korrektur finden kann. Nach einer weiten Definition sind solche Personen Anleger, die Sachen oder Rechte erwerben, welche ihnen einen „Vermögenswert“ verschaffen, wobei Vermögen nicht in juristischem Sinne als Summe der Aktiva, sondern als Inbegriff der Werte, die nicht zu Befriedigung des Konsums erforderlich sind, begriffen wird[10].

Anlegerschützendes Recht wird in drei Gruppen unterteilt[11]. Zur ersten gehören die zivilrechtlichen Regelungen, die den Erwerb und die Veräußerung der Anlage oder die Separierung des Anlegervermögens betreffen. Diese Regelungen sind unter anderem dem BGB, dem HGB, aber auch den Allgemeinen Geschäftsbedingungen oder vertraglichen Vereinbarungen zu entnehmen. Die zweite Gruppe umfasst die Regelungen einzelner Formen der Vermögensanlage oder bestimmter Institutionen, wie z.B. bei Banken und Börsen. Hierzu gehören unter anderem das Börsengesetz und das Kapitalanlagegesellschaftsgesetz. Die dritte eigenständige Gruppe beinhaltet rechtliche Einrichtungen, die durch Selbstregelung der Wirtschaft entstanden sind. Hierzu gehören zum Beispiel die freiwillige Einlagensicherung und die Insider-Empfehlungen der Börsenreformkommission. Die geschichtliche Entwicklung des Anlegerschutzes soll anhand der wichtigsten spezialgesetzlichen Regelungen und der Selbstregelung der Wirtschaft dargestellt werden. Daran anschließend wird ein Ausblick anhand des gegenwärtigen Diskussionsverlaufs versucht.

---

7 Dafür: Schacht, Kapitalmarktaufsicht, S. 22 ff.; wohl auch Schwark, Anlegerschutz, S. 9 f., 13 f.; dagegen: Wiedemann, Gesellschaftsrecht, S. 475.

8 H.-D. Koch/R. Schmidt, BFuP 1981, 231, 233 ff.

9 Hopt, Gutachten, G 102, 26, 43 f., 57 f.

10 Schwark, Anlegerschutz, S. 7.

11 Nach Schwark, S. 16 f.

B. Historische Entwicklung des Anlegerschutzes in der deutschen Gesetzgebung

Der Gedanke des Anlegerschutzes ist erst nach dem Zweiten Weltkrieg verstärkt in die Gesetzgebung eingeflossen[12] und hat sich in verschiedenen kapitalmarktrechtlichen Gesetzen manifestiert. Anlegerschützende Wirkung geht jedoch auch von Regelungen aus, die allgemein dem Schutz des Verbrauchers dienen.

1. Kreditwesengesetz

Die Zielsetzung des KWG besteht darin, die allgemeine Ordnung im Kreditwesen zu gewährleisten, die Funktionsfähigkeit des Kreditapparates zu erhalten und die Gläubiger der Kreditinstitute nach Möglichkeit vor Verlusten zu schützen[13]. Jedoch hat nicht jede Bestimmung des KWG anlegerschützenden Charakter. Die Regelung des § 18 KWG, wonach sich das Kreditinstitut von Kreditnehmern, denen Kredite von insgesamt mehr als 250.000 Euro gewährt werden, die wirtschaftlichen Verhältnisse, offen legen zu lassen hat, dient nach Literatur[14] und Rechtsprechung[15] ausschließlich der Funktionsfähigkeit des Kreditgewerbes und nicht dem Anlegerschutz. Diese Feststellung hat insbesondere bei den Entscheidungen zur Frage der Bankenhaftung für fehlerhafte Treuhandmodellfinanzierungen Bedeutung erlangt, da die Außerachtlassung des in § 18 KWG enthaltenen Gebotes eben keinen Beratungsfehler gegenüber dem Kunden darstellt[16].

a) Historische Entwicklung der Regelung des Kreditwesens

Bereits vor Erlass des Kreditwesengesetzes fand in Deutschland in verschiedenen Ausprägungen staatliche Einflussnahme auf das Kreditwesen statt, die bis in das 17. Jahrhundert zurückreicht und in der Verleihung des Notenprivilegs an Privatbanken bestand[17]. Nach Gründung des Deutschen Reiches wurde erstmals 1874 anlässlich der Beratungen über das spätere Bankengesetz von 1875 der Gedanke einer allgemeinen Bankenaufsicht diskutiert[18], jedoch unter Hinweis auf die in der Gewerbeordnung von 1869 statuierte Gewerbefreiheit abgelehnt. Lediglich das Hypothekenbankwesen wurde mit dem Hypothekenbankgesetz von

---

12 Schäfer, Anlegerschutz, S. 21.

13 KWG-Kommentar/Haug, Einl. S. 67; Schork, Einl., S. 7.

14 Ekkehard v. Heymann, Bankenhaftung, S. 138; ders. NJW 1999, 1577, 1582.

15 BGH WM 1984, 131; OLG Hamm, WM 1988, 191.

16 LG Stuttgart, WM 1999, 1824; OLG Köln, WM 1999, 1817.

17 KWG-Kommentar/Haug, Einl., S. 58.

18 Schork, Einl, S. 1.

1899 einer Aufsicht unterstellt[19]. Erstmals das Reichsgesetz über das Kreditwesen vom 5.12.1934[20] unterwarf grundsätzlich alle Kreditinstitute der Erlaubnispflicht und der Aufsicht durch den Reichskommissar für das Kreditwesen. Auslöser war die Bankenkrise im Jahre 1931[21]. Der Inhalt dieses Gesetzes ist weitgehend in das Kreditwesengesetz vom 10.7.1961 übernommen worden[22]. In der Übersicht enthält das Kreditwesengesetz Vorschriften über die Struktur und Tätigkeit der Kreditinstitute sowie Vorschriften zu deren Beaufsichtigung. Relevante Änderungen auf dem Gebiet des Anlegerschutzes hat das KWG durch die Novelle vom 24.3.1976 erfahren, die eine Reaktion auf den Bankenzusammenbruch (Herstatt) im Jahre 1974 war. Hierbei wurden die Voraussetzungen für die Kreditvergaben verschärft und die Prüfungskompetenzen des Bundesaufsichtsamts für das Kreditwesen erweitert.

b) Änderungen durch die am 1.1.1998 in Kraft getretene 6. Novelle zum Kreditwesengesetz

Der Bundesgesetzgeber hat am 5.6.1997 die 6. Novelle zum Kreditwesengesetz beschlossen[23]. Ausgangspunkt für die Novelle bildete die Umsetzung verschiedener Richtlinien der Europäischen Union in deutsches Recht. Diese Richtlinien sind insbesondere die Wertpapierdienstleistungsrichtlinie[24], die Kapitaladäquanzrichtlinie[25] und die sogenannte BCCI-Folgerichtlinie[26]. Infolge der Ausweitung des Regelungsbereichs des § 1 KWG durch die 6. KWG-Novelle galt für 7.500 bis dahin überwiegend auf dem Nebenkapitalmarkt agierende Unternehmen das Zulassungserfordernis und der Aufsicht des Bundesaufsichtsamts für das Kreditwesen[27]. Adressaten des Gesetzes sind somit neben den Kreditinstituten auch die Finanzdienstleistungsinstitute. § 1 I b KWG fasst Kreditinstitute und Finanzdienstleistungsinstitute unter dem Oberbegriff Institute zusammen. In Umsetzung der EG-Wertpapierdienstleistungsrichtlinie wurde der gegenüber dem Kreditinstitut subsidiäre Begriff des Finanzdienstleistungsinstituts eingeführt. Als solches gelten gemäß § 1 I a S. 1 KWG Unternehmen, die

---

19 Schork, Einl, S. 1.

20 RGBl. I 1203.

21 Schork, Einl., S.1.

22 KWG-Kommentar/Haug, Einl. S. 61; Schork, Einl., S.2.

23 Gesetz zur Umsetzung von EG-Richtlinien zur Harmonisierung bank- und wertpapieraufsichtsrechtlicher Vorschriften i.d.F. des Gesetzesbeschlusses des Deutschen Bundestags vom 5.6.1997, BGBl. I, S. 2518.

24 Richtlinie Nr. 93/22/EWG des Rates vom 10.5.1993 (Abl. EG Nr. L 141/27 vom 11.6.1993 (WPDRiL)).

25 Kapitaladäquanz-Richtlinie 93/6/EWG vom 15.3.1993 (Abl. EG Nr. L 141 vom 11.6.1993, S. 1.

26 BCCI-Folgerichtlinie 95/26/EG vom 29.6.1995 (Abl. EG Nr. L 168 vom 18.7.1995, S. 7).

27 Meixner, NJW 1998, 862.

Finanzdienstleistungen für andere gewerbsmäßig oder in einem Umfang erbringen, der einen in kaufmännischer Weise eingerichteten Geschäftsbetrieb erfordert. Eine abschließende Aufzählung von Finanzdienstleistungen findet sich in § 1 I a S. 2 Nrn. 1 bis 7 KWG. Danach sind Finanzdienstleistungen unter anderem die Anlagevermittlung (Vermittlung von Geschäften über die Anschaffung und Veräußerung von Finanzinstrumenten oder deren Nachweis), die Abschlussvermittlung (Anschaffung und Weiterveräußerung von Finanzinstrumenten in fremden Namen für fremde Rechnung) und die Finanzportfolioverwaltung (Verwaltung einzelner in Finanzinstrumenten angelegter Vermögen für andere mit Entscheidungsspielraum). Die Kredit- und Finanzdienstleistungsinstitute unterliegen der ständigen Aufsicht durch das Bundesaufsichtsamt für das Kreditwesen und bedürfen gemäß § 32 I 1 KWG einer Erlaubnis, wenn sie im Inland tätig werden. Ausgenommen von der Erlaubnispflicht sind die Finanzunternehmen gemäß § 1 III KWG. Hierzu gehören zum Beispiel Unternehmen, deren Haupttätigkeit darin besteht, Beteiligungen zu erwerben, Anlageberatung zu betreiben und Darlehen zwischen Kreditinstituten zu vermitteln.

c) Bewertung

An den Änderungen des KWG durch die 6. KWG-Novelle wird kritisiert, dass sie nicht zu mehr Qualifikation des auf dem Nebenkapitalmarkt tätigen Personenkreises führen, da gemäß § 33 I S. 1 Nr. 2 die Versagung wegen fehlender Zuverlässigkeit nur bei Nachweis entsprechender Tatsachen in Betracht komme, ferner die fachliche Eignung nicht durch Nachweis entsprechender Prüfungen o.ä. erbracht werden müsse und das aufzubringende Anfangskapital im Hinblick auf das Schädigungspotenzial zu gering sei[28]. Wesentlicher Kritikpunkt ist jedoch, dass nur ein unwesentlicher Teil von Kapitalanlageformen des Nebenkapitalmarktes von der Novelle erfasst wird und damit weiterhin der Verkauf oder die Vermittlung von Gesellschaftsbeteiligungen nicht von der staatlichen Aufsicht erfasst ist[29]. In der anlässlich der Novellierung des KWG zwischen Bund und Ländern geführten Diskussion über die Zuweisung und den Umfang aufsichtsrechtlicher Bestimmungen wurde aber auch der Kostenaufwand kritisiert, der je nach Zuständigkeit von Bundesbehörden vom Bund oder bei Zuständigkeit der Gewerbeaufsicht von den Ländern zu tragen ist[30].

---

28 Zimmer, DB 1998, S. 972.

29 Beschlussempfehlung und Bericht des Finanzausschusses (7. Ausschuss), BT-Drucks. 13/7627, S. 8; Zimmer, S. 973; v. Hippel, S. 307.

30 Zimmer, DB 1998, S. 973.

2. Börsengesetz

Das Börsengesetz enthält sowohl privatrechtliche, als auch aus prozessuale und strafrechtliche Bestimmungen und ist auf die Ordnung von Kapitalmarkteinrichtungen gerichtet. Es ist daher ein wirtschaftsrechtliches Gesetz. Seinen anlegerschützenden Charakter erhält das Börsengesetz durch die Unterwerfung der Börsen unter eine umfassende Staatsaufsicht gemäß § 1 und durch die Zulassung von Wertpapieren zum Börsenhandel mit amtlicher Notierung mittels behördlichen Verfahrens gemäß §§ 36 f., 50 BörsG. Dabei hat die Zulassungsstelle die Urkunden, die die Grundlagen der Wertpapieremission bilden, insbesondere die Geschäftsberichte, zu prüfen und bei einer erheblichen Benachteiligung des Publikums die Zulassung abzulehnen (§ 36 III). Die Kursfeststellung ist amtlich und findet durch dazu bestellte Kursmakler statt, um Manipulationen zu verhindern[31]. Neben diesen öffentlich-rechtlichen Vorschriften enthält das Börsengesetz auch Bestimmungen zur zivilrechtlichen Haftung des Emittenten und der die Emission durchführenden Bank gemäß §§ 45, 46 und eine Reihe zwingender Bestimmungen über den Terminhandel gemäß §§ 53 ff., die die am Börsenhandel Beteiligten vor Übervorteilung und unzumutbaren Risiken schützen. Schließlich stellte das Börsengesetz in der Vorschrift des § 88 bis zur Einführung der Strafvorschrift des Kapitalanlagebetrugs in § 264 a StGB die Bestimmung unrichtiger Angaben in Prospekten oder öffentlichen Mitteilungen, durch welche die Zeichnung oder der Ankauf von Wertpapieren herbeigeführt werden sollte, unter Strafe, soweit in der Absicht, sich oder einen anderen zu bereichern, gehandelt wurde. Der Gesetzgeber hat bei der Einführung des § 264 a StGB entschieden, lediglich den sogenannten Kursbetrug in § 88 BörsG aufzunehmen und den Schutz des Anlegers vor Irreführung in § 264 a StGB aufgehen zu lassen[32]. Darüber hinaus enthält § 89 Börsengesetz die strafrechtliche Sanktion für die gewerbsmäßige Verleitung von Unerfahrenen zu Börsenspekulationsgeschäften.

a) Entstehungsursachen

Die deutsche Börsenreform, die die Regulierung des Kapitalmarktes einleitete, wird als herausragendes Gesetzesvorhaben der Wirtschaftsgesetzgebung des Deutschen Reiches in den neunziger Jahren des 19. Jahrhunderts angesehen[33]. Auslöser für die Reformbestrebungen war der Zusammenbruch einiger bedeutender inländischen Banken seit 1891, wodurch übertriebene, unsolide Börsenspekulationen und umfangreiche Depotveruntreuungen aufgedeckt wurden[34]. Bis

---

31 Schwark, Anlegerschutz, S. 24.

32 BT-Drucks. 10/318, 45.

33 Schulz, S. 575 ff.

34 Schwark, Börsengesetz, Einleitung, Rdnr. 4.

zur Reform des Börsenrechts wurden zur Bewerbung von Aktien neben Prospekten auch einfache Informationsunterlagen verwendet, die in den Kontoren der Banken auslagen[35]. Die Zuverlässigkeit von Prospektinformationen konnte nicht durch das allgemeine Zivilrecht sicher gestellt werden, da mögliche vorvertragliche Ansprüche nur bei Kauf direkt vom Emissionshaus bestanden[36] und deliktische Ansprüche einen Verstoß gegen ein Schutzgesetz oder Vorsatz i.S.d. § 826 BGB voraussetzten.

b) *Entwicklung*

Die Frage der Prospekthaftung wurde erstmals im Rahmen des Lucca-Pistoja-Aktienstreits im Jahre 1853 diskutiert[37]. Hierbei wurden zwei gegensätzliche Meinungen vertreten, die sich in der Kontroverse um die Reglementierung des Kapitalmarktes nach wie vor gegenüberstehen. Die liberalen Vertreter plädierten für eine freie Bewegung des mobilen Kapitals, während die andere Seite in Wertpapieren das Sinnbild einer zu bekämpfenden Spielwut erblickte und diese zurückdrängen wollte[38]. Noch in den siebziger Jahren des 19. Jahrhunderts wurde den Effektennachfragern die Schwäche, das Risiko eines Aktienkaufs einzuschätzen, als eigene Unfähigkeit angelastet, sodass die Informationsverschaffungspflicht in Anlehnung an den Warenkauf beim Aktienerwerber lag.[39] Im gleichen Zeitraum ging der direkte Absatz von Aktien durch die emittierenden Unternehmen zurück, und es traten professionelle Vermittler zwischen die Gründer der Aktiengesellschaften und die Käufer. Sie übernahmen den Vertrieb der Wertpapiere, wodurch sich die Haftungsfrage auf diese erweiterte[40]. Die Diskussion über die Haftung umfasste dabei nicht nur sämtliche an der Emission Beteiligten, sondern es bestanden bereits damals Überlegungen, den Wirtschaftszeitungen eine besondere Verantwortung aufzuerlegen, die durch sorgfältige Berichterstattung wahrgenommen werden sollte[41]. Die Aktienrechtsnovelle im Jahre 1884 lehnte jedoch noch die Verantwortlichkeit des Emittenten ab und stellte die Eigenverantwortlichkeit des Anlegers heraus[42].

Erst durch die mit der Einberufung der Börsen-Enquete-Kommission[43] im Jahre 1892 eingeleitete Gesetzesinitiative zum Börsengesetz wurden eine Regelung

35 Schulz, S. 367.

36 Schwark, BB 1984, S. 1437 ff.

37 Hintergrund war die Haftung eines Frankfurter Bankhauses aus einer Zeichnungsaufforderung für eine toskanische Eisenbahnstrecke 1853.

38 Bässler, S. 4 f.

39 Schulz, S. 369 f.

40 Ebenda, S. 371.

41 Ebenda, S. 379.

42 Schulz, S. 576.

43 Schwark, BörsenG, Einl. Rdnr. 4.

des Zulassungswesens und die Einführung einer Prospekthaftung vorbereitet. Das Börsengesetz wurde im Juni 1896 verabschiedet und trat am 1.1.1897 vollständig in Kraft. Hierdurch steigerte sich das Vertrauen der Anleger in die Prospekte und damit in den Kapitalmarkt insgesamt[44]. Die Einführung der Prospekthaftung markierte eine Entwicklung vom bisher privatautonomen Verständnis des Gesellschaftsrechts zu einem dem Anlegerschutz verpflichteten Gesellschaftsrecht. Das Börsengesetz verband als erstes Gesetz die unterbliebene Information mit einer Haftung[45]. Es war als Reaktion auf die liberale Gründerzeit dem Schutz der schwächeren Marktteilnehmer gewidmet. Von seinen Kritikern wurde hingegen die stärkere Einbindung der Börsen in die staatliche Aufsicht als systemfremd empfunden[46]. Ferner wurde bereits bei der Diskussion der Börsenenquete darauf hingewiesen, dass die Rechnungslegungspublizität schon bei der Emission und nicht erst bei der Börsenzulassung ansetzen müsse, da ansonsten ausländische Aktien ohne Kontrolle auf den deutschen Markt kämen[47]. Diesen Mangel hat der Gesetzgeber bis heute nicht abgestellt. Darüber hinaus ist die Effizienz der Prospekthaftung schwer nachzuweisen[48], da es Urteile zur Prospekthaftung von 1945 bis 1980 nicht gab[49]. Erst in den achtziger Jahren ergingen zum Fall der in Konkurs gegangenen Beton- und Monier-Bau AG die ersten Entscheidungen[50]

Das Börsengesetz hat während seines Bestehens einige grundlegende Änderungen erfahren. Die Gesetzesnovelle vom 5.3.1934[51] zielte darauf ab, die amtliche Kursfeststellung vom Börsenvorstand, in dem man kein wirklich unparteiisches Organ sah, auf die amtlich bestellten und von der Kursmaklerkammer überwachten Kursmakler zu übertragen, um eine jederzeit vertrauenswürdige Notierung zu gewährleisten[52]. Durch die Verordnung vom 28.9.1934[53] wurden die bisher 21 Wertpapierbörsen auf 9 Börsen konzentriert und damit eine verbesserte Marktbreite erreicht. Die Gesetzesnovelle von 1975[54] bewirkte unter anderem eine Öffnung des Börsenvorstandes für Vertreter der Anleger im Rahmen von dessen Stärkung als Selbstverwaltungsorgan. Um die Eigenkapitalversorgung

44 Schulz, S. 576.
45 Ebenda, S. 577.
46 Anschütz, Verwaltungsarchiv 11, 519 f.
47 Weber, ZHR 45 (1896), 69 (73, 96 f.).
48 Schulz, S. 577.
49 Horst, S. 6.
50 OLG Düsseldorf, WM 1981, 969; BGH WM 82, 867; OLG Düsseldorf, WM 1984, 586.
51 RGBl. 1934 I S. 169.
52 Schwark, Börsengesetz, Einl. Rdnr. 9.
53 RGBl. 1934 I S. 863.
54 BGBl. 1975 I S. 1013.

der Wirtschaft über den öffentlichen Kapitalmarkt zu steigern[55], hat der Gesetzgeber mit der Novelle von 1986[56] den Geregelten Markt eingeführt. Dieser verfügt über erleichterte Zugangsvoraussetzungen und eingeschränkte Publizitätspflichten. Die Börse wurde in den folgenden Novellen vom deutschen Gesetzgeber im Zuge des EG-weiten einheitlichen Kapitalmarktes einem liberaleren System unterstellt[57].

Gleichzeitig bewirkte die 1989 erfolgte Novellierung[58] eine Verbesserung des Anlegerschutzes[59] durch die Überwachung von Kurs- und Freimaklern hinsichtlich ihres Geschäftsgebarens und im Bezug auf ihre vermögensmäßige Bonität durch die zuständige Bundesaufsichtsbehörde unter Einschaltung von Wirtschaftsprüfern. Die seit Januar 1990 bestehende Deutsche Terminbörse bewirkt eine Ausweitung des Börsenhandels auf die Übermittlung von Willenserklärungen durch EDV (§ 7 I S. 2 BörsenG) und auf moderne Finanzinnovationen (§ 50 I BörsenG) und verleiht auch Nicht-Kaufleuten eine eingeschränkte Termingeschäftsfähigkeit (§ 53 BörsenG). Auch diese Regelungen sollen dem Anlegerschutz dienen, da der Anleger nunmehr die Möglichkeit hat, sein Portefeuille durch entsprechende Gegengeschäfte zu sichern und nicht mehr auf ausländische Börsenplätze ausweichen muss[60].

Auf eine Verbesserung der Aufsicht durch eine Installierung einer umfassenden staatlichen Marktaufsicht zielte das Zweite Finanzmarktförderungsgesetz vom 26.7.1994[61] ab. Die frühere Börsenaufsicht wurde als überholt angesehen[62], und die internationale Wettbewerbsfähigkeit des Kapitalmarktes machte eine effiziente, ausländischen Standards genügende Marktaufsicht erforderlich[63]. Das Dritte Finanzmarktförderungsgesetz vom 24.3.1998[64] hat den Schutz der Anleger vor unseriösen Anbietern verbessert, da es die Befugnisse des Bundesaufsichtsamtes für den Wertpapierhandel im Zusammenhang mit öffentlichen Angeboten von Wertpapieren, für die kein Antrag auf Zulassung zum amtlichen Handel oder zum geregelten Markt gestellt ist, erweitert hat[65]. Hinsichtlich der Prospekthaftung ist es für den Anleger nicht mehr erforderlich, die Papiere in

---

55 BT-Drucks. 10/4296, S. 10 f., Schwark, Börsengesetz, § 71 Rdnr. 1; zur Krise der Aktiengesellschaft Hopt, WM 1985, S. 794.

56 BGBl. 1986 I S. 2478.

57 Schwark, Börsengesetz, Vorwort S. V.

58 BGBl. 1989 I S. 1412.

59 v. Rosen, Börsengesetz, Geleitwort, S. 9.

60 Ebenda, S. 9.

61 BGBl. I, S. 1749.

62 Peterhoff, Wertpapierhandelsgesetz.

63 Vgl. Verlautbarung des Bundesministers der Finanzen vom 16.1.1992, in: WM 1992, 420.

64 BGBl. I, S. 529.

65 Grimme/Ritz, WM 1998, S. 2096.

seinem Besitz zu haben und den Nachweis für die Ursächlichkeit der Prospektangaben für die eigene Kaufentscheidung zu erbringen[66]. Durch das am 1.7.2002 in Kraft getretene Gesetz zur weiteren Entwicklung des Finanzplatzes Deutschland (Viertes Finanzmarktförderungsgesetz)[67] ist das BörsenG in erster Linie in der Stoffanordnung durchgeformt worden[68]. Gemäß § 24 BörsG können die Börsenpreise nunmehr im elektronischen Handel oder durch Skontoführer ermittelt werden. Gemäß § 42 BörsG kann die Börsenordnung für Teilbereiche des amtlichen Marktes weitere Zulassungspflichten des Emittenten vorsehen. § 32 I Nr. 2 BörsG i.V.m. § 16 I Nr. 14 BörsenZulV und § 31 I Nr. 2 BörsG sollen zwischen anteilsbesitzendem Management und Neuaktionären zumindest für die Dauer der Haltefrist einen Interessengleichklang schaffen[69].

c) Bewertung

Die Vorschrift des § 89 BörsG, der die gewerbsmäßige Verleitung von Unerfahrenen zu Börsenspekulationsgeschäften unter Strafe stellt, ist durch die Rechtsprechung restriktiv dahin ausgelegt worden, dass sie nur Geschäfte an Börsen und zwar an inländischen Börsen erfassen soll[70]. Zur Begründung hat der BGH sich auf die Entstehungsgeschichte des BörsenG berufen, das die Verhältnisse an deutschen Börsen regeln sollte. Damit fällt der Großteil der betrügerischen Praktiken im Zusammenhang mit außerhalb von deutschen Börsen getätigten Warentermingeschäften nicht unter das BörsenG. Auch die Bedeutung von § 88 BörsG, der nunmehr allein den Kursbetrug ahndet, ist für den Anlegerschutz gering geblieben, da sich der Tatbestand auf Wertpapiere beschränkt, der Nebenkapitalmarkt jedoch zumeist nicht verbriefte Anlageformen aufweist[71]. Auch die durch § 45 BörsG geregelte Haftung des Emittenten hat für den Anlegerschutz auf dem Nebenkapitalmarkt keine Bedeutung, da hier eben nicht eine Börsenzulassung erstrebt wird[72].

3. Aktiengesetz

Das Aktiengesetz soll insbesondere hinsichtlich der Entwicklung der Mitbestimmungsrechte des Anlegers untersucht werden.

---

66 Pötzsch, WM 1998, S. 950.

67 BGBl. I 2002, S. 2010.

68 Fleischer, NJW 2002, S. 2982.

69 Ebenda, S. 2982.

70 BGH wistra 1983, 73; 1983, 156.

71 Worms, S. 212.

72 Ebenda, S. 213.

a) Entwicklung

Nach Missständen auf dem Gebiet des Aktienwesens in der sogenannten Gründerzeit des 19. Jahrhunderts[73] enthielt die Aktiennovelle von 1884[74] die ersten anlegerschützenden Bestimmungen[75]. Diese waren in Rechtsprechung und Literatur jedoch bereits anerkannt[76]. Insbesondere hatte der Aktionär das Recht, gesetz- und statutenwidrige Beschlüsse der Generalversammlung gemäß Art. 222, 190a des Gesetzes anzufechten. Ferner konnte eine 20%ige Minderheit die Verfolgung von Ersatzansprüchen gegen Gründer, Mitglieder des Vorstands und Aufsichtsrats oder Liquidatoren gemäß Art. 223 des Gesetzes geltend machen. Auch sollte eine 5%-Minderheit die Einberufung einer Generalversammlung gemäß Art. 237 I HGB des Gesetzes verlangen können. Insbesondere wurden in dem Gesetz betreffend die Kommanditgesellschaften auf Aktien und die Aktiengesellschaften v. 18.7.1884[77] die Gründungsbestimmungen verschärft und strengere Strafvorschriften eingefügt. Durch verbreitete Missstände nach dem Ersten Weltkrieg und durch die daraus folgenden spezifisch aktienrechtlichen Missbräuche, wie zum Beispiel der Verbreitung von Mehrstimmrechtsaktien zur Beherrschung von Unternehmen ohne kapitalmäßige Mehrheit, wurde die Forderung nach einer Reform des Aktienrechts erhoben[78]. Die umfassende Reform wurde durch das Aktiengesetz vom 30.1.1937 ermöglicht, die das Mehrstimmrecht einschränkte und das Aktienrecht aus dem Handelsgesetzbuch löste. Die Stärkung der unternehmerischen Führung der AG durch den Vorstand und das Zurückdrängen der Entscheidungskompetenzen der Generalversammlung, die ihre Kompetenz zur Bestellung des Vorstands an den Aufsichtsrat abgeben musste, erfolgte „im ideologischen Schlepptau des Führerprinzips“[79]. Das Gesetz erweiterte jedoch auch die Rechte des Aktionärs, indem es insbesondere ein Auskunftsrecht des Aktionärs einführte. Nach dem Zweiten Weltkrieg kam es, entgegen ideologisch motivierter Forderungen, nicht zu einer Änderung des Aktiengesetzes. Auch das Aktiengesetz vom 6.9.1965 hatte allgemeine wirtschafts- und sozialpolitische Ziele, die sich auf eine weite Streuung des Aktienbesitzes und damit auf eine Beteiligung möglichst breiter Schichten des Publikums am Produktivvermögen richteten[80]. Hierzu wurde der Mindestnennwert der Aktie auf 50 DM gesenkt. Ferner wurde der Anlegerschutz verbessert, indem die Stel-

---

73 Otto, Aktiengesetz, Vor § 399 Rdnr. 2.

74 Gesetz, betreffend die Kommanditgesellschaften auf Aktien und die Aktiengesellschaften, RGBl. Nr. 22 vom 31.7.1884.

75 Hueck, Gesellschaftsrecht, S. 177.

76 W. Schubert/Hommelhoff, S. 42 ff.

77 RGBl. I, 123.

78 Hueck, S. 178.

79 Zöllner, KölnerKomm zum AktG, Einl., Rdnr. 68.

80 Lehmann, Aktienrechtsreform, S. 3; Kropff, in: 25 Jahre Aktiengesetz, S. 20; Hueck, S. 179.

lung der Hauptversammlung bezüglich Gewinnverwendung verstärkt, die Publizitätspflichten verschärft, die Auskunftsrechte des Aktionärs und die Kontrollbefugnisse des Aufsichtsrates verbessert wurden. Darüber hinaus wurde der Tatbestand der aktienrechtlichen Untreue gestrichen; einige Straftatbestände wurden zu Ordnungswidrigkeiten herabgestuft. Zahlreiche Richtlinien der Europäischen Union enthalten ebenfalls anlegerschützendes Recht und sind in das Akteingesetz übernommen sind. Hiervon ist die „Publizitätsrichtlinie" vom 9.3.1968 zu nennen. Sie regelt die Mindestangaben über die Gesellschaft, die im Register und auf Geschäftsbriefen enthalten sein müssen. Diese Richtlinie wurde Bundesgesetz am 15.8.1969[81]. Die „Kapitalrichtlinie" vom 13.12.1976 koordinierte die Gründungsvoraussetzungen und die Vorschriften über Kapitalerhaltung, -erhöhung und -herabsetzung. Hierzu erging ein Bundesgesetz am 13.12.1978[82]. Die „Verschmelzungsrichtlinie" vom 9.10.1978 verbesserte den Informationsstand der Hauptversammlung vor der Beschlussfassung über Verschmelzungen und wurde am 25.10.1982 Bundesgesetz[83].

b) *Inhalt*

Der Anlegerschutz wird im Aktiengesetz nicht ausdrücklich genannt, jedoch als Leitmaxime insbesondere der Aktienrechtsreform von 1965 angesehen[84]. Für die Bestimmung der Arten von anlegerschützenden Vorschriften ist die Differenzierung zwischen Vorschriften, die die Rechte der Aktionäre regeln, also Kontroll- und Mitbestimmungsrechte enthalten, und solchen, die Verhaltensregeln für Gründer, Mitglieder des Vorstands und Aufsichtsrats enthalten, zu unterscheiden.

Gemäß §§ 93, 116 AktG sind die Vorstands- und Aufsichtsratsmitglieder den Aktionären zur Sorgfalt eines ordentlichen und gewissenhaften Geschäftsleiters verpflichtet. Es besteht gemäß § 93 II eine Schadensersatzpflicht des Vorstands und des Aufsichtsrates bei Verstößen. Kritisiert wird hierbei jedoch, dass eine Haftungs- und damit eine Inzidenterkontrolle geschäftsführender Tätigkeiten insofern nicht stattfindet, als dass die Geltendmachung von Ersatzansprüchen gegen Vorstand und Aufsichtsrat gemäß § 147 I nur von dem Teil der Hauptversammlung geltend gemacht werden könne, der ohnehin schon den Aufsichtsrat wähle[85].

Hinsichtlich der Emission von Aktien sind von erheblichem Schutzinhalt für die Aktionärsinteressen die Bestimmungen der §§ 399 – 408 AktG zum Straf- und

---

81 BGBl. I, S. 1146.
82 BGBl. I, S. 1959.
83 BGBl. I, S. 1425.
84 Wiedemann, BB 1975, S. 1596.
85 Wiedemann, S. 1596.

Bußgeldrecht[86]. Die Strafvorschriften der §§ 399 I Nr. 3, 400 I Nr. 2 AktG wenden sich u.a. gegen falsche Angaben und das Verschweigen erheblicher Umstände im Zusammenhang mit der Emission von Aktien.

c) Zwischenergebnis

An der Entwicklung des Börsen- und des Aktiengesetzes zeigt sich, dass das Kapitalmarktrecht aufgrund der bis in die sechziger Jahre des 20. Jahrhunderts bestehenden Ausrichtung des deutschen Kapitalmarktes auf die Aktie als Finanzierungsinstrument einen ausschließlich rechtsformbezogenen Ansatz hatte. Durch diese Spezialisierung auf die Rechtsform der Aktiengesellschaft kann das Börsengesetz daher keine Regelungen für „neue" kapitalsuchende Gesellschaftsformen zur Verfügung stellen. Ferner können die Instrumentarien, welche das Börsen- und das Aktiengesetz zur Verfügung stellen, die Risiken, welche sich aus dem Handel mit nichtzugelassenen und ausländischen Wertpapieren ergeben, nicht beseitigen. Aktien- und Börsengesetz zeigen in ihrer Ausgestaltung jedoch einen Standard von Mitbestimmungs- und Kontrollrechten für Anleger sowie Haftungstatbestände für Emissionsbeteiligte und mit der Geschäftsführung Betraute auf, der Maßstab für die Ausgestaltung eines Gesetzes zur Regelung von Publikumspersonengesellschaften und anderer kapitalistischer Beteiligungsmodelle sein könnte.

4. Gesetz über die Kapitalanlagegesellschaften

Das Gesetz über Kapitalanlagegesellschaften (KAGG) regelt die Ausgestaltung von Investmentfonds. Auch das KAGG stellt daher ein produktorientiertes Gesetz dar. Durch das Gesetz über Kapitalanlagegesellschaften vom 16.4.1957[87] wurden die in Ansätzen bereits seit 1871[88] bestehenden Investmentgesellschaften gesetzlich geregelt. Nach der Setzung des rechtlichen Rahmens im Jahre 1957 verzeichnete das deutsche Investmentwesen einen gewaltigen Aufschwung. Ende 1985 betrug das von 136 Wertpapier-Investmentfonds verwaltete Vermögen rund 50 Milliarden DM[89]. Investmentgesellschaften bieten eine kollektive Kapitalanlage, indem sie Anteilsscheine ausgeben, welche einen Anteil am Gesellschaftsvermögen repräsentieren. Bei ihrer Kapitalanlage folgen Investmentgesellschaften dem Prinzip der Risikostreuung, gehen aber im Übrigen bei Kauf- und Verkaufsentscheidungen gezielt nach den Einschätzungen

86 Henn, S. 156.

87 BGBl. I, S. 378.

88 Als Investmentgesellschaften im weiteren Sinne gilt u.a. die 1871 gegründete AG für Rheinisch-Westfälische Industrie, s. Baur, Jürgen, Investmentgesetze, S. 75.

89 Schäfer, Anlegerschutz, S. 16.

möglicher künftiger Kursentwicklungen vor[90]. Das Kapitalanlagegesellschaftsgesetz enthält Regelungen über die Prospektpflicht und Prospekthaftung, die sowohl die Gesellschaft als auch den Verkäufer der Anteile verpflichtet. Die zentrale anlegerschützende Vorschrift stellt § 10 I KAGG dar[91]. Diese Vorschrift erlegt einer Kapitalanlagegesellschaft die Beachtung der „Sorgfalt eines ordentlichen Kaufmanns" auf. Dieser unbestimmte Rechtsbegriff ist unter Berücksichtigung des Anlegerschutzprinzips auszulegen[92].

a) Entstehungsursachen des Investmentsparens und Entwicklung des KAGG

Unter den sozialpolitischen und kapitalmarktpolitischen Zielsetzungen, breite Bevölkerungsschichten an den Effektenmarkt heranzuführen, ihnen Beteiligungen an Wirtschaftsunternehmen zu ermöglichen und Eigentumsbildung zu fördern, setzten bereits in den fünfziger Jahren Bestrebungen zur Förderung des Investmentsparens ein[93]. Im März 1953 wurde im Bundestag ein Gesetzentwurf zur Regelung des Investmentsparens eingebracht, der bereits die Bildung eines Sondervermögens getrennt von den eigenen Mitteln der Kapitalanlagegesellschaft zum Schutze der Anteilinhaber vorsah[94]. Ferner enthielt der Entwurf Vorschriften zur Aussonderung der Anlagewerte im Falle des Konkurses der Gesellschaft und Grundsätze zur Verwirklichung der Risikostreuung[95]. In den Anschlussberatungen zu dem in der folgenden Legislaturperiode geänderten Entwurf wurden insbesondere Sicherungen zur Verhinderung von unsoliden Geschäftsgebaren diskutiert[96]. Hierzu gehörte die Aufsicht über KAGs auf Bundesebene und die Einschaltung einer Depotbank zur Verwahrung des Sondervermögens. Die für den Anlegerschutz relevanten Änderungen brachte die Novelle im Jahre 1965[97]. Diese verpflichtete die Kapitalanlagegesellschaften, den Kreditinstituten Merkblätter zur Verfügung zu stellen, die die Berechnung des Ausgabe- und Rücknahmepreise für Anteilscheine erläuterte und die Anleger auf die Möglichkeit eines günstigen Rückkaufpreises bei entsprechender Absatzlage für die Anteilscheine hinwies.

---

90 Horst, S. 26; v. Caemmerer, JZ 1958, S. 41.

91 Schäfer, Anlegerschutz, S. 16.

92 Hopt, Kapitalanlegerschutz, S. 415.

93 v. Caemmerer, JZ 1958, S. 44.

94 BT-Drucks. I/4199.

95 Baur, Investmentgesetze, Einleitung II, S. 83.

96 v. Caemmerer, JZ 1958, S. 44.

97 Zweites Gesetz zur Änderung des Gesetzes über Kapitalanlagegesellschaften vom 25.1.1965, BGBl. 1965 I, S. 12.

Das KAGG erfasste bis zu seiner Novelle 1969 nur solche Investmentgesellschaften, die die bei ihnen angelegten Gelder in Wertpapieren anlegten[98]. Anlass der Novelle von 1969 war der Zusammenbruch der der weltweit agierenden Vertriebsgesellschaft für Investmentanteile I.O.S.[99]. Die Novelle erweiterte das KAGG um Bestimmungen über solche Kapitalanlagegesellschaften, die das bei ihnen eingelegte Geld in Grundstücken und grundstückgleichen Rechten anlegen. Ferner wurde zwischen Depotbank und Kapitalanlagegesellschaft eine stärkere personelle Trennung vorgeschrieben. Als weitere anlegerschützende Vorschrift enthielt die Novelle die Verpflichtung der Kapitalanlagegesellschaft, dem Erwerber von Anteilsscheinen einen Verkaufsprospekt auszuhändigen, der unter anderem einen zeitnahen Rechenschaftsbericht enthalten sollte. Durch die Novelle fielen auch erstmals offene Immobilienfonds unter die Bestimmungen des Gesetzes. Durch das Gesetz zur Verbesserung der Rahmenbedingungen der Finanzmärkte vom 22.2.1990 trat am 1.3.1990 eine Novellierung des KAGG in Kraft, die die Anlagevorschriften für die Investmentfonds beträchtlich liberalisiert hat[100]. So können die Investmentfonds auch bis zu 49 Prozent ihres Sondervermögens Geldmarktfonds halten. Ferner sind sie nicht mehr beschränkt auf Wertpapiere, die im Amtlichen Handel oder Geregelten Markt zugelassen sind und dürfen unter bestimmten Auflagen Options- und Termingeschäfte betreiben. Durch das Dritte Finanzmarktförderungsgesetz vom 24.3.1998[101] wurden den Kapitalanlagegesellschaften gestattet, neue Fondstypen aufzulegen. Der Anlegerschutz wurde durch eine nach § 2 I KAGG ausgestaltete spezialgesetzliche Anordnungsbefugnis des Bundesaufsichtsamtes für das Kreditwesen verbessert. Mit gleicher Zielsetzung wurde die Anlage in nicht-börsennotierten Aktien und die Mindestanlage in Wertpapieren bei den Wertpapier-Sondervermögen festgelegt und die Kapitalanlagegesellschaften verpflichtet, auf Anforderung ihre Vermögensaufstellung zu übermitteln[102]. Durch das Vierte Finanzmarktförderungsgesetz sind zahlreiche Änderungen des KAGG bewirkt worden. Unter anderem ist es den Kapitalanlagegesellschaften gemäß § 1 VI Nr. 2 und Nr. 2 a erlaubt worden, Anlageberatung auch gegenüber Dritten durchzuführen sowie Anteilscheine verschiedener Anbieter gemäß § 1 VI S. 1 zu vertreiben.

b) Bewertung des Gesetzes

Das KAGG sorgt für einen Rechtsformenzwang, da Kapitalanlagegesellschaften nur in der Rechtsform der Aktiengesellschaft oder der GmbH betrieben werden dürfen. Indem sie die Kapitalanlagegesellschaften als Kreditinstitute einordnet,

98 Baur, Investmentgesetze, Einleitung I, S. 80.

99 Siehe 1. Kapitel.

100 E.-J. Horn, Neuer Entwicklungen, S. 69.

101 BGBl. I, S. 529.

102 Pötzsch, WM 1998, S. 963.

bewirkt die Definition des § 1 KAGG ferner, dass sich die gesamte Bankenaufsicht auf das Investmentwesen erstreckt, und damit auch die Integration der Kapitalanlagegesellschaften in das bisherige Regelungssystem[103]. In der Rechtsprechung ist das Gesetz bisher nicht angewendet worden. Es hat weder Prozesse zwischen Investmentgesellschaften und Anteilinhabern noch zwischen dem Bundesaufsichtsamt für das Kreditwesen und den Investmentgesellschaften gegeben[104], da auftretende Probleme zwischen den letztgenannten Beteiligten unter weitgehendem Ausschluss der Öffentlichkeit diskutiert wurden[105]. Das KAGG spielt jedoch aufgrund seines beschränkten Anwendungsbereiches für den Anlegerschutz am Nebenkapitalmarkt unmittelbar keine Rolle. Das Gesetz hat jedoch insoweit rechtspolitische Bedeutung, als es erstmals für einen Teilbereich einen umfassenden Anlegerschutz bereitstellt und hierauf weitere Gesetzesinitiativen aufbauen[106].

5. Auslandsinvestmentgesetz

Nach Erlass des KAGG im Jahre 1959 war ein Rückgang des Absatzes ausländischer Investmentanteile zu verzeichnen[107]. Eine Belebung setzte erst 1964 wieder ein und erreichte ihren Höhepunkt während der Jahre 1966 bis 1969. In dieser Zeit belief sich der Marktanteil der ausländischen Anteile auf 40% am Gesamtmarkt mit einem Gesamtvolumen von 5 Milliarden DM[108]. Auch das Auslandsinvestmentgesetz (AIG) war eine Reaktion auf den Zusammenbruch der weltweit agierenden Vertriebsgesellschaft für Investmentanteile I.O.S. und führte weitgehend zur „Austrocknung“ des Marktes für ausländische Investmentanteile[109]. Die Haftungsregelungen des AIG und des KAGG wurden in ihrem Wortlaut einander angepasst[110]. Im Gegensatz zum KAGG besteht im AIG jedoch kein Rechtsformenzwang oder eine Behandlung der ausländischen Gesellschaft als Kreditinstitut, da die Unternehmen nicht vom Markt fern gehalten werden sollen[111]. Das Gesetz setzt vielmehr beim Vertrieb der Anteile an. Anspruchsverpflichtet sind daher sowohl die ausländische Investmentgesellschaft und deren Verwaltungsgesellschaft[112] als auch die Hauptvertriebsgesellschaft,

---

103 Hopt, Gutachten, G 19.

104 BVI, Bundesverband Deutscher Investmentgesellschaften e.V.: „Investment“ – jährlicher Verbandsbericht, 1984, S. 21; Roos, ZfgK 1985, S. 434 ff.

105 Schäfer, Anlegerschutz, S. 15.

106 Worms, S. 216.

107 Horst, S. 34.

108 Baur, Investmentgesetze, Einleitung I, S. 417 ff.

109 Assmann, Wertpapierhandelsgesetz, Einl., Rdnr. 5.

110 Hopt, Gutachten, G 20; Worms, S. 216.

111 Hopt, Gutachten, G 20.

112 Siehe § 3 II Nr. 1 AIG.

die den Vertrieb der Anteile übernommen hat[113]. Sie haften, wenn sie die Unvollständigkeit bzw. Unrichtigkeit gekannt oder grob fahrlässig nicht gekannt haben. Die übrigen Haftungsvoraussetzungen sind identisch mit denen des § 20 KAGG. Durch die mit dem Begleitgesetz neu eingefügten §§ 7 II Nr. 8 i.V.m. 8 II ist der Vertrieb von Anteilen ausländischer Investmentgesellschaften nur bei einer wirksamen öffentlichen Aufsicht zum Schutz der Investmentanteilinhaber möglich. Hierzu bedarf es einer befriedigenden Zusammenarbeit zwischen der ausländischen Stelle und dem zuständigen Bundesaufsichtsamt für das Kreditwesen[114]. Eine wesentliche Änderung durch das Vierte Finanzmarktförderungsgesetz ist die Verlängerung der Verjährungsfrist für die Haftung aus unrichtigem Verkaufsprospekt von sechs Monaten auf ein Jahr gemäß § 12 V.

6. Regierungsentwurf eines Gesetzes über den Vertrieb von Anteilen an Vermögensanlagen

Der Entwurf des Vermögensanlagengesetzes (VermAnlG) wurde am 2.1.1978 dem Bundestag vorgelegt[115]. Er wurde jedoch nicht verabschiedet und auch in den folgenden Legislaturperioden nicht neu eingebracht[116]. Für die historische Entwicklung des Anlegerschutzes in der Legislative hat jedoch der Entwurf insofern Bedeutung, als er die erste Initiative des Gesetzgebers markiert, den negativen Auswirkungen des Nebenkapitalmarkts bei dem Erwerb von Beteiligungen entgegenzutreten, und er dabei eine rechtsformunabhängige Lösung vorstellte, indem er, wie bereits für das Auslandsinvestmentgesetz festgestellt, bei dem Vertrieb der Anteile ansetzte.

a) Entstehungsursachen und Ziele des Gesetzgebers

Entstehungsursache des Regierungsentwurfs waren die oben bereits beschriebenen Entwicklungen auf dem Nebenkapitalmarkt[117], insbesondere die Umgehung des Anlegerschutzes durch die Ausgestaltung von Beteiligungsverträgen, welche die Rechte der Gesellschafter auf ein Minimum reduzierten[118] und ihnen zureichende Informationen über die Anlage vorenthielten[119]. Weitere Entstehungsursache waren Zusammenbrüche von Abschreibungsgesellschaften. Der sich durch die Rechtsprechung entwickelnde Anlegerschutz hinsichtlich der Publikumspersonengesellschaften setzte erst ein, wenn bereits ein Schaden ent-

---

113 Baur, Investmentgesetze, AIG, § 12, Anm. III.

114 Baur, Investmentgesetze, AIG, § 12 Anm. III.

115 BT-Drucks. 8/1405, S. 9, Anl. 1.

116 Horst, S. 38.

117 Grannemann, S. 15.

118 Horst, S. 36 ff.

119 Begründung des Gesetzentwurfs, in: BT-Drucks. 8/1405, S. 9.

standen war[120]. Unterstützt wurde die Forderung nach mehr Anlegerschutz auch dadurch, dass durch die kleiner werdende Stückelung der Anteile Kapitalanleger mit geringerem Vermögen in den Kreis der Geschädigten oder der potenziell Geschädigten kamen, also auch aus Gründen des Verbraucherschutzes Handlungsbedarf bestand. Die vom Bundesminister der Justiz eingesetzte Kommission zur Bekämpfung der Wirtschaftskriminalität verlangte daher ebenso Anlegerschutzvorschriften wie auch die Abteilung Anlegerschutz des 51. Deutschen Juristentages. In der Diskussion wurden zwei Wege zur Erreichung dieses Ziels diskutiert: Zum einen gesellschaftsrechtliche Maßnahmen einschließlich eines eventuell vorzusehenden Rechtsformzwanges und zum anderen vertriebsrechtliche, also am Kapitalmarktrecht orientierte Maßnahmen, die mit dem am Auslandsinvestmentgesetz gemachten Erfahrungen anknüpfen. Bei ihrer Initiative entschied sich die Bundesregierung für die von beiden Arbeitsgruppen vertretene vertriebsrechtliche Lösung, ergänzt durch eine bußgeldrechtliche Absicherung. Für die vertriebsrechtliche Lösung sprach, dass sie nicht die Vielfalt der möglichen Gestaltungsweisen berücksichtigen musste, sondern rechtsformunabhängig an den öffentlichen Vertrieb anknüpfte. Denn bei den auf dem Nebenkapitalmarkt angebotenen Produkten handelte es sich, wie oben ausgeführt[121], um in ihrer rechtlichen Ausgestaltung höchst unterschiedlich ausgestaltete Anlageformen. Ferner konnte die Regelung einzelner Anlageformen durch ein Gesetz zu einer ständigen Veränderung der Gestaltung der Kapitalanlagen durch die Initiatoren führen, um die Anwendbarkeit des Gesetzes zu umgehen[122].

b) Inhalt des Gesetzentwurfs

Inhalt des Entwurfs waren ein Prospektzwang und eine laufende Publizitätspflicht für den öffentlichen Vertrieb von Anteilen an Vermögensanlagen. Das Gesetz sollte also nur solche Anleger schützen, die durch ein öffentliches Angebot Anteile erwarben, und nicht solche, die sich aufgrund eigener Initiative beteiligten oder auf ein privates Angebot reagierten[123]. Die Prospektpflichten sollten mit einer obligatorischen Prüfung durch Angehörige der wirtschaftsprüfenden Berufe verbunden sein. Die geprüften Prospekte sollten durch das Bundesaufsichtsamt für das Kreditwesen registriert werden. Das Bundesaufsichtsamt sollte das Recht haben, den Vertrieb der in den Prospekten beschriebenen Anlagen zu untersagen, wenn es Grund zu der Annahme hätte, dass der Prospekt unrichtige oder unvollständige Angaben wesentlicher Bedeutung enthielte. Ferner sollte es bei Gesetzesverstößen Bußgelder verhängen können[124]. Die Pro-

120 Horst, S. 37.

121 Siehe 1. Kapitel.

122 Vgl. Horst, S. 38; Hopt, Gutachten, G 9 ff.

123 Regierungsbegründung zu § 1, Anm. 2, S. 11.

124 BT-Drucks. 8/1405, S. 5

spekthaftung in § 7 des Entwurfs sollte den Anspruch des Anlegers beinhalten, durch ein Rückgaberecht bzw. Austrittsrecht im Ergebnis so gestellt zu werden, wie er gestanden hätte, wenn er den Anteil nicht erworben hätte[125]. Durch § 7 des Entwurfs sollte der nach allgemeinem Recht bestehende Schadenersatzanspruch jedoch nicht ausgeschlossen sein[126]. Das Vorliegen von Verschulden bei der Anlagegesellschaft, deren gesetzlichen Vertretern und bei den gewerbsmäßigen Eigenhändlern war nach dem Gesetzentwurf in Anlehnung an § 20 KAGG und § 12 AIG dann zu bejahen, wenn diese ihre Unkenntnis von der Fehlerhaftigkeit des Prospektes nicht nachzuweisen in der Lage wären oder ihre Unkenntnis auf grober Fahrlässigkeit beruhen würde.

c) Diskussion zum Gesetzentwurf

Kritisiert wurde an diesem Gesetzentwurf, dass er die Gefahren des Anlegers nicht vollständig abdeckte, da diese für ihn nicht nur bei der Anlageentscheidung zum Zeitpunkt des Erwerbs, sondern auch bei der Beteiligung an einer Gesellschaft für die Zeit der Mitgliedschaft bestehen. Diese Gefahren gehen insbesondere von der Geschäftsleitung und von einseitig zugunsten des Objektträgers ausgestalteten Verträgen aus[127]. Daher wurde vereinzelt das gesellschaftsrechtliche Modell vorgeschlagen, also ein besonderes Personengesellschaftsrecht für Publikumsgesellschaften gefordert, um den Zugang zu den Publikums- und Anlagegesellschaften weiterhin offen zu halten[128]. Zur Begründung wurde darauf verwiesen, dass die Rechtsprechung des BGH bereits durch einzelne Entscheidungen den Weg zu einem solchen Sonderrecht vorgezeichnet habe, indem sie aus der Eigenart der Publikumsgesellschaft eigene Regeln hergeleitet habe, die Auslegung der Verträge eigenen Maßstäben folge und der gerichtlichen Inhaltskontrolle unterworfen worden sei. Die meisten Gesellschaftsverträge würden einer Inhaltskontrolle gemäß AGBG kaum standhalten[129]. Die Anwendbarkeit des AGB-Gesetzes ergebe sich, so hieß es, daraus, dass es sich bei den Beteiligungsverhältnissen um eine Vielzahl von Verträgen handele, bei denen typischerweise keine Vertragsverhandlungen stattfinden würden[130]. Gegen die Ausgestaltung eines besonderen Personengesellschaftsrechts für Publikumsgesellschaften, hat sich, wie bereits dargestellt, der 51. Deutsche Juristentag und der beauftragte Gutachter Hopt mit der Begründung ausgesprochen, dass dieser Ansatz einen erheblichen Regelungsaufwand notwendig mache und mit dem dadurch bewirkten Innenschutz noch kein Schutz bei dem Erwerb und der Ver-

125 Steder, AG 1978, S. 181.

126 BT-Drucks. 8/1405, S. 17, Begr. B 7 zu § 7 unter a).

127 Schneider, ZGR 1978, S. 3 f.

128 Ebenda, S. 5.

129 Ebenda, S. 5.

130 Ebenda, S. 9.

äußerung der Anlage geschaffen sei[131]. Ferner könnten durch das gesellschaftsrechtliche Modell die Angebote aus dem Ausland nicht erfasst werden[132].

d) *Bewertung des Gesetzentwurfs*

Der Gesetzgeber hat den Entwurf nicht weiter verfolgt, indem er ihn in den auf seine Vorlage folgenden Legislaturperioden nicht neu eingebracht hat. Die Gesetzesinitiative stellte jedenfalls einen ersten Beitrag zu einer vertriebsbezogenen Regelung des Nebenkapitalmarktes dar und war damit in ihrer Struktur geeignet, das Kapitalmarktrecht zu vervollständigen und hinsichtlich der rechtlichen Behandlung seiner heterogenen Produkte zu harmonisieren.

7. Das Wertpapier-Verkaufsprospektgesetz

Das Wertpapier-Verkaufsprospektgesetz (Verkaufsprospektgesetz) macht das erstmalige öffentliche Angebot von Wertpapieren, die nicht zum Handel an einer inländischen Börse zugelassen sind, von der Veröffentlichung eines Prospektes abhängig und regelt eine Prospekthaftung des Emittenten[133]. Das Gesetz dient dem Anlegerschutz, indem es helfen soll, bestehende Informationsdefizite des Publikums über die die außerhalb der Börsenmärkte mit amtlicher Notierung angebotenen Wertpapiere und deren Emittenten abzubauen[134].

a) *Entwicklung des Gesetzes*

Durch das Dritte Finanzmarktförderungsgesetz vom 24.3.1998 wurde das Verkaufsprospektgesetz in zahlreichen Punkten geändert, wobei insbesondere die Erweiterung der Aufsichtsbefugnisse des Bundesaufsichtsamtes für den Wertpapierhandel, das nunmehr mit dem Bundesaufsichtsamt für das Kreditwesen im Bundesaufsichtsamt für Finanzmarktaufsicht aufgegangen ist, zu nennen ist. Das Bundesaufsichtsamt hat für die nicht börsenzugelassenen Wertpapiere neben der Kompetenz zur Überprüfung der Vollständigkeit der Verkaufsprospekte das Recht, das öffentliche Angebot der Wertpapiere zu untersagen, sowie Rechte im Zusammenhang mit der Informationsbeschaffung erhalten. Für die ausländischen Anbieter besteht eine klare Zuständigkeitsregelung bei den Börsen und die Möglichkeit der Verwendung fremdsprachiger Verkaufsprospekte. Das Dritte Finanzmarktförderungsgesetz hat damit die Vereinfachung des Marktzugangs für ausländische Emittenten bewirkt. Durch das Vierte Finanzmarktförderungs-

---

131 Hopt, Gutachten, G 81.

132 Begründung der Bundesregierung zum Gesetzentwurf, BT-Drucks. 8/1405, S. 10.

133 Grimme/Ritz, WM 1998, S. 2091.

134 Hamann, Wertpapierhandelsgesetz, Rdnr. 2 vor § 1 VerkProspG; Schäfer, ZIP 1991, S. 1558; Assmann, NJW 1991, S. 529.

gesetz ist der Adressatenkreis der Auskunfts- und Vorlageverpflichteten erweitert worden. Gemäß § 8 c II kann die Bundesanstalt für Finanzdienstleistungsaufsicht die Erteilung von Auskünften und die Vorlage von Unterlagen auch von demjenigen verlangen, bei dem Tatsachen die Annahme rechtfertigen, dass er Anbieter im Sinne des Gesetzes ist. Ferner sind nunmehr gemäß § 11 ergänzende Angaben bei Veränderungen nach der Veröffentlichung des Verkaufsprospekts in einem Nachtrag zu veröffentlichen.

b) Beurteilung des Gesetzes

Das Verkaufsprospektgesetz ist als erster Schritt in Richtung einer marktbezogenen Regelung des Kapitalmarkts zu werten. Es gilt jedoch im Wesentlichen nicht im Bereich des Nebenkapitalmarkts, da die nicht verbrieften Anteile an Publikumsgesellschaften keine Wertpapiere im Sinne des Gesetzes sind und damit nicht erfasst werden[135]. Ferner folgt es nicht dem investmentrechtlichen Ansatz, indem es nicht, wie in § 19 I KAGG und § 3 I AuslInvG, die Verpflichtung zur Aushändigung vor Vertragsabschluss vorsieht, sondern lediglich gemäß § 9 VerkProspG die einmalige Veröffentlichung des Prospektes ausreichen lässt[136]. Damit überlässt es dem Anleger, von einem Informationsangebot Gebrauch zu machen[137]. Darüber hinaus enthält das Gesetz keine Haftungsvorschrift für das Nichtvorliegen eines Prospektes, sondern gemäß § 13 Verkaufsprospektgesetz lediglich für den Fall des fehlerhaften Prospektes. Diese Lücke des Gesetzes kann jedoch durch den Schadensersatzanspruch nach § 823 II BGB i.V.m. § 1 VerkProspG als Schutzgesetz durch die Annahme einer vorvertraglichen Aufklärungspflicht geschlossen werden[138].

8. Das Wertpapierhandelsgesetz

Das Wertpapierhandelsgesetz (WpHG) ist im Rahmen der Neugestaltung der rechtlichen Grundlagen des Finanzplatzes Deutschland aufgrund Art. 1 des Zweiten Finanzmarktförderungsgesetzes[139] ergangen. Zweck ist die rechtliche Modernisierung der Finanzmärkte zur Erhaltung ihrer Wettbewerbsfähigkeit und ihrer volkswirtschaftlichen Funktion[140] sowie die Schaffung eines einheitlichen europäischen Kapitalmarkts[141]. Das WpHG zeichnet sich durch einen neuen rechtspolitischen Ansatz aus: Es regelt nicht mehr spezifische Anlagearten oder

---

135 Hamann, Wertpapierhandelsgesetz, Rdnr. 3 vor § 1 VerkProspG, § 1 VerkProspG Rdnr. 2.

136 Schäfer, ZIP 1991, S. 1558.

137 Hamann, Wertpapierhandelsgesetz, § 9 VerkProspG Rdnr. 1; Assmann, NJW 1991, S. 531.

138 Schäfer, ZIP 1991, S. 1565.

139 BGBl. I 1994, S. 1749.

140 BT-Drucks. 12/6679 vom 27.1.1994, S. 33.

141 Assmann, Wertpapierhandelsgesetz, Einl. Rdnr. 12.

die sie emittierenden Institutionen, sondern Ansatzpunkt für die gesetzlichen Regelungen ist vielmehr der Markt an für sich[142].

a) Entstehungsursachen

Der Mangel des früheren Ansatzes zeigte sich zu Beginn der siebziger Jahre, als sich ein rechtlich organisierter Kapitalmarkt lediglich für die Aktiengesellschaften fand[143]. Deren Kapitalbeschaffung war jedoch durch die auf Großunternehmen zugeschnittene Aktienrechtsreform von 1965[144] erschwert. Dieser unbefriedigte Bedarf der Unternehmen an Kapitalausstattung wird als eine Mitursache für das Entstehen des Nebenkapitalmarktes bewertet[145].

Das WpHG ist weitgehend fremdinduziert[146]. Die Initiative des Gesetzgebers beruht, wie auch die 6. KWG-Novelle, auf kapitalmarktbezogenen Richtlinien der EU und aus Vorwürfen des Auslands, der deutsche Finanzplatz sei unzureichend geordnet[147], und setzte erst Mitte der achtziger Jahre ein. Gesetzeszweck war die Sicherung des Vertrauens der Anleger in die Integrität des Marktes und der Marktteilnehmer, die Anpassung der Rahmenbedingungen im Börsenbereich an die Internationalisierung des Wertpapiergeschäfts, das Vordringen elektronischer Informations- und Handelssysteme sowie die damit eröffneten Möglichkeiten zur überregionalen Konzentration und zur Deregulierung kapitalmarktrelevanter Bestimmungen des BörsenG, des KAGG, des AktG und des DepotG[148].

b) Inhalt

Das WpHG enthält sehr unterschiedliche Regelungsmaterien Es enthält Vorschriften über die Einrichtung und die Aufgaben des Bundesaufsichtsamts und über die Meldepflichten von Kreditinstituten hinsichtlich Geschäften in Wertpapieren und Derivaten (§§ 3-11), Regelungen zur Insiderüberwachung (§§ 12-20), die Verpflichtung zur Veröffentlichung und Mitteilung von kursbeeinflussenden Tatsachen und bei Veränderungen des Stimmrechtsanteils an börsennotierten Gesellschaften (§§ 21-30) sowie die Aufstellung von Verhaltensregeln und Organisationspflichten für Wertpapierdienstleistungsunternehmen (§§ 31-37 a). Das WpHG stellt damit für den Kapitalmarkt zwei Regelungsinstrumente zur Verfügung: Die aufsichtsrechtlichen Regelungen und die Wohlverhaltensregelungen

---

142 Ebenda, Einl. Rdnr. 1.

143 Assmann, Wertpapierhandelsgesetz, Einl. Rdnr. 4.

144 Ebenda, Einl. Rdnr. 5.

145 Ebenda, Einl. Rdnr. 5.

146 Ebenda, Einl. Rdnr. 8.

147 Ebenda, Einl. Rdnr. 8.

148 Gemäß Begründung des Regierungsentwurfs (BT-Drucks. 12/6679 vom 21.1.1994, S. 33 f.)

der Produktanbieter. Letztere sollen kurz dargestellt werden, da sie als vertriebsbezogene Instrumentarien im Kapitalmarktrecht eine Neuerung darstellen.

(1) Wohlverhaltensregeln

Die §§ 31 bis 37 WpHG enthalten sogenannte „Verhaltensregeln für Wertpapierdienstleistungen". Nach § 31 I Nr. 1 WpHG ist ein Wertpapierdienstleistungsunternehmen (WpDU) verpflichtet, Wertpapierdienstleistungen mit der erforderlichen Sachkenntnis, Sorgfalt und Gewissenhaftigkeit im Interesse seiner Kunden zu erbringen. Nach § 32 I WpHG ist es ihm sogar untersagt, Kunden den Ankauf oder Verkauf von Wertpapieren oder Derivaten zu empfehlen, wenn und soweit die Empfehlung nicht mit den Interessen des Kunden übereinstimmt. Die Vorschrift beruht auf der Umsetzung der Wertpapierdienstleistungsrichtlinie vom 10.5.1993[149].

(2) Verknüpfung mit sonstigen anlegerschützende Pflichten

Die Einhaltung der Verhaltensregeln nach dem WpHG ist mit Aufzeichnungs- und Aufbewahrungspflichten verbunden. Beides wird im Interesse des Verbraucherschutzes vom Bundesaufsichtsamt überwacht. Dabei stehen dem Amt die in § 35 WpHG genannten, z.T. erweiterten Befugnisse zu. Das Prüfungsverfahren ist in § 36 WpHG im Einzelnen geregelt. Die Verhaltenspflichten verpflichten die Firma, ihrem Kunden sämtliche geschäftsrelevanten Informationen mitzuteilen. Im Zusammenhang mit den Verhaltensregeln statuiert § 33 WpHG bestimmte Organisations-, § 34 WpHG bestimmte Aufzeichnungs- und § 34 a WpHG bestimmte Vermögensverwaltungspflichten.

c) Motivation des Gesetzgebers

Nach der Auffassung der Kommission der Europäischen Gemeinschaft sollen die Wohlverhaltensregeln eine gewichtige Aufgabe für die Schaffung eines gemeinsamen Kapitalmarktes haben. Die Anleger beschränkten sich bisher aufgrund von Informationsdefiziten über die im europäischen Ausland gehandelten Wertpapiere und aufgrund mangelnder Kenntnis der auf den einzelnen Märkten geltenden Vorschriften bisher nur auf wenige international bekannte Kapitalmarktwerte[150]. Mit den Regelungen in §§ 31 ff. WpHG sollen somit drei Ziele kumulativ erreicht werden[151]: die institutionelle und operationale Funktions-

---

149 Richtlinie Nr. 93/22/EWG des Rates vom 10.5.1993 (Abl. EG Nr. L 141/27 vom 11.6.1993 (WPDRiL)).

150 Empfehlung der Kommission 77/534/EWG vom 25.7.1977 betr. Europäische Wohlverhaltensregeln für Wertpapiertransaktionen, Abl. EG Nr. L 212/37, vom 20.8.1977, Begründung Ziffer 1-5.

151 Schwintowski, VuR 1997, S. 84.

fähigkeit der Kapitalmärkte, die Kostenminimierung und die Verbesserung der allokativen Funktionsfähigkeit der Wertpapiermärkte. Letzteres Ziel soll dadurch erreicht werden, dass die Wertpapiermärkte die Bedingungen dafür schaffen, dass das Geld dorthin fließt, wo es am dringendsten gebraucht wird und wo es aus der Sicht des Anlegers die höchste Rendite verspricht. Dazu bedürfe es eines Optimums an Information und Markttransparenz[152]. Im Mittelpunkt steht der informierte Anleger, also die Beseitigung des Informationsgefälles zwischen den Wertpapierdienstleistungsunternehmen und den Anlegern[153]. Nach dem Bundesaufsichtsamt für den Wertpapierhandel ist es vorrangiges Ziel der Richtlinie, den Anleger in die Lage zu versetzen, eine selbstständige und eigenverantwortliche Anlageentscheidung zu treffen und die faire Behandlung der Kunden durch die Wertpapierdienstleistungsunternehmen sicherzustellen[154].

d) Entwicklung des Gesetzes hinsichtlich anlegerschutzrelevanter Bestimmungen

Eine Ausweitung des Anlegerschutzes hat insbesondere Art. 2 des Umsetzungsgesetzes vom 22.10.1997[155] bewirkt[156]. Die Aufsicht hinsichtlich Kapitalausstattung und Marktverhalten wurde hierdurch von den Wertpapierdienstleistungsunternehmen auf andere Finanzdienstleister wie zum Beispiel die Nachweismakler und Vermögensverwalter ausgedehnt, und damit wurden auch Teile des Nebenkapitalmarktes der staatlichen Beaufsichtigung unterworfen. Ausgenommen sind gemäß § 9 I a 1 WpHG jedoch reine Anlagevermittler und Vermögensverwalter, welche Wertpapiergeschäfte nur über ihrerseits meldepflichtige Drittunternehmen tätigen können. Ferner sind die Verhaltensregeln für Wertpapierhandelsunternehmen umfassend geändert worden. Um Überwachungslücken zu vermeiden, sind in § 33 II WpHG die Bedingungen für eine Auslagerung von Wertpapierdienst- und -nebenleistungen geregelt worden. § 34 a verpflichtet die Wertpapierdienstleistungsunternehmen, ihr Vermögen und das ihrer Kunden getrennt voneinander zu verwalten. Ferner sind Regelungen hinsichtlich der Überwachung von Meldepflichten und der Zusammenarbeit mit zuständigen Stellen im Ausland durch das Bundesaufsichtsamt (§§ 36 ff. WpHG) eingefügt worden.

---

152 Koller, Wertpapierhandelsgesetz, Vor § 31 Rdnr. 10.

153 Empfehlung der Kommission vom 25.7.1977 betreffend europäische Wohlverhaltensregeln für Wertpapiertransaktionen, Abl. EG Nr. L 212/37 vom 20.8.1977; ähnlich der Bericht des Finanzausschusses, BT-Drucks. 12/7918, S. 97.

154 Pressemitteilung des Bundesaufsichtsamts für den Wertpapierhandel vom 3.6.1997.

155 Gesetz zur Umsetzung von EG-Richtlinien zur Harmonisierung bank- und wertpapieraufsichtsrechtlicher Vorschriften, BGBl. I 1997, S. 2518, 2558. Dieses diente in erster Linie der Umsetzung der Wertpapierdienstleistungsrichtlinie sowie der Umsetzung der Kapitaladäquanz-Richtlinie 93/6/EWG vom 15.3.1993 (Abl. EG Nr. L 141 vom 11.6.1993, S. 1) und der BCCI-Folgerichtlinie 95/26/EG vom 29.6.1995 (Abl. EG Nr. L 168 vom 18.7.1995, S. 7).

156 Schäfer, Wertpapierhandelsgesetz. Einl. Rdnr. 54.

Durch das Dritte Finanzmarktförderungsgesetz vom 24.3.1998[157] sollte unter anderem der Anlegerschutz durch verbesserte Möglichkeiten der Marktbeaufsichtigung gestärkt werden[158]. Dieses erfolgte durch eine Erweiterung der Ermittlungsbefugnisse des Bundesaufsichtsamtes für Wertpapierhandel im Hinblick auf die Verfolgung von Verstößen gegen das Insiderhandelsverbot und durch das Recht des Aufsichtsamtes gemäß § 29 I S. 1 WpHG, Nachforschungen über die Einhaltung von Meldepflichten nach § 21 WpHG auch auf ehemalige Aktionäre der Gesellschaft und auf Wertpapierdienstleistungsunternehmen zu erstrecken. Ferner wurde das Bundesaufsichtsamt durch die Bestimmung des § 16 a WpHG zur Überwachung der Geschäfte der bei ihm Beschäftigten verpflichtet. Eine Einschränkung der Anlegerrechte wurde mit der Begrenzung der Haftung für fehlerhafte Information und Beratung im Zusammenhang mit Wertpapiergeschäften vorgenommen. Diese verjährt gemäß § 37 a WpHG bereits nach drei Jahren nach Entstehung des Anspruchs.

Die Änderungen durch Art. 2 des Gesetzes zur Umsetzung der EG-Einlagensicherungsrichtlinie und EG- Anlegerentschädigungsrichtlinie vom 16.7.1998[159] haben hingegen keine bemerkenswerten Änderungen des WpHG mit sich gebracht[160]. Durch das Vierte Finanzmarktförderungsgesetz ist insbesondere die Regelung des Verbots der Kurs- und Marktpreismanipulation (§ 20a) in das WpHG aufgenommen worden und hat damit die bisherige Regelung des § 88 BörsG abgelöst. Neben dem Verbot offensichtlich überflüssiger Ad hoc-Mitteilungen gemäß § 15 I S . 3 WpHG ist eine gesetzliche Pflicht der Vorstands- und Aufsichtsratsmitglieder börsennotierter Gesellschaften, An- und Verkäufe „ihrer" Gesellschaft offen zu legen, aufgenommen worden. Weiter ist gemäß § 37 d I S. 1 WpHG nunmehr ein Unternehmen, das gewerbsmäßig Finanztermingeschäfte abschließt, vermittelt oder nachweist, verpflichtet, einen Verbraucher vor Vertragsabschluss über die mit solchen Geschäften typischerweise verbundenen Risiken zu informieren. Schließlich ist auch eine eigenständige Anspruchgrundlage gemäß §§ 37 b, c WpHG für Anleger, die durch unterlassene unverzügliche oder unwahre Ad hoc-Mitteilungen einen Schaden erlitten haben, in das WpHG aufgenommen worden.

e) Beurteilung des Gesetzes

Die Verhaltens- und Organisationspflichten des WpHG dienen nach der Intention des Gesetzgebers in erster Linie der Erreichung des Ziels, den Kapitalmarkt optimal funktionsfähig zu organisieren. Die Verhaltenspflichten des WpHG ha-

---

157 Gesetz zur weiteren Fortentwicklung des Finanzplatzes Deutschland (BGBl. 1998, S. 529, 536).

158 Regierungsentwurf, BR-Drucks. 605/97, S. 58.

159 BGBl. I 1998, S. 1842, 1847.

160 Assmann, Wertpapierhandelsgesetz, Einl. Rdnr. 44.

ben also nicht unmittelbar anlegerschützenden Charakter. Dieses muss sich auch auf die Bestimmung des Anlegerinteresses in § 31 I Nr. 1 WpHG insofern auswirken, als dieses objektiv und nicht subjektiv zu bestimmen ist. Ferner regelt das WpHG ausschließlich die Tätigkeit der Wertpapierdienstleistungsunternehmen und nicht der Unternehmen, die mit unverbrieften Beteiligungen handeln. Der Nebenkapitalmarkt wird daher nur zu einem geringen Teil, also hinsichtlich der Finanzdienstleistungsunternehmen erfasst, welche auch Wertpapierdienstleistungen erbringen. Die organisatorischen Anforderungen gemäß § 33 WpHG müssen, wie die Umsetzung der sogenannten „Compliance-Richtlinie“[161] zeigt, der Größe des jeweiligen Unternehmens angepasst werden und erfordern eine flexible Handhabung. Hieraus können sich Anwendungsschwierigkeiten ergeben.

9. Vorschlag für eine neue europäische Wertpapierdienstleistungsrichtlinie

Die Europäische Kommission hat eine neue Richtlinie über Wertpapierdienstleistungen und geregelte Märkte vorgeschlagen[162], mit der die bisherige Richtlinie geändert und den weit reichenden strukturellen Veränderungen, die sich in den letzten zehn Jahren auf den EU-Finanzmärkten vollzogen haben, Rechnung getragen werden soll. Diese Richtlinie soll eine stärkere Harmonisierung der einzelstaatlichen Vorschriften bewirken und zwei Grundvoraussetzungen für die Vollendung des Finanzdienstleistungsbinnenmarkts erfüllen: so sollen erstens die Wertpapierhäuser mit einem „europäischen Pass“ ausgestattet werden, der eine EU-weite Tätigkeit ermöglicht, und zweitens soll sie gewährleisten, dass Anleger bei der Inanspruchnahme von Wertpapierhäusern ein hohes Maß an Schutz genießen, unabhängig davon, in welchem Mitgliedstaat dieses Wertpapierhaus seinen Sitz hat. Der Vorschlag zielt darauf ab, einen umfassenden rechtlichen Rahmen für die geordnete Ausführung von Anlegeraufträgen durch Börsen, andere Handelssysteme und Wertpapierhäuser zu schaffen. Die vorgeschlagene Richtlinie soll die Integrität und Transparenz der EU-Märkte wahren, den Wettbewerb zwischen traditionellen Börsen und anderen Handelssystemen ankurbeln und dadurch Innovation fördern, die Kosten des Handels senken, mehr Mittel für Investitionen freisetzen und dadurch letztendlich das Wirtschaftswachstum erhöhen[163].

---

161 Richtlinie zur Konkretisierung der Organisationspflichten von Wertpapierdienstleistungsunternehmen, Bundesanzeiger Nr. 210 vom 6.11.1999, S. 18453.

162 Richtlinienvorschlag, Brüssel, den 19.11.2002 KOM(2002) 625 endgültig.

163 Begründung des Richtlinienvorschlags, Brüssel, den 19.11.2002 KOM(2002) 625.

Die vorgeschlagene Richtlinie soll die bestehende Wertpapierdienstleistungsrichtlinie aus dem Jahr 1993[164] ablösen. Diese stützt sich weitgehend auf die gegenseitige Anerkennung und hat sich in der Praxis als unzureichend erwiesen, um eine EU-weite Tätigkeit von Wertpapierhäusern auf der Grundlage der Zulassung im Herkunftsland zu gewährleisten.

a) Gründe

Die Neuregelung der Wertpapierdienstleistungen wurde aufgrund der strukturellen Veränderungen auf den EU-Finanzmärkten erforderlich. Zu diesen Veränderungen zählte die stärkere Präsenz von Kleinanlegern auf den Finanzmärkten, der erhöhte Wettbewerb zwischen Börsen und Handelssystemen und die Zunahme grenzübergreifender Aktiengeschäfte. Ferner habe die engere Verknüpfung zwischen den nationalen Finanzmärkten dazu geführt, dass die Richtlinie von 1993 keinen angemessenen Anlegerschutz mehr biete und keine ausreichende Markteffizienz mehr gewährleiste[165]. Die bisherige Wertpapierdienstleistungsrichtlinie enthält veraltete Regeln für den Anlegerschutz, denn sie umfasste nicht das gesamte Dienstleistungsangebot für Anleger (z.B. Beratung, neue Distributionskanäle) und nicht den gesamten Finanzhandel (z.B. Warenderivate). Da manche dieser Tätigkeiten, wenn sie das hauptsächliche oder regelmäßige Geschäft des Wertpapierhauses waren, materielle Risiken für den Anleger darstellten, sollen durch die Richtlinie die entsprechenden Schutzbestimmungen aktualisiert werden und insbesondere auf die neuen Geschäftsmodelle und Marktpraktiken und deren Risiken eingegangen werden. Außerdem sollen die Regeln für den Anlegerschutz dahin gehend überarbeitet werden, dass die für Anleger arbeitenden Wertpapierhäuser gezwungen werden, neue Handelsmöglichkeiten zu nutzen, um stets das für den Kunden günstigste Geschäft abzuschließen. So könne sichergestellt werden, dass der Wettbewerb zwischen unterschiedlichen Auftragsausführungsstrukturen jeweils zum Vorteil des Endanlegers und nicht zu dessen Nachteil wirke[166].

b) Geltungsbereich

Der Kommissionsvorschlag zielt darauf ab, die Liste der Finanzinstrumente, die auf geregelten Märkten und zwischen Wertpapierhäusern gehandelt werden können, zu präzisieren und auszuweiten. Auch bestimmte, geldmäßig regulierte Warenderivate werden in den Anwendungsbereich aufgenommen, womit die Märkte, auf denen diese Instrumente gehandelt werden, unter die Richtlinie fal-

---

164 Abl. 141 vom 16.6.1993, S. 27; Richtlinie zuletzt geändert durch die Richtlinie 2000/64/EG des Europäischen Parlaments und des Rates (Abl. I. 290 vom 17.11.2000, S. 27.

165 Begründung des Richtlinienvorschlags, Brüssel, den 19.11.2002 KOM(2002) 625.

166 Begründung des Richtlinienvorschlags, Brüssel, den 19.11.2002 KOM(2002) 625.

len sollen. Doch sieht der Vorschlag auch Ausnahmen vor, um zu gewährleisten, dass Einrichtungen, die nicht regelmäßig mit solchen Instrumenten handeln, keine Zulassung als Wertpapierhaus benötigen.

Der Vorschlag soll das Spektrum der Wertpapierdienstleistungen, für die die Richtlinie eine Zulassung vorschreibt, ausweiten – insbesondere die Anlageberatung aufnehmen – und präzisieren, welche Nebendienstleistungen Wertpapierhäuser erbringen können. Ausdrücklich als Nebendienstleistungen anerkannt werden die Finanzanalyse und Anlageforschung, womit diese, wenn sie zusammen mit Wertpapierdienstleistungen erbracht werden, den Richtlinienbestimmungen zu Interessenkonflikten und Wohlverhaltensregeln unterliegen.

Interessenkonflikte könnten insbesondere dann auftreten, wenn Wertpapierhäuser Anlageempfehlungen an Kunden ausgeben würden und gleichzeitig für die potenziellen Nutznießer dieser Anlagen Dienstleistungen erbringen würden[167].

c) Pflichten der Wertpapierhäuser

Der Richtlinienvorschlag enthält verschärfte rechtliche Auflagen, die Wertpapierhäuser sowohl bei der Erstzulassung als auch fortlaufend erfüllen müssen. Sie verschärft insbesondere die Pflichten, denen Wertpapierhäuser beim Handel im Namen von Kunden unterliegen, indem sie klarere und präzisere Wohlverhaltensregeln statuiert. Er enthält in Art. 19 die Verschärfung der Pflicht zur „bestmöglichen Ausführung“, um zu gewährleisten, dass Wertpapierhäuser Aufträge in der für den Kunden günstigsten Weise ausführen. Dieses wird nicht nur die Anlegerinteressen schützen, sondern aufgrund der Tatsache, dass die Handelsplattformen mit den niedrigsten Kosten mit einem größeren Handelsvolumen für ihre Effizienz belohnt werden, auch die Markteffizienz steigern. Ferner enthält sie in Art. 20 neue Vorschriften für die Bearbeitung von Kundenaufträgen. Der Vorschlag statuiert die Pflicht für große Händler und für Broker, die sowohl auf Kunden- als auch auf eigene Rechnung tätig sind („Broker-Dealer“), für eine bestimmte Größe von Transaktionen mit liquiden Aktien den Geld- und Briefkurs bekannt zu geben („Bekanntgabe der Geld-/Briefofferte“). Darüber hinaus enthält sie Auflagen für die Verfahrensweise bei Interessenkonflikten, die auftreten können, wenn Wertpapierhäuser Kundenaufträge gegen ihren eigenen Handelsbestand ausführen, d.h. Wertpapiere an ihre eigenen Kunden verkaufen oder von diesen erwerben.

Der Vorschlag enthält auch strengere Pflichten im Hinblick auf Transparenz und Informationen für die Kunden. Um die genannten Schwachstellen zu beseitigen, wird im Vorschlag eine weit reichende Modernisierung und Stärkung der Rechte und Pflichten der Wertpapierhäuser ins Auge gefasst, wenn sie Dienstleistungen für Kunden erbringen oder auf dem Markt tätig werden, und der Rechte, die für

167 Begründung des Richtlinienvorschlags, Brüssel, den 19.11.2002 KOM(2002) 625.

Wertpapierhäuser mit einer Zulassung im Rahmen der Wertpapierdienstleistungsrichtlinie verbunden sind. Die dazugehörigen Bestimmungen umfassen die Bedingungen für die Erstzulassung, einschließlich organisatorischer Anforderungen (Artikel 4 bis 14), allgemeine Bedingungen für die Ausübung der Tätigkeit, einschließlich der Ermittlung und des Managements von Interessenkonflikten (Artikel 15 bis 17), Pflichten der Wertpapierhäuser bei der Erbringung von Dienstleistungen für ihre Kunden, einschließlich Wohlverhaltensregeln, Verpflichtung zur bestmöglichen Ausführung und Vorschriften für die Bearbeitung von Kundenaufträgen (Artikel 18 bis 22).

d) Abgrenzung von Anlegerkreisen und Finanzdienstleistungen

Der Richtlinienvorschlag klärt die Auslegung der wichtigsten Begriffe, wie die der professionellen Anleger und Kleinanleger. Bei der Anwendung dieser detaillierten Regeln soll zwischen verschiedenen Dienstleistungen und zwischen professionellen und Kleinanlegern unterschieden werden, die bei Vermittlungsgeschäften unterschiedliche Arten und ein unterschiedlich hohes Maß an Schutz benötigen. In Anhang 2 des Vorschlags werden die Kriterien und Verfahren festgelegt, nach denen bestimmt wird, wann ein Kunde als „professioneller Kunde“, für den die weniger strikten Wohlverhaltensregeln gelten, eingestuft werden kann. Auch bei der Anwendung der detaillierten Durchführungsvorschriften soll nach Wertpapier- und Nebendienstleistungen und/oder Dienstleistungen unterschiedlichen Umfangs (wie Portfolio-Management oder Beschränkung auf die Ausführung) oder unterschiedlichen Instrumenten differenziert werden. Kunde ist gemäß Art. 3 VII jegliche natürliche oder juristische Person, die sich an ein Wertpapierhaus zwecks Erbringung von Wertpapierdienstleistungen und Nebendienstleistungen wendet. Hingegen ist ein professioneller Kunde gemäß Art. 3 VIII ein Kunde, der über ausreichende Erfahrungen, Kenntnisse und Sachverstand verfügt, um seine eigene Anlageentscheidung zu treffen und die verbundenen Risiken angemessen bewerten zu können.

e) Definition der bestmöglichen Ausführung

Die Ausführung von Aufträgen im Namen des Kunden wird in Art. 3 IV legal definiert. Es handelt sich hierbei um die Wahrnehmung der Tätigkeit eines Vermittlers zwecks Erzielung einer Vereinbarung, aufgrund deren ein Finanzinstrument oder mehrere Finanzinstrumente im Namen des Kunden gekauft oder verkauft werden.

Die im Kommissionsvorschlag zu findende Regelung gemäß Art. 19, Wertpapierhäuser wirksam zur „bestmöglichen Ausführung“ zu verpflichten, kann dafür sorgen, dass Wertpapierhäuser die Handelsbedingungen einer Reihe von Handelsplätzen prüfen und bei der Suche nach den für ihre Kunden günstigsten Konditionen „intelligente“ sogenannte Orderrouting-Techniken nutzen. Dieses kann den Wettbewerb zwischen Maklern im Hinblick darauf erhöhen, die Qualität der Ausführung zu verbessern und letztendlich dem Anleger zugute kommen. Dies dürfte die Maklerdienste gegenüber der derzeitigen Praxis, wonach die Wertpapierhäuser lediglich den auf dem lokalen geregelten Markt vorherrschenden Preis erzielen müssen, für die Kunden verbessern[168].

f) Anlageberatung

Es wird vorgeschlagen, die Anlageberatung als eigenständiges, zunehmend bedeutsames Finanzgeschäft anzuerkennen. Anlageberatung ist gemäß Art. 3 IV die Abgabe einer persönlichen Empfehlung für einen Kunden, die sich auf ein Geschäft oder mehrere Geschäfte mit Finanzinstrumenten bezieht.

Durch diese Regelungen können juristische und natürliche Personen, die in der Hauptsache in der Anlageberatung tätig sind, im Gegensatz zur derzeitigen Regelung, wonach sie speziellen nationalen Regelungen unterliegen, als „Wertpapierhaus" im Sinne der Wertpapierdienstleistungsrichtlinie zugelassen werden. Ein Wertpapierhaus ist gemäß Art. 3 I des Kommissionsvorschlags jede juristische Person, die im Rahmen ihrer üblichen beruflichen oder gewerblichen Tätigkeit gewerbsmäßig Wertpapierdienstleistungen erbringt.

Hierdurch können die in der Anlageberatung tätigen Einzelunternehmen ihre Tätigkeit grenzübergreifend für Kunden aus der gesamten EU ausüben und unterliegen dabei nur der Kontrolle ihrer Herkunftslandbehörde. Derzeit können nur Banken und Wertpapierhäuser, die Wertpapierdienstleistungen erbringen, in den Genuss eines Passes für Anlageberatungsdienste gelangen. Die meisten Anlageberater sind nur auf räumlich begrenzten Märkten tätig. Ziel des Vorschlags ist es, die Aufnahme in die Richtlinie zu vollziehen, ohne die Anlageberater ungerechtfertigten oder zu hohen rechtlichen Anforderungen zu unterwerfen. Zu diesem Zweck sieht der Vorschlag spezielle Eigenkapitalanforderungen für Unternehmen vor, die ausschließlich in der Anlageberatung tätig sind[169].

Die geänderte Wertpapierdienstleistungsrichtlinie soll es Wertpapierhäusern, die verschiedene Tätigkeiten unter einem Dach vereinen, ermöglichen, die Anlageberatung mit anderen Dienstleistungen zu kumulieren. Die geänderte Richtlinie soll die Unternehmen in diesem Fall zu einem strikten Management von Interessenkonflikten und deren Offenlegung verpflichten, und so gewährleisten, dass die Interessen des Anlegers bei der Anlageberatung im Vordergrund stehen.

---

168 Begründung des Richtlinienvorschlags, Brüssel, den 19.11.2002 KOM(2002) 625.

169 Siehe Abschnitt 3.1 Vorschlag zur Änderung der Wertpapierdienstleistungsrichtlinie.

g) *Auswirkungen auf den Nebenkapitalmarkt*

Die Finanzanlagen des Nebenkapitalmarktes fallen nicht unter die in Abschnitt C des Richtlinienvorschlags genannten Finanzinstrumente. Diese sind entweder Wertpapiere oder stehen in ihrer Funktionsweise mit dem Handel von Wertpapieren oder dem Finanzhandel in einem Zusammenhang. Finanzanlagen des Nebenkapitalmarktes zeichnen sich jedoch dadurch aus, dass die Mitunternehmensanteile nicht in verbriefter Form vorliegen. Indem die vorgeschlagene Richtlinie jedoch die Tätigkeit von Anlageberatern reguliert, wird sie Auswirkungen auf solche Anlageberater haben, welche neben der Vermittlung von Finanzanlagen des Nebenkapitalmarktes auch Wertpapierdienstleistungen erbringen. Eine gesetzliche Regelungslücke bleibt gleichwohl die Statuierung von Wohlverhaltensregeln für die Vermittlung und Beratung hinsichtlich der Finanzanlagen des Nebenkapitalmarktes. Diese Wohlverhaltensregeln gelten nur für Wertpapierdienstleistungen und verpflichten lediglich den Anlageberater bei der Vermittlung von Wertpapieren. Vermittelt er beispielsweise geschlossene Fonds oder Bauträger- und Erwerbermodelle, wird er von den Vorschriften der vorgeschlagenen Wertpapierdienstleistungsrichtlinie nicht erfasst. Somit bleibt ein großer Bereich notwendigen Anlegerschutzes unreguliert. Die geänderte Wertpapierdienstleistungsrichtlinie würde damit keine Auswirkungen auf das in dieser Arbeit zu untersuchende Kapitalmarktsegment haben.

10. Einlagensicherungs- und Anlegerentschädigungsgesetz

Mit dem Gesetz zur Einlagensicherung und Anlegerentschädigung vom 22.7.1998[170] hat der Gesetzgeber die EG-Anlegerentschädigungsrichtlinie[171] in deutsches Recht umgesetzt.

a) *Inhalt*

Das Gesetz verpflichtet Kreditinstitute, denen eine Erlaubnis zur Erbringung von Finanzdienstleistungen i.S.d. § 1 I a S. 2 Nr. 1-4 KWG erteilt worden ist, ihre Einlagen und Verbindlichkeiten aus Wertpapiergeschäften durch Zugehörigkeit zu einer Entschädigungseinrichtung zu sichern. Die Entschädigungseinrichtungen werden durch die Kreditanstalt für Wiederaufbau verwaltet (§ 6 I) und vom Bundesaufsichtsamt für das Kreditwesen beaufsichtigt (§ 44 I KWG). Das Gesetz zielt auf die Risikoabsicherung des Kunden ab, falls ein Finanzdienstleister aus finanziellen Gründen nicht in der Lage ist, Anlagen zurückzuzahlen oder Verbindlichkeiten aus Wertpapiergeschäften zu erfüllen. Im Schadensfalle entfällt eine per-

170 BGBl. vom 22.7.1998, S. 1842 f.

171 Richtlinie 97/9/EG des Europäischen Parlaments und des Rates vom 3.3.1997, AblEG Nr. L 84/22.

sönliche Inanspruchnahme des Finanzdienstleisters. Die Entschädigungseinrichtung übernimmt die Verbindlichkeiten gegenüber dem Kunden. Beratungsfehler lösen die die Entschädigung jedoch nicht aus. Vielmehr liegt gemäß § 1 Absatz 5 ein Entschädigungsfall vor, wenn das Bundesaufsichtsamt feststellt, dass ein Institut aus Gründen, die mit seiner Finanzlage unmittelbar zusammenhängen, nicht in der Lage ist, Einlagen zurückzuzahlen oder Verbindlichkeiten aus Wertpapiergeschäften zu erfüllen und keine Aussicht auf spätere Rückzahlung besteht. Der Finanzdienstleister hat gegenüber dem Anleger eine Hinweispflicht auf seine Zugehörigkeit zur Entschädigungseinrichtung. Kritik besteht hinsichtlich des geschützten Umfangs der Einlagen[172].

b) Beurteilung

Das Gesetz regelt, indem es nicht produktorientiert ist, den gesamten Kapitalmarkt. Aktuelles Beispiel eines Entschädigungsfalles war unter anderem das Verfahren gegen das Brokerhaus Phillip Alexander Securities and Futures Ltd. (PASF), welches in Konkurs fiel. Vorteile des Gesetzes liegen für die Finanzdienstleister im Entfallen der persönlichen Inanspruchnahme im Schadensfall und in einem vermehrten Vertrauen der Kunden in die Tätigkeit der Berufsgruppe[173]. Indem Schäden, die aufgrund von Beratungsfehlern ausgelöst werden, nicht erfasst sind, bleibt eine Vielzahl von Schadensfällen bei Anlegern jedoch unberücksichtigt. Ferner sind gemäß § 1 I Nr. 3 nur solche Finanzdienstleistungsinstitute erfasst, denen eine Erlaubnis zur Erbringung von Finanzdienstleistungen i.S.d. § 1 Abs. 1 a S. 2 Nr. 1 bis 4 KWG erteilt worden ist.

11. Der Gesetzentwurf zur Regelung der Tätigkeit der Finanzdienstleistungsvermittler

Die Bundesländer Niedersachsen und Saarland legten Mitte der neunziger Jahre im Bundesrat einen Gesetzentwurf[174] vor, welcher unter anderem die Ausübung der Tätigkeit des Finanzdienstleistungsvermittlers reglementieren sollte.

a) Entstehung und rechtspolitische Hintergründe

Der Erarbeitung des Entwurfs gingen umfangreiche Diskussionen mit den Interessenverbänden der Verbraucher und Finanzdienstleister voraus. Die Vorschläge der Verbraucherverbände wurden jedoch nur zum Teil im Gesetzentwurf berücksichtigt. So wurde vorgeschlagen, die Ausnahmeregelungen für Anlagebera-

---

172 Steuer, WM 1998, 2455.

173 Mattil, Kapitalmarkt-intern special vom 11.3.1999.

174 Der Entwurf eines Gesetzes zur Ausübung der Tätigkeit als Finanzdienstleistungsvermittler und als Versicherungsvermittler sowie zur Einrichtung eines Beirats beim Bundesaufsichtsamt für das Kreditwesen wird nachfolgend als Vermittlergesetz bezeichnet.

ter und Versicherungsvermittler im Haustürwiderrufsgesetz sowie im AGB-Gesetz zu streichen. Ferner sollte der Beruf des Vermittlers qualifiziert werden und die Agenten von den Weisungen der Produktanbieter sowie vom reinen Provisionsversprechen der Anbieter entkoppelt werden. Dieses sollte durch Erschwerung der Einfirmenvertretung und durch Provision von der Kundenseite geschehen. Außerdem sollte eine Verantwortlichkeit der Produktanbieter für das Verhalten ihrer „Erfüllungsgehilfen" hergestellt werden[175].

(1) Impulse für den vorgelegten Gesetzentwurf

Der Gesetzentwurf nahm Bezug auf den Beschluss der Wirtschaftsministerkonferenz vom 2./3.5.1996 betreffend Verbraucherschutz bei Finanzdienstleistungen. Die europäischen Impulse gingen von der Empfehlung 92/48/EWG der Kommission über Versicherungsvermittler aus[176]. Die Arbeitsgruppe der Länderwirtschaftsminister „Verbraucherschutz im Finanzdienstleistungsbereich" hatte nach Anhörung der Berufsverbände im November 1996 am 16.1.1997 aufgrund dieser EU-Empfehlung eine Regelung der Finanzdienstleistungs- und Versicherungsvermittlung vorgelegt. Sie reagierte damit auf die Drohung aus Brüssel, aus der EU-Empfehlung eine Richtlinie zu machen. Den Entwurf legte federführend das Hessische Wirtschaftsministerium vor.

(2) Gesetzgeberische Zielsetzung

Der Entwurf sollte vor allem der Stärkung des Verbraucherschutzes im Finanzdienstleistungsbereich dienen. Hierzu sollte der „Katalog der zulassungspflichtigen Vermittlung von Finanzanlagen" erweitert werden[177]. Die im Gesetz enthaltenen an das WpHG angelehnten Verhaltenspflichten sollten die grundsätzlich schwächere Position des Kunden bei der Erbringung von Finanzdienstleistungen ausgleichen und die am Markt vorhandenen Angebote transparent machen. Durch Einführung einer vom Nachweis der fachlichen Qualifikation und vom Abschluss einer Haftpflichtversicherung abhängigen Registrierungspflicht für Finanzdienstleistungs- und Versicherungsvermittler sollten effiziente staatliche Überwachungsmöglichkeiten geschaffen werden, um Fehlverhalten von Vermittlern zu unterbinden[178]. Ferner sollte die Vermittlungskompetenz der Vermittler erhöht werden. Schließlich sollte dem engeren Sachzusammenhang und der entsprechenden Fachkompetenz der Bundesaufsichtsämter für Kredit- und Versicherungswesen Rechnung getragen und diesen die bisherige Überwachungskompetenz der Gewerbeämter übertragen werden.

---

175 Reifner, Versicherungswissenschaftliche Studien, S. 141 ff.

176 Abl. EG Nr. L 19 S. 32 vom 28.1.1992, Empfehlung 92/48/EWG.

177 BR-Drucks. 517/97, S. 2.

178 BR-Drucks. 517/97, S. 2.

(3) Verfahrensablauf

Der Entwurf des Gesetzes wurde beim Bundesrat eingebracht von den Bundesländern Niedersachsen und Saarland mit Gesetzesantrag am 9.7.1997[179] und federführend dem Wirtschaftsausschuss (neben Finanz- und Rechtsausschuss) zugewiesen. Es erfolgte die Empfehlung der Ausschüsse am 8.12.1997[180] an den Bundesrat, den Gesetzentwurf gemäß Artikel 76 I GG beim Deutschen Bundestag einzubringen[181]. Mit Antrag vom 18.12.1997[182] bekundete der Freistaat Bayern sein Interesse, den Gesetzentwurf bis zur Vorlage des mit Entschließung vom 5.6.1997 erbetenen Berichts zum „Grauen Kapitalmarkt“[183] zurückzustellen. Zur Begründung führte er unter anderem aus, es bestehe zumindest keine Eilbedürftigkeit, Finanzdienstleistungen im nationalen Alleingang einer gesonderten Berufszugangs- und -ausübungsregelung zu unterwerfen. Die Kommission der Europäischen Gemeinschaften beabsichtige im Zeitraum Herbst 1997 bis Mitte 1998 verschiedene neue Richtlinienvorschläge vorzustellen. Auf den weiteren Inhalt der Begründung soll bei der Diskussion des Gesetzentwurfs eingegangen werden. Auch der federführende Finanzausschuss[184] des Deutschen Bundestages hat mit den Stimmen der Koalitionsfraktionen CDU und FDP in seiner Beschlussempfehlung vom 10.6.1998 den Gesetzentwurf des Bundesrats abgelehnt[185]. Dem hat sich die Bundesregierung in ihrer Stellungnahme zum Gesetzentwurf unter Infragestellung seiner Eignung zum Verbraucherschutz angeschlossen[186]. Der Bundesrats-Beschluss vom 19.12.1997[187] wurde schließlich in der zweiten Beratung am 24.6.1998 vom Bundestag abgelehnt[188]. Das Vorhaben, den Gesetzentwurf nach Übernahme der Regierungsverantwortung nochmals in den Bundestag einzubringen, hat die SPD nach 1998 nicht umgesetzt.

12. Die durch Selbstregelung der Wirtschaft entstandenen Regelungen

a) Einlagensicherung im Kreditgewerbe

Bereits im Jahre 1968 hat die Bundesregierung in ihrem „Bericht über die Untersuchung der Wettbewerbsverschiebungen im Kreditgewerbe und über die Ein-

---

179 BR-Drucks. 517/97.

180 BR-Drucks. 517/1/97.

181 BR-Drucks. 517/1/97, S. 4.

182 BR-Drucks. 517/2/97.

183 BR-Drucks. 417/97.

184 Die mitberatende Ausschüsse für Wirtschaft und Fremdenverkehr haben den Gesetzentwurf ebenfalls abgelehnt.

185 BT-Drucks. 13/10936.

186 BT-Drucks. 13/9721, Anlage 2.

187 BT-Drucks. 13/9721.

188 BT-Plenarprotokoll vom 24.6.1998, 13/244, S. 22726.

lagensicherung“[189] die gesetzliche Einführung einer umfassenden Einlagensicherung befürwortet, wenn es nicht gelingen sollte, auf freiwilliger Basis das bestehende System in seinen Wirkungen zu verbessern. Dieses Vorhaben wurde insbesondere nach dem Zusammenbruch des Bankhauses Herstatt relevant. Einer gesetzlichen Regelung kamen die Verbände der Kreditwirtschaft zuvor, indem sie in Aussicht stellten, ihre freiwilligen, verbandseigenen Sicherungssysteme substanziell zu verbessern[190].

Die Sicherungssysteme werden von den Verbänden der drei großen Gruppen der Kreditwirtschaft, nämlich den Privatbanken, den Kreditgenossenschaften und den Sparkassen, die deren Sondervermögen darstellen, getragen und durch Beiträge[191] der angeschlossenen Kreditinstitute finanziert[192]. Der Einlagensicherungsfonds schützt Einlagen einschließlich Zinsen jedes einzelnen Kunden bis zu einer Höhe von 30%des haftenden Eigenkapitals der jeweiligen Bank[193]

b) Selbstregelung auf dem Nebenkapitalmarkt

Mit Anlegerschutz und freiwilliger Selbstkontrolle der Anbieter befasste sich erstmals 1972 ein von verschiedenen Konzeptionsbeteiligten gegründeter Verband, der steuerbegünstigte Privatinvestitionen fördern wollte. Dieser blieb zwar ohne entscheidenden Einfluss auf den Gesetzgeber, hatte jedoch maßgeblichen Einfluss auf den Inhalt der sogenannten IdW-Richtlinien, nach welchen Wirtschaftsprüfer seit 1983 die wirtschaftliche und steuerliche Richtigkeit von Prospektangaben überprüfen[194]. Initiativen zur Organisation von Entschädigungsfonds für die Regulierung von Vermögensschäden bei Anlegern hat es im Bereich von Vertriebsunternehmen in der Vergangenheit nicht gegeben. Dieses ist unter anderem darauf zurückzuführen, dass Dachverbandsgründungen in der Finanzdienstleistungsbranche bisher erfolglos geblieben sind[195].

13. Zwischenergebnis

Die Geschichte des gesetzlich verfolgten Anlegerschutzes zeigt zwei Entwicklungsphasen auf. Die erste Phase ist gekennzeichnet durch Regelungen, welche

---

189 BT-Drucks. V/3500, S. 138-145

190 Gegenäußerung der Bundesregierung zur Stellungnahme des Bundesrates zum Entwurf eines zweiten Gesetzes zur Änderung des Gesetzes über das Kreditwesen, BT-Drucks. 7/3657, Anlage 3, S. 23 zu 1 b.

191 Statut des Einlagensicherungsfonds des Bundesverbandes Deutscher Banken e.V. vom Mai 1976, in: Nicklisch, S. 79.

192 Nicklisch, S. 17.

193 Information des Bundesverbandes Deutscher Banken.

194 Jansen, S. 30

195 P. Koch, Finanzen, Geld und Vermögen, S. 601

zum Schutz des Anlegers bestimmten Produkten zugeordnet sind. Hierzu gehören Aktiengesetz, Börsengesetz und das Gesetz über die Kapitalanlagegesellschaften. Die zweite Phase gesetzgeberischer Initiative ist auf die Kopplung von schützenden Regelungen mit Tätigkeiten von Anbietern auf dem Kapitalmarkt ausgerichtet. Hierzu gehört das an den Tatbestand des Vertriebs ansetzende Auslandsinvestmentgesetz und das WpHG. Erst das KAGG erfasste einen Teilbereich des Nebenkapitalmarktes. Die Tätigkeit bestimmter Finanzdienstleistungsinstitute wird ferner geregelt durch das WpHG, das Kreditwesengesetz und das Anlegerentschädigungsgesetz. Gerade kleinere und ausschließlich auf Vermittlung und weniger auf Beratung spezialisierte Finanzdienstleister fallen jedoch aus den gesetzlichen Regelungstatbeständen heraus. Der Gesetzgeber hat sich vielmehr in jüngerer Zeit immer wieder entschieden, diese Anbietergruppen des Nebenkapitalmarktes von der gesetzlichen Regelung auszunehmen, obwohl dieses von nahezu allen Seiten gefordert wird[196]. Dieses zeigt sowohl die 6. KWG-Novelle, welche die Finanzunternehmen von einer Überwachung durch das Bundesaufsichtsamt ausnimmt, als auch das WpHG, welches ausschließlich an den Handel mit Wertpapieren anknüpft und unverbriefte Beteiligungen ausklammert. Auch die fehlende Weiterverhandlung des Vermittlergesetzes bestätigt diese Annahme. Allen bisher ergangenen Gesetzen ist überein, dass sie eine Reaktion auf Missstände im Anlegerschutz darstellen. Auch das Vierte Finanzmarktförderungsgesetz ist mit seinen wertpapierhandelsrechtlichen Änderungen nicht zuletzt eine Reaktion auf die Vertrauenskrise am Neuen Markt[197]. Die Gesetze erweisen damit, wie Hopt es formuliert hat[198], in stereotyper Wiederholung, dass der Gesetzgeber trotz großer Bemühungen den Anlegerschutzbedürfnissen hinterherhinkt, weil jede neue gesetzliche Schutzregel die vom Eigennutz beflügelte Fantasie der Schutznormadressaten zu neuartigen Anlageangeboten und Finanzstrategien anregt. Die Anlegerschutznormen sind, indem sie fast immer an ganz konkrete Missstände anknüpfen, historisch zufällig. Sie sind systematisch nicht aufeinander abgestimmt und reichen verschieden weit[199]. Der Anlegerschutz stellt daher keinen Systembegriff dar, der die Zusammenfassung ähnlicher Erscheinungsformen erlaubt[200], sondern vielmehr ein rechtsethisches Prinzip[201], aus dem durch die Initiative des Gesetzgebers materielle Rechtssätze hergeleitet wurden.

---

196 Zuletzt die Abteilung Wirtschaftsrecht des 64. Deutscher Juristen Tag; 3. Block c): „Es empfiehlt sich, die Anbieter und die Vertriebshelfer von Risikokapitalanlagen des Grauen Kapitalmarktes Verhaltensanforderungen entsprechend den Vorschriften des Wertpapierhandelsgesetzes sowie der Beaufsichtigung des BAFin zu unterwerfen.

197 Fleischer, Holger, Das Vierte Finanzmarktförderungsgesetz, NJW 2002, 2977.

198 Hopt, Gutachten, P 11.

199 Hopt, Gutachten, P. 21.

200 Wiedemann, BB 1975, S. 1593.

201 Ebenda, S. 1593.

Drittes Kapitel

Vertriebsstrukturen und rechtliche Einordnung der Anlagevermittlung

Erster Abschnitt

Die Strukturen des Vertriebs

Anbieter von Kapitalanlagen verfügen entweder über eigene Vertriebsabteilungen oder bedienen sich selbstständiger Vermittler oder Vertriebsgesellschaften.

A. Tätigkeit des Vermittlers

Als Anlagevermittlung wird die Vermittlung von Kapitalanlagen durch Vertriebsgesellschaften bezeichnet[1]. Ein Anlagevermittler ist nach der Definition des BGH jemand, der gewerblich für eine bestimmte Kapitalanlage im Interesse des Kapitalsuchenden und mit Rücksicht auf die von diesem versprochene Provision den Vertrieb übernommen hat[2]. Anlagevermittler werden nicht nur von Initiatoren in deren Interesse beauftragt, für geplante Objekte geeignete Kapitalanleger zu finden[3]. Sie werden zusätzlich verstärkt von den traditionellen Anbietern, wie Banken, Versicherungen oder Bausparkassen, eingesetzt[4]. Sie versuchen aber auch, Finanzdienstleistungen in eigener Initiative neben diesen Anbietern zu vertreiben oder sogar zu kreieren[5]. Beim Vertrieb von Beteiligungskonzepten wird zwischen Initiator und Vermittler bzw. Vermittlungsgesellschaft ein Vertriebsvertrag geschlossen, der den Vermittler verpflichtet, für das Projekt zu werben und dem Unternehmen Anleger zuzuführen[6]. Bei der Direktwerbung bedient sich der Vermittler zumeist eigener Kundenkarteien oder kauft am Markt Adressenlisten[7]. Bei der Vermittlung bedient er sich überwiegend der von dem Initiator herausgegebenen und zur Verfügung gestellten Prospekte[8].

1 Schäfer, S. 3.

2 BGH WM 1993, 1238.

3 Barkam, S. 49.

4 Brunner, in: Handbuch Finanzdienstleistungen, S. 4.

5 Brunner, S. 3.

6 Eisenhardt, S. 13 f.

7 Horst, S. 107.

8 Coing, WM 1980, S. 206

B. Voraussetzungen für die Aufnahme der Vermittlertätigkeit

In Deutschland erfolgt lediglich eine gewerberechtliche Zuverlässigkeitsprüfung gemäß § 34 c GewO. Hiernach bedarf die Vermittlung von Verträgen über den Erwerb von Anteilscheinen von Kapitalanlagegesellschaften einer Erlaubnis der zuständigen Behörde. Die Erlaubnis ist zu versagen, wenn der Antragsteller die erforderliche Zuverlässigkeit, zum Beispiel bei Verurteilung wegen Verbrechen oder bestimmten Vergehen, nicht besitzt oder in ungeordneten Vermögensverhältnissen lebt. Es ist somit weder eine Berufsausbildung mit entsprechendem Abschluss noch Berufserfahrung notwendig, um als Vermittler von Finanzdienstleistungen tätig zu sein.

C. Organisationsformen des Vertriebs

Für die Einteilung der Vermittlungsunternehmen ist die Betriebsgröße einschließlich dessen Organisationsform, die angebotenen Kapitalanlagen sowie die Rechtsbeziehung zum Produktanbieter maßgebend. Die Produktanbieter haben entweder eigene Vertriebsabteilungen oder schalten Vertriebsgesellschaften bzw. selbstständige Vermittler zur Platzierung der Kapitalanlagen ein.

1. Eigenständige Vertriebsgesellschaften

Eigenständige Vertriebsgesellschaften werden regelmäßig in der Rechtsform der Kapitalgesellschaft, also der GmbH oder der AG, geführt. Bei den mittelgroßen und kleinen Vertriebsgesellschaften dominiert die Rechtsform der GmbH[9]. Nach ihrem organisatorischen Aufbau sind die Strukturvertriebe von den gewöhnlichen Vertriebsgesellschaften, nach ihrem Produktangebot die Allfinanz- und die Spezialvertriebe zu unterscheiden.

a) Strukturvertriebe

Die größten Umsätze im Vertriebsbereich entfallen auf die mehrheitlich als Strukturvertrieb organisierten sogenannten Allfinanzunternehmen. Diese sollen hier näher untersucht werden.

(1) Begriff

Ein Strukturvertriebssystem ist eine Art der organisatorischen Gestaltung der Vertriebswege, die sowohl von rechtlich unselbstständigen als auch von selbstständigen Vertriebsgesellschaften genutzt wird[10].

---

9 Cash.-Studie, Der Allfinanz-Markt 1993, S. 40.

10 Vgl. Frehrking/Schöffski, Zeitschrift für Betriebswirtschaft 1994, S. 573.

(2) Historische Entwicklung

Als Vorläufer deutscher Strukturvertriebsorganisationen gilt die I.O.S. (Investors Overseas Services)[11], die 1960 in Panama gegründet wurde. Mit der Idee, bankunabhängig Fonds zu verkaufen, wurde dieser Strukturvertrieb bis zum Jahr 1969 ein internationaler Konzern. Im Jahre 1966 hatte dieser 500.000 Kunden und 14.000 Anlageberater[12]. Bis Anfang 1970 wurden 2,5 Milliarden Dollar in den verschiedenen I.O.S.-Fonds angelegt. Dabei verlief die Entwicklung des Unternehmens in fünf Expansionsphasen[13], die mit der Erschließung neuer Kundenkreise gleichzusetzen sind: Das Unternehmen begann mit dem Verkauf von Anteilen an die in Europa stationierten amerikanischen Soldaten[14], später betrieb es die Ausweitung auf die im Ausland lebenden wohlhabenden Amerikaner, die vom amerikanischen Investment-Boom isoliert waren. Es folgte der Verkauf an Personen, die nach Rückzug der Kolonialmächte in den Kolonien geblieben waren und davon ausgehend an die Elite in diesen Ländern, für die sie die Kapitalflucht organisierte. Die fünfte Phase bildete die Konzentration auf den westeuropäischen Markt, nachdem die Vertriebsmethoden in den vielen anderen Ländern kritisiert worden waren[15].

1969 erzielt die I.O.S. in der Bundesrepublik 270 Millionen Dollar Umsatz (1964: 4,8 Mio. Dollar). Ursache für diesen Erfolg auf dem bundesdeutschen Markt war, dass Mitte der sechziger Jahre ein wirtschaftlicher Aufschwung einsetzte und damit die Zahl Wohlhabender anstieg. Die Zuwendung deutscher Anleger zu diesem Vertriebsunternehmen war unter anderem damit zu begründen, dass alte Werte in Deutschland diskreditiert waren und dafür alles Amerikanische als demokratisch und modern galt und damit auch die modernen Werbungs- und Vertriebsmethoden der I.O.S.[16]. Weiterer Grund für die Zuwendung zu den Vertrieben als Anbieter der Produkte des „grauen Kapitalmarktes“ war, wie bereits festgestellt[17], die mangelnde Fähigkeit der Kreditinstitute, Problemlösungen für die fehlenden Anlagemöglichkeiten mit hoher Nettorendite anzubieten. Die Banken orientierten ihre Marktpolitik weiterhin an der Vorstellung, dass es für jeden Anleger von vornherein nur ein enges Feld für ihn in Frage kommender und zulässiger Alternativen der Kapitalanlage gab[18]. Zusätzlich zum Vertrieb von Investmentprodukten nahm die I.O.S. im Jahre 1968 auch Versicherungen in ihre Produktpalette auf, wodurch der Strukturvertrieb im gesam-

---

[11] Eichstädt, S. 15; Jansen, in: Allfinanz 2000, S. 26.

[12] IOS-Anzeige im Handelsblatt vom 31.5.1967.

[13] Jansen, in: Allfinanz 2000, S. 13.

[14] Eichstädt, S. 15.

[15] Jansen, in: Allfinanz 2000, S. 14.

[16] Raw/Page/Hodgson, S. 204

[17] Siehe 2. Kapitel A. 2.

[18] Gutenberg, S. 136.

ten Finanzdienstleistungsbereich tätig wurde[19]. Der Zusammenbruch dieses Strukturvertriebs erfolgte im Jahre 1970 als die Aktien der I.O.S.-Holding und der Tochtergesellschaft I.O.S.-Management durch eine Vertrauenskrise fast vollständig ihren Wert verloren. Hierdurch verloren Hunderttausende von Anlegern ihr Geld. Nach dem Niedergang dieses Strukturvertriebs gründeten zahlreiche ehemalige Außendienstmitarbeiter mit Hilfe großer Versicherungskonzerne Vertriebsgesellschaften[20].

In jüngster Zeit erhielten die Strukturvertriebe durch die Wiedervereinigung im Jahre 1990 große Bedeutung, da ihre Organisation eine schnelle Deckung der dort anstehenden finanziellen Bedürfnisse erwarten ließ. Tatsächlich aber kam es in vielen Fällen zur Vermittlung von überteuerten und falsch konzipierten Finanzprodukten und führte damit auch zu Enttäuschungen der ostdeutschen Bevölkerung gegenüber der westlichen Wirtschaftsordnung[21].

(3) Heutige Marktsituation

Die Strukturvertriebe haben einen erheblichen Anteil am Gesamtabsatz von Finanzprodukten erlangt. Sie konzentrieren sich auf standardisierte Massenprodukte, also auf Lebens- und Sachversicherungen, Bausparverträge und Investmentanteile[22].

Große Strukturvertriebe haben sich in der Vergangenheit darauf berufen, Wegbereiter des Allfinanz-Gedankens zu sein, der die Fähigkeit beinhaltet, mehrere Sparten von Finanzdienstleistungen unter einem Dach zu vereinigen[23]. Sie stehen in starker Konkurrenz untereinander und zu den Banken und Versicherungen. Sie werden aber auch vermehrt durch diese eingesetzt. Arbeiteten zum Beispiel Mitte der achtziger Jahre sieben der zwanzig größten deutschen Lebensversicherer konsequent mit Vertriebsgesellschaften und Sonderorganisationen zusammen[24], konnte für das Jahr 1992 bei mindestens 16 der 20 deutschen Lebensversicherer eine Zusammenarbeit festgestellt werden[25].

Seit das Bauherrenmodell alter Prägung wirtschaftlich für Besserverdienende uninteressant geworden ist, vertreibt ein Teil der Bauträgerbranche die Immobilien und Fondsanteile unter Zuhilfenahme von Strukturvertrieben an Durch-

---

19 Frehrking/Schöffski, Zeitschrift für Betriebswirtschaft 1994, S. 572.

20 Eichstädt, S. 16 f.

21 Ogger, S. 189.

22 Cash.-Studie, Der Allfinanz-Markt 1993, S. 40.

23 Tatsächlich vertrieben Versicherungen und Banken schon im vergangen Jahrhundert die Produkte der jeweils anderen Sparte, dazu: Goss, S. 16.

24 Hattemer, Zeitschrift für das Versicherungswesen 1985, S. 166; Eichstädt, S. 17.

25 Frehrking/Schöffski, Zeitschrift für Betriebswirtschaft, S. 583.

schnittsverdiener[26], die zum Teil zu einer hinreichenden Rentabilitätsprüfung nicht in der Lage sind. Hierdurch ist es zu Skandalen gekommen, die in erster Linie die finanzierenden Banken in den Mittelpunkt des Medieninteresses gestellt haben[27].

(4) Funktionsweise von Strukturvertrieben

Strukturvertriebe vertreiben Finanzdienstleistungsprodukte über selbstständige Vermittler. Diese sind zunächst nebenberuflich tätig, akquirieren dann im Laufe der Zeit weitere selbstständige Vermittler, die ihrerseits wiederum neue Mitarbeiter engagieren[28] und dadurch anstatt Verkaufs- nunmehr Führungsaufgaben wahrnehmen. Jeder Mitarbeiter baut somit nach einer gewissen Zeit Vertriebslinien auf, wodurch ein Wechsel zur hauptberuflichen Tätigkeit bedingt ist[29].

Der Aufbau wird in drei Phasen unterteilt[30]:

1. Aufbau eines eigenen Kundenstammes: hier wird oft im Freundes- oder Bekanntenkreis das eigene verkäuferische Talent getestet[31] und möglicherweise der Kundenkreis durch Empfehlungen vergrößert; begleitend hierzu finden Lehrgänge der Unternehmung über Verkaufstechniken statt
2. Aufbau von eigenen Vertriebslinien durch Akquisition neuer Vermittler
3. Stabilisierung und Ausbau des Kunden- und Händlerstamms durch Übernahme von Führungsaufgaben

Die Provisionssysteme von Strukturvertrieben sind durch eine erfolgsabhängige Vergütung gekennzeichnet[32], die sich nach Art des vermittelten Produkte und der Laufzeit des Vertrages richtet. Für eigene Verkaufserfolge werden Verkaufsprovisionen, für solche der akquirierten Mitarbeiter werden sogenannte Über-, Leitungs- oder Superprovisionen gezahlt[33]. Besteht zum Beispiel eine Händlerlinie aus Kontaktmann, Vermögensberater und Direktionsmitglied, so werden bei Abschluss einer Versicherung an alle in gleicher Anzahl sogenannte Einheiten gewährt. Die pro Einheit gewährte Provision ist jedoch je nach Stellung

---

26 Binder, VuR 1999, S. 217; BGH, VuR 1990, 138, OLG Stuttgart, VuR 1996, 333; Füllmich, in: FS Deutsch, S. 919.

27 Brors/Busse, Handelsblatt vom 23.8.1999, S. 12 („Der zerplatzte Traum vom großen Geld").

28 Eichstädt, S. 24; Wehling, ZFO 1994, S. 203.

29 Reinartz, in: Allfinanz 2000, S. 429.

30 Wehling, ZFO 1994, S. 207.

31 Ogger, S. 185.

32 Reinartz, in: Allfinanz 2000, S. 431.

33 Weitere Arten der Provisionen: Anpassungs-, Bestandspflege-, Inkasso- und Delkredereprovision; Cash.-Studie, Der Allfinanz-Markt 1993, S. 42; Reinartz, in: Allfinanz 2000, S. 430.

in der Händlerlinie unterschiedlich[34]. Als weitere erfolgsabhängige Leistungen werden in einigen Vertrieben auch Seminare, Zusatzversicherungen oder Urlaubsreisen gewährt. Entsprechend seinem jeweiligen Vermittlererfolg kann der Mitarbeiter in der Hierarchie von Stufe zu Stufe gemäß einem Karriereplan aufsteigen. Dieser ist Gegenstand der vertraglichen Vereinbarung zwischen Vertriebsgesellschaft und Mitarbeiter[35]. Es besteht bei Umsatzrückgängen bzw. der Nichterreichung stufenabhängiger Mindestumsätze jedoch auch die Möglichkeit, zurückgestuft zu werden und dadurch wiederum Mitarbeiter zu verlieren[36].

Viele Strukturvertriebe betreiben ihre Mitarbeitermotivation durch eine sehr starke[37], eher sektenähnliche Unternehmenskultur[38], die den Anschein der Indoktrination und Entmündigung erweckt[39]. Der Zugehörigkeit zu verschiedenen Hierarchieebenen wird mittels besonderer Namensgebung, wie zum Beispiel (Senior-)Landesdirektor, Direktor, Direktionsmanager, ein bestimmter Status vermittelt[40]. Den Mitarbeitern wird durch Anstecknadeln und andere Auszeichnungen eine Corporate Identity verschafft.

Die Hierarchien von Strukturvertrieben sind pyramidenförmig aufgebaut[41]. Auf den einzelnen Ebenen betreuen die Führungskräfte drei bis sieben Vertriebsabteilungen, Gruppen oder Mitarbeiter[42]. In ihrem hierarchischen Aufbau entsprechen Strukturvertriebe somit dem von Banken und Industriebetrieben. Üblich sind Hierarchien von sieben bis zwölf Stufen, vereinzelt sind es sogar 18 Stufen[43].

Basis für die Tätigkeit der Mitarbeiter ist der Strukturvertriebshändler-Vertrag, in dem Rechte und Pflichten der Unternehmung und des Vermittlers geregelt werden. Sie verbriefen das Recht, Produkte der Unternehmung zu vertreiben. Im Gegensatz zu dem durch § 6 c UWG verbotenen „Schneeballsystem" werden neue Mitarbeiter nicht mit dem Ziel akquiriert, Produkte von ihrem jeweiligen Strukturvorgesetzten zu erwerben, sondern um eine eigene Vertriebslinie für die Unternehmung aufzubauen. Die Mitarbeiter von Strukturvertrieben sind selbstständige Handelsvertreter bzw. Untervertreter i.S.d. §§ 84 ff. HGB oder selbstständige Versicherungs- und Bausparkassenvertreter gemäß § 92 HGB. Die

---

34 Cash-Studie, Der Allfinanz-Markt 1993, S. 40.

35 Frehrking/Schöffski, Zeitschrift für Betriebswirtschaft 1994, S. 586 (Fußnote 11).

36 Frehrking/Schöffski, Zeitschrift für Betriebswirtschaft 1994, S. 577.

37 Reinartz, in: Allfinanz 2000, S. 428.

38 Tutor Gesellschaft f. Unternehmens-, Vertriebs- und Finanzberatung mbH, Mein Geld 3/99, S. 86 („Alarm! Warnung vor Abzockern"); Cash.-Studie, Der Allfinanz-Markt 1993, S. 41.

39 Wehling, ZFO 1994, S. 257; Ogger, S. 183 f.

40 Frehrking/Schöffski, Zeitschrift für Betriebswirtschaft 1994, S. 574.

41 Eichstädt, S. 24.

42 Jansen/Heinl/Gilewitz, in: Allfinanz 2000, S. 61.

43 Frehrking/Schöffski, Zeitschrift für Betriebswirtschaft 1994, S. 575.

Schulung von Mitarbeitern wird zum einem Teil von den Produktgebern, zum anderen Teil von den Mitarbeitern und ihren Vorgesetzten übernommen. Der Schulungsaufwand je Mitarbeiter liegt bei 30 bis 60 Tagen im Jahr und beinhaltet zumeist ein reines Produkt- und Motivationstraining, das nicht durch eine Prüfung abgeschlossen wird.

(5) Bedeutung des Strukturvertriebs für Anbieter und Anleger

Der Strukturvertrieb stellt als Dienstleistungsunternehmen für Produktanbieter, wie Banken, Bausparkassen und Versicherungen erhebliche Vertriebskapazitäten zur Verfügung und führt dort zu kalkulierbaren Vertriebskosten. Kosten für Ausbildung und Gewinnung neuer Mitarbeiter fallen hierdurch weg. Strukturvertriebe eignen sich auch für den Absatz von Beteiligungskonzepten, wie zum Beispiel geschlossene Fonds, die aufgrund der Marktsituation hinsichtlich des Fondsobjektes in einem engen Zeitrahmen verkauft werden müssen. Denn diese Vertriebsform kann durch ihre große Mitarbeiterzahl und die offensiven Verkaufstechniken solche Anlageformen kurzfristig am Markt platzieren[44]. Darüber hinaus bewirkt der Absatz über eine Vertriebsgesellschaft eine Distanzierung des Initiators von seinem Produkt, sodass sich eine negative Entwicklung der Anlage nicht unmittelbar auf den Ruf des Anbieters auswirkt.

Durch den Wegfall bzw. die geringe Höhe der Personalnebenkosten, Werbekosten und Kosten für die Unterhaltung des Absatzkanals[45] können Produktpreise erheblich gesenkt werden. Als kostenträchtig müssen jedoch die durch das Wachstum des Vertriebs ebenso anwachsenden Hierarchien und der dadurch bedingte Provisionszuwachs angesehen werden[46]. In der Öffentlichkeit wird der Strukturvertrieb überwiegend negativ bewertet[47] und als „Drückerkolonne", „Klinkenputzer" und „Schneeballsystem" bezeichnet. Die Medien haben überwiegend über mangelhafte Beratung[48] und aggressive Verkaufspraktiken berichtet[49]. Hauptkritikpunkt an dieser Vertriebsform ist, dass das Einkommen der Strukturvertriebshändler vollkommen erfolgsabhängig gezahlt und dadurch ein hoher Umsatzdruck erzeugt wird[50]. Hierdurch besteht die Gefahr, dass die Tätigkeit des Vermittlers nur auf einen kurzfristigen Verkaufserfolg abzielt und nicht auf eine langfristige Kunden-

---

44 Frehrking/Schöffski, Zeitschrift für Betriebswirtschaft 1994, S. 585.

45 Wehling, in: ZFO 1994, S. 256.

46 Jansen/Heinl/Gilewitz, in: Allfinanz 2000, S. 62.

47 Cash.-Studie, Der Allfinanz-Markt 1993, S. 36.

48 Reiner Reichel, in: Handelsblatt vom 6.5.1998 („DVAG zu Schadenersatz verurteilt"); o.V., Mein Geld 3/99 („Millionenschaden), Reinhold Böhmer, in: Wirtschaftswoche vom 29.10.1998, 212-216 („Irrsinniger Berg").

49 O.V., Finanztest 10/98 („Allianz der Abzocker"); Michael Prellberg, in: Handelsblatt vom 22.2.02 („Verkaufen, Verkaufen, Verkaufen"); Fuellmich, in: FS Deutsch, S. 925.

50 Frehrking/Schöffski, Zeitschrift für Betriebswirtschaft 1994, S. 574.

bindung[51]. Hierdurch wächst die Gefahr von fehlerhafter Beratung. Fehlberatung hat im Übrigen auch für den Vermittler negative Folgen. Die von ihm zunächst angesprochenen Kreise von Verwandten oder Bekannten fühlen sich bei ausbleibendem Anlageerfolg häufig ausgenutzt, wodurch es in derartigen Fällen auch zu einer sozialen Isolation der Vermittler kommt. Darüber hinaus wird der Ausbildungsstand der Mitarbeiter kritisiert, da die von den Vertriebsunternehmen angebotenen Lehrgänge in erster Linie auf den Verkauf und nicht auf die Vermittlung von produktbezogenem Wissen abzielen[52]. Ferner haben die Mitarbeiter zumeist keine branchenspezifische Vorbildung.

Auch die hohe Mitarbeiterfluktuation wirkt sich auf die Stabilität der Bestände aus, da Kunden unzureichend betreut oder von ehemaligen Mitarbeitern zur Kündigung der Verträge bewogen werden[53]. Ferner kann es durch die „Länge" der Vertriebslinien zu Informationsverlusten kommen[54]. Weiter wird die Marktsättigung hinsichtlich der vertriebenen Produkte als Gefahr für das Funktionieren des Strukturvertriebs genannt. Dieses Problem betrifft jedoch alle Unternehmen und kann eventuell durch Erweiterung des Angebots um neue Produkte gelöst werden[55]. Bei den nicht nur durch die Strukturvertriebe häufig praktizierten „Hausbesuchen"[56] besteht für den Anleger des darüber hinaus die Gefahr, dass sich die Gespräche mit dem Vermittler nicht an fachlichen Gesichtspunkten orientieren und dadurch die Kritikfähigkeit des Anlegers eingeschränkt ist[57].

b) Spezialvertriebe

Im Gegensatz zu den vorwiegend als Strukturvertrieb organisierten Allfinanzanbietern, übernehmen Spezialvertriebe mit einstufigem Aufbau die Vermittlung von Fondsanteilen.

Hier besteht innerhalb eines großen Anteils von nebenberuflichen Vermittlern ein fester Kern von zumeist akademisch ausgebildeten hauptberuflichen Vermittlern, die sowohl mit Produktauswahl als auch mit Verwaltungs- und Schulungsaufgaben vertraut sind[58]. In Deutschland gibt es zur Zeit mehr als achtzig Spezialvertriebe mit bis zu 2.000 Mitarbeitern. Diese vermittelten in 2.000 An-

---

51 Wehling, in: ZFO 1994, S. 203.

52 Eichstädt, S. 24.

53 Frehrking/Schöffski, Zeitschrift für Betriebswirtschaft 1994, S. 584.

54 Jansen/Heinl/Gilewitz, in: Allfinanz 2000, S. 62.

55 Wehling, in: ZFO 1994, S. 256.

56 Ogger, S. 175.

57 Reifner, Versicherungswissenschaftliche Studien 1996, S. 141.

58 Ebenda, S. 41.

lageobjekte mit einem Investitionsvolumen, also der Summe von Anlegerinvestition und Fremdkapital, von ca. 13,5 Mrd. DM[59].

2. Selbstständige Vermittler

Gemeinsam ist den Vermittlern, dass sie in der Regel nicht über Arbeitsverträge an die Vertriebsgesellschaften gebunden, sondern als freie Mitarbeiter tätig sind[60]. Organisatorisch und hierarchisch ist der einzelne Vermittler eingebunden in die Unternehmensstruktur einer Dachgesellschaft und nach deren geschäftspolitischen Erwägungen hinsichtlich Produktauswahl, Verkaufs- und Beratungsmethodik sowie Kundenauswahl und Kundenschutz den vertraglichen Vorgaben unterworfen[61]. Für den Verbraucher ist die rechtliche Stellung des Vermittlers meist nicht zu erkennen, da Vermittler dazu neigen, ihren Beruf durch klangvolle Bezeichnungen, wie zum Beispiel Vermögensberater oder Anlageberater, aufzuwerten und sich darüber hinaus eine größere Objektivität und Unabhängigkeit zuschreiben wollen[62]. Die Einteilung der auf dem Nebenkapitalmarkt beschäftigten und für die Vertriebsgesellschaften tätigen Vermittlertypen kann anhand der rechtlich-wirtschaftlichen Stellung des Vermittlers zum Produktanbieter und zum Anleger sowie der Bedeutung des Einkommens aus der Vermittlungstätigkeit für das Gesamteinkommen des Vermittlers erfolgen[63].

3. Stationärer Vertrieb, Bankaußendienst, Direktvertrieb

Banken und Versicherungen nutzen in unterschiedlicher Intensität eigene Vertriebsformen. Banken bevorzugen den stationären Vertrieb, also die Vermittlung über Filialen und Zweigstellen. Darüber hinaus bedienen sie sich, wie auch die Versicherungen, des Direktvertriebs unter anderem durch Einschaltung von Call-Centern oder Nutzung des Internets. Der Bankaußendienst, früher nur für vermögende Kunden bereitgestellt, wird heute nur noch vereinzelt angeboten[64]. Dafür bedienen sich Banken und Versicherungen nunmehr verstärkt externer Vertriebe und beschränken sich auf die Vermögensverwaltung.

---

59 Umfrage unter Vertriebsunternehmen, Cash. 2001, Heft 4, S. 29.

60 Cash.-Studie, Der Allfinanz-Markt 1993, S. 5; Dieses insbesondere bei der Frage der Scheinselbstständigkeit diskutiert worden, s. Koch, Cash. 2/99, S. 77 („Bin ich selbständig?").

61 Cash.-Studie, Der Allfinanz-Markt 1993, S. 9.

62 Cash.-Studie, Der Allfinanz-Markt 1993, S. 5.

63 H. Lach, S. 34.

64 Münkel, in: Allfinanz 2000, S. 424.

4. Entwicklung der Kapitalanlagevertriebsunternehmen

Die Entwicklung der Vertriebsunternehmen ist stark expansiv. Die Mitarbeiterzahl von 849 befragten[65] Unternehmen stieg 1998 um fast 10.800 Personen an. Das Provisionsaufkommen der 30 größten Vertriebsunternehmen stieg von 1,7 im Jahre 1995 auf fast 2,8 Milliarden DM im Jahre 1998 an. Im gleichen Zeitraum kam es bei diesen Unternehmen zu einem Zuwachs von Neugeschäften von ca. 50 auf 67 Milliarden DM. 1999 gab es in Deutschland etwa 32 Allfinanzvertriebe und etwa 41 Vertriebsunternehmen von Beteiligungskonzepten, die jeweils mehr als 15 Mitarbeiter aufwiesen[66]. Im Jahre 2001 beträgt die Gesamtzahl der Vertriebsmitarbeiter im Allfinanzbereich knapp 50.000 und im Spezialvertriebsbereich etwa 7.500. Die Allfinanzvertriebe erwirtschafteten in 2000 Provisionserlöse von ca. 3,6 Mrd. DM und die Spezialvertriebe Provisionserlöse von ca. 13,4 Mrd. DM[67]. Neben der Vermittlung durch Vertriebsunternehmen und selbstständige Vermittler ist eine Tendenz zur Honorarberatung und damit zur Maklertätigkeit zu erkennen. Sie erfolgt durch freie Anlageberater. Die Beratungs-Stundensätze liegen bei 150,- bis zu 350,- DM. Zusätzlich erhalten diese Berater Vermittlungsprovisionen von den Produktanbietern, die von einigen mit dem Honorar verrechnet werden[68]. Hiervon ist die Anlageberatung bei Vertriebsgesellschaften zu unterscheiden. Sie hat das Ziel, die Kundenbindung zu verstärken und durch die vergleichende und bewertende Darstellung verschiedener Anlageformen die Möglichkeiten des Cross-selling zu nutzen und somit die Kaufentscheidung vorzubereiten[69].

D. Zwischenergebnis

Aufgrund der Verbesserung der finanziellen Situation großer Bevölkerungsteile können ein stärkeres Renditebewusstsein und eine größere Risikobereitschaft vieler Anleger festgestellt werden. Diese kommen zukünftig als Kundenkreis für die vermehrt als Renditemodelle ausgestalteten Produkte des Nebenkapitalmarktes in Betracht. Im Gegensatz zu den Anlegern der ersten Generationen von Beteiligungsmodellen verfügen die mit durchschnittlichem Einkommen ausgestatteten Anleger jedoch zumeist über einen geringeren Kenntnisstand und weniger Erfahrungen auf dem Kapitalanlagemarkt. Lediglich die aufklärerische Berichterstattung in den Medien kann hier einen Beitrag leisten, bestehende Informationsdefizite auszugleichen. Die überwiegend kompliziert gestalteten Produkte

---

65 Umfrage unter Vertriebsunternehmen, Cash. 1999, Heft 4, S. 37.

66 Umfrage unter Vertriebsunternehmen, Cash. 1999, Heft 4, S. 37.

67 Umfrage unter Vertriebsunternehmen, Cash. 2001, Heft 4, S. 28 ff.

68 Cash.-Studie, Der Allfinanz-Markt 1993, S. 27.

69 Ebenda, S. 26.

des Nebenkapitalmarktes können nach wie vor von fachlich ungeeigneten Vermittlern angeboten werden. Die Organisationsform eines beträchtlichen Teils der Vermittlerbranche ist auf die Erzielung hoher Umsatzzahlen der einzelnen Mitarbeiter angelegt. Selbst wenn eine Verbesserung der Ausbildung der einzelnen Mitarbeiter erreicht würde, bliebe der Leistungsdruck für den einzelnen Mitarbeiter systemprägend für die Organisationsform des Strukturvertriebs.

Zweiter Abschnitt

Die rechtliche Bestimmung und Einordnung der Vermittlungstätigkeit als Anknüpfungspunkt einer Haftung

Vor dem Hintergrund der oben[70] dargestellten Organisation des Vertriebsbereichs soll die rechtliche Einordnung der Vertriebsbeteiligten überprüft werden.

An der Vermittlung von Finanzanlagen des Nebenkapitalmarktes sind Vertriebsunternehmen und deren Mitarbeiter, rechts- und wirtschaftsberatende Personen sowie Herausgeber von Informationsmedien beteiligt. Zu untersuchen ist, welche dieser Beteiligten unter den Begriff des Vermittlers fallen und ob daran anknüpfend eine Haftung für die Verletzung von Sorgfaltspflichten bei der Vermittlung der Finanzanlagen begründet werden kann. Der Vermittlungsbegriff ist sowohl im Vertriebsrecht, insbesondere im HGB, als auch in der Rechtsprechung zum Kapitalanlagerecht definiert worden. Es sind daher die Schnittpunkte von Vertriebsrecht und Kapitalanlagerecht herauszuarbeiten. Fraglich ist, in welchem Verhältnis die dort vorgefundenen Vermittlungsbegriffe zueinander stehen, insbesondere ob sich Widersprüche hinsichtlich der Sorgfaltsmaßstäbe ergeben.

A. Vertriebsunternehmen

Die Vertriebsgesellschaft kann unabhängig davon, ob sie als Personen- oder Kapitalgesellschaft organisiert ist, Handelsvertreter gemäß § 84 HGB sein[71]. Hingegen sind nach bisher[72] herrschender Lehre andere Personengemeinschaften, wie zum Beispiel die GbR, nicht als Handelsvertreter einzuordnen[73]. Hier gelten die Gesellschafter als Handelsvertreter[74]. Nach dem BGH-Urteil zur Rechtsfähigkeit der GbR[75] ist nunmehr auch die GbR als Handelsvertreter zu qualifizieren. Als Handelsvertreter kann gemäß § 84 III HGB eine Vertriebsgesellschaft qualifiziert werden, wenn zwischen ihr und der Produktgesellschaft ein ständiges Betrauungsverhältnis i.S.v. § 84 I HGB zustande gekommen ist. Dies ist der Fall, wenn die

70 Siehe 2. Kapitel.

71 Baumbach/Hopt, § 84 Rdnr. 8; Ernst Heymann/Sonnenschein/Weitemeyer, § 84 Rdnr. 6; MünchKomm/v. Hoyningen-Huene, § 84 Rdnr. 84.

72 Nach dem Urteil des BGH vom 29.1.2001, ZIP 2001, 330, ist die GbR rechtsfähig, soweit sie durch Teilnahme am Rechtsverkehr eigene Rechte und Pflichten begründet.

73 Baumbach/Hopt, § 84 Rdnr. 9; Ensthaler/Leinemann, in: GK-HGB, § 84 Rdnr. 1; Ruß, in: HK-HGB, § 84 Rdnr. 1.

74 Ernst Heymann/Sonnenschein/Weitemeyer, § 84 Rdnr. 9; Küstner, Bd. 1, § 84 Rdnr. 279; Ensthaler/Leinemann, in: GK-HGB, § 84 Rdnr. 1.

75 BGH NJW 2001, 1056.

Produktgesellschaft wiederholt gleichartige Produkte anbietet und die Vertriebsgesellschaft mit deren Vermittlung beauftragt hat[76]. Vertriebsgesellschaften sind daher Handelsvertreter, wenn sie als Personen- oder Kapitalgesellschaften von einer anderen Gesellschaft ständig damit betraut sind Finanzanlagen zu vermitteln.

B. Einordnung der für eine Vertriebsgesellschaft tätigen Mitarbeiter

Als Handelsvertreter ist der einzelne Finanzdienstleister gemäß § 84 I HGB grundsätzlich dann einzuordnen, wenn er als selbstständiger Gewerbetreibender von der Vertriebsgesellschaft ständig damit betraut ist, Kapitalanlagen zu vermitteln. Die Selbstständigkeit ist gemäß der Legaldefinition des § 84 I S. 2 HGB gegeben, wenn der Handelsvertreter bei der Ausübung seiner Tätigkeit nicht den Weisungen des Unternehmens, also der Vertriebsgesellschaft, unterliegt und seine Arbeitszeit bestimmen kann[77].

1. Untervertreter gemäß § 84 III HGB

Gesetzlich ausdrücklich vorgesehen ist neben den selbstständigen und angestellten Handelsvertretern auch der Untervertreter. Die Konstellation des Untervertreterverhältnisses ergibt sich aus § 84 III BGB, wonach der Unternehmer auch ein Handelsvertreter sein kann. Je nachdem, ob ein Vertragsverhältnis zwischen Hauptvertreter und Untervertreter oder zwischen Unternehmer und Untervertreter besteht, wird zwischen unechter und echter Untervertretung unterschieden[78].

a) Unechte Untervertretung

§ 84 III HGB findet auf den Fall der sogenannten unechten Untervertretung keine Anwendung. Ein solcher Fall liegt vor, wenn der Untervertretervertrag unmittelbar zwischen dem vom Hauptvertreter vertretenen Unternehmen und dem Untervertreter zustande kommt[79]. Hierbei ist der Untervertreter unmittelbar dem Unternehmer gegenüber berechtigt und verpflichtet. Diese Konstellation kommt bei größeren Vertriebsorganisationen vor, wenn auf übergeordnete Handelsvertreter als Hauptvertreter Weisungsbefugnisse übertragen werden, die eigentlich dem vertretenen Unternehmer zustehen. Hier liegt eine bloße organisatorische Überordnung vor[80]. Unechte Untervertretung liegt auch vor, wenn der Unter-

76 Melcher, BB 1981, S. 2102.

77 BAG, DB 2000, S. 723 f.

78 MünchKommHGB/v. Hoyningen-Huene, Vor § 84 Rdnr. 92.

79 Küstner, Bd. 1, Rdnr. 137.

80 Küstner, in: Röhricht/Graf v. Westphalen, HGB, § 84 Rdnr. 36.

nehmer den Hauptvertreter beauftragt, in seinem Namen Untervertreterverträge abzuschließen, und die Provision über den Hauptvertreter abgerechnet wird. Die durch den Vermittlungserfolg des Untervertreters erzielte Provision wird als Gegenleistung für die seinen Untervertreter unterstützenden Maßnahmen vom übergeordneten Hauptvertreter als sogenannte Superprovision einbehalten.

b) Echte Untervertretung

Echte Untervertretung liegt vor, wenn der Untervertretervertrag zwischen dem Handelsvertreter im eigenen Namen und dem Untervertreter abgeschlossen wird. Auf diese Fälle sind aufgrund der engen Verknüpfung mit der Handelsvertretertätigkeit die Vorschriften des Handelsvertreterrechts anzuwenden[81]. Hier stehen dem Untervertreter Rechte und Pflichten allein gegenüber dem Hauptvertreter zu[82]. Zwischen Unternehmer und Untervertreter bestehen keine Vertragsbeziehungen. Im Gegensatz zur Superprovision erhält der Hauptvertreter eine aus den Vermittlungserfolgen des Untervertreters erzielte Vermittlungsvergütung.

(1) Anwendbarkeit des § 84 III HGB

Voraussetzung der dem § 84 III HGB zugrunde liegenden Konstellation der echten Untervertretung und damit der Einordnung des Finanzdienstleisters als Handelsvertreter ist, dass das ihn betrauende Vertriebsunternehmen selbst in einem Handelsvertreterverhältnis gemäß § 84 I gegenüber dem Produktanbieter steht[83].

(a) Fall 1: Vermittlungstätigkeit für ein als Handelsvertreter tätiges Vertriebsunternehmen

Die Einordnung als Handelsvertreter bereitet keine Schwierigkeiten, wenn das Vertriebsunternehmen, für welches der Finanzdienstleister tätig ist, selbst ständig damit betraut ist, Geschäfte für das Produktunternehmen zu vermitteln. Dieses initiiert hier wiederholt gleichartige Produkte. § 84 III HGB bestimmt für diesen Fall, dass auch ein Handelsvertreter Unternehmer sein kann. Der einzelne Finanzdienstleister ist daher als Untervertreter einzuordnen.

(b) Fall 2: Vermittlungstätigkeit für ein als Makler tätiges Vertriebsunternehmen

Keine Untervertretereigenschaft besteht, wenn das Vertriebsunternehmen, für welches der Finanzdienstleister tätig ist, keine ständige Geschäftsverbindung zu der Produktgesellschaft unterhält. Denn die Vertriebsgesellschaft ist bei dieser

81 OLG Düsseldorf, NJW-RR 1993, 1188.

82 Küstner, in: Röhricht/Graf v. Westphalen, HGB, § 84 Rdnr. 37.

83 Küstner, Bd. 1, Rdnr. 49 ff.

Fallkonstellation nicht Handelsvertreter gemäß § 84 I HGB und damit nicht Unternehmer gemäß § 84 III HGB.

[1] Einordnung nach Melcher

Melcher ist der Ansicht, dass für die Einordnung des für ein Vertriebsunternehmen tätigen Finanzdienstleisters der Umstand von Bedeutung ist, dass dieser nicht für das Vertriebsunternehmen, sondern für die Produktgesellschaft Kapitalanlagen vermittele. Das Gesetz gehe von einer Identität der Partei, zu der der Handelsvertreter in einem Betrauungsverhältnis stehe, und der, für welche er Geschäfte vermittele, aus. Hierfür spreche die Funktion des § 84 III, welcher bestimme, dass auch ein Unternehmer Handelsvertreter sein könne, und der damit zur Schließung der Lücke, welche im Falle der Vermittlung für Dritte besteht, bestimmt sei[84]. Hieraus schließt Melcher, dass der Finanzdienstleister nicht als Handelsvertreter einzuordnen sei, wenn das Vertriebsunternehmen Maklertätigkeiten ausübe. Hieraus ergebe sich, dass der für das Vertriebsunternehmen tätige Finanzdienstleister keinen sogenannten Kundenschutz[85] genieße. Dieser beinhaltet gemäß § 87 I S. 1 2. Alt. HGB, dass der Handelsvertreter Anspruch auf Provision für alle während des Vertragsverhältnisses abgeschlossenen Geschäfte hat, die mit Dritten abgeschlossen werden, welche er als Kunden für Geschäfte der gleichen Art – bereits früher[86] – geworben hat. Der Kundenschutz und damit der Provisionsanspruch bestehe mangels Handelsvertretereigenschaft des Finanzdienstleisters damit für solche Vertragsabschlüsse nicht, welche zwar mit bereits von diesem geworbenen Kunden zustande kommen würden, jedoch solche Kapitalanlagen beträfen, welche von einer anderen Produktgesellschaft initiiert worden sind. Dies wird von Melcher wirtschaftlich damit begründet, dass die andersartige Kapitalanlage auch neue Einarbeitung und damit einen neuen Beratungsaufwand voraussetze. Ein Schutzbedürfnis des Vermittlers hinsichtlich seines Kundenstamms sei hier nicht gegeben. Ebenso wenig sei ein Ausgleichsanspruch hinsichtlich dieser Kapitalanlagen nach Beendigung des Vertragsverhältnisses gemäß § 89 b HGB gegeben.

[2] Stellungnahme

§ 84 I HGB setzt zwar, wie Melcher seiner Argumentation zugrundelegt, eine Identität zwischen demjenigen, für den der Handelsvertreter die Geschäfte vermittelt, und demjenigen, mit dem er in einem ständigen Betrauungsverhältnis steht, voraus. Diese Identität besteht aber auch, wenn der Unternehmer nicht Handelsvertreter ist. Denn in diesem Falle vermittelt der Finanzdienstleister als

---

[84] Melcher, BB 1981, S. 2103.
[85] Schlegelberger/Schröder, § 87 Rdnr. 58 a.
[86] Küstner, Bd. 1, Rdnr. 303.

Handelsvertreter gemäß § 84 I HGB für das als Makler tätige Vertriebsunternehmen und steht mit diesem in einem ständigen Betrauungsverhältnis. Der Ansicht Melchers, dass der Finanzdienstleister in solchen Fällen den wechselnden Produktgesellschaften die Geschäfte vermittelt, widerspricht § 84 HGB. Gemäß § 84 I HGB vermittelt der Handelsvertreter Geschäfte für einen anderen Unternehmer, der in der Konstellation des § 84 III HGB auch ein Handelsvertreter sein kann. Für zweistufige Auftragsverhältnisse stellt § 84 III HGB damit klar, dass der Letztbeauftragte für den Erstbeauftragten und nicht für den Auftraggeber vermittelt. Somit wird der Finanzdienstleister für die Vertriebsunternehmen und nicht für die wechselnden Produktanbieter tätig. Für die Einordnung des Mitarbeiters eines Maklerunternehmens als Handelsvertreter hat der BGH diesem Ergebnis entsprechend ausgeführt, dass lediglich das Gesamtbild der zwischen dem Mitarbeiter und dem Maklerunternehmen bestehenden vertraglichen Gestaltung von Bedeutung ist[87] und nicht dessen Einordnung als Makler. Der Mitarbeiter des als Makler tätigen Vertriebsunternehmens bleibt mithin durch die §§ 87, 89 HGB hinsichtlich der von ihm geworbenen Kunden geschützt, wenn die weiteren Voraussetzungen des § 84 I HGB erfüllt sind.

(c) Fall 3: Vermittlungstätigkeit für verschiedene Produktgesellschaften, in denen die Gesellschafter der Vertriebsgesellschaft Kapitalanlagemodelle initiieren

Darüber hinaus werden Finanzanlagen des Nebenkapitalmarktes in der Art vertrieben, dass für die Konzeptionierung eines Anlageprodukts durch die Gesellschafter der Vertriebsgesellschaft jeweils neue Produktgesellschaften gegründet werden. Ein ständiges Betrauensverhältnis zwischen einem Produkt- und einem Vertriebsunternehmen ist damit weder von Anfang an gegeben, noch bildet es sich in deren Beziehung zueinander heraus.

[1] Einordnung als Untervertreter gemäß § 84 III HGB durch Melcher

In solchen Fällen wird der vom Vertriebsunternehmen ständig mit der Vermittlung betraute Finanzdienstleistungsvermittler von Melcher als Untervertreter gemäß § 84 III eingeordnet. Insoweit schlägt er eine extensive Interpretation des § 84 III HGB vor. Mit der Identität zwischen den Gesellschaftern der die Vertriebsgesellschaft beauftragenden Produktgesellschaften sei eine Spezialisierung auf bestimmte Kapitalanlagen erreicht[88]. § 84 III HGB sei gleichwohl anwendbar mit der Konsequenz, dass auch in dieser Fallkonstellation der Finanzdienstleister als Untervertreter einzuordnen sei. Denn hier sei es leichter, das Produkt abzusetzen, da kein völlig neues wirtschaftliches und steuerliches Konzept be-

87 BGH BB 1982, 1876.

88 Melcher, BB 1981, S. 2104.

sprochen werden müsse. Deswegen habe der Finanzdienstleister einen Provisionsanspruch für den bereits von ihm akquirierten Kundenstamm gemäß § 87 I 2. Alt. HGB. Würde die Handelsvertretereigenschaft hinsichtlich neuer Produktgesellschaften mit identischen Gesellschaftern verneint, so erhielte der Finanzdienstleister für die ohne sein direktes Mitwirken erzielten Vertragsabschlüsse mit den von ihm bereits akquirierten Kunden keine Provisionen. Damit würde sein Beratungsaufwand hinsichtlich des gleichartigen Kapitalanlagemodells nicht hinreichend honoriert[89].

[2] Stellungnahme

Da der für ein Maklerunternehmen tätige Finanzdienstleistungsvermittler als Handelsvertreter gemäß § 84 I HGB eingeordnet werden kann, besteht nicht die Notwendigkeit, § 84 III HGB erweiternd auszulegen. Finanzdienstleister, welche für als Makler tätige Vertriebsunternehmen vermitteln, sind damit nicht als Untervertreter einzuordnen. Die vertriebsrechtliche Einordnung des vermittelnden Unternehmens als Handelsvertreter oder Handelmakler beeinflusst die vertriebsrechtliche Einordnung des vermittelnden Vertriebsmitarbeiters lediglich insoweit, als dass er als Untervertreter oder als Handelsvertreter einzuordnen ist.

2. Weitere Arten der unter § 84 HGB fallenden Vermittlungstätigkeiten

Nach ihrer Einbindung in die Vertriebsorganisation sind weitere Arten von Handelsvertretern zu unterscheiden[90].

a) Selbstständige, angestellte und nebenberufliche Handelsvertreter

Der Vermittlerbegriff des Vertriebsrechts erfasst sowohl selbstständige als auch angestellte Handelsvertreter gemäß § 84 II HGB. Der angestellte Handelsvertreter wird aufgrund eines Arbeitsvertrages tätig. Erfasst werden auch Handelsvertreter im Nebenberuf gemäß § 92 b HGB.

b) Ein- und Mehrfirmenvertreter, Bezirksvertreter, Alleinvertreter und Generalvertreter

Auch die nach der Anzahl der bestehenden Handelsvertreterverträge, der Zuordnung von Vertriebsregionen und der Einbindung in die Vertriebsorganisation zu unterscheidenden Berufsgruppen von Ein- und Mehrfirmenvertretern, Bezirks-

89 Ebenda, S. 2105.

90 Differenzierung nach MünchKommHGB/v. Hoyningen-Huene, vor § 84 Rdnr. 13.

und Alleinvertretern sowie Generalvertretern sind im Finanzdienstleistungsbereich zu finden[91] und üben Vermittlungstätigkeiten aus.

3. Einordnung von Vermittlungstätigkeiten unter § 93 I HGB

Auf der Grundlage der in § 93 HGB getroffenen Legaldefinition des Handelsmaklers ist eine differenzierende Einordnung der mit der Vermittlung von Finanzanlagen beschäftigen Finanzdienstleister vorzunehmen.

a) Legaldefinition des Handelsmaklers

Handelsmakler ist gemäß § 93 HGB, wer gewerbsmäßig für andere Personen, ohne von diesen aufgrund eines Vertragsverhältnisses ständig damit betraut zu sein, die Vermittlung von Verträgen über Anschaffung und Veräußerung von Gegenständen des Handelsverkehrs übernimmt. Handelsvertreter und Handelmakler haben mithin die Vermittlungstätigkeit und die Gewerblichkeit gemeinsam.

b) Abgrenzung zum Handelsvertreter

Der Hauptunterschied zwischen Handelsvertreter und Handelsmakler besteht darin, dass der Handelsmakler nicht ständig für denselben Auftraggeber tätig ist[92]. Wird der Finanzdienstleister ständig für einen Auftraggeber tätig, so ist das Unterscheidungsmerkmal das Erfordernis der Beauftragung für jedes neue Geschäft[93]. Abgrenzungsschwierigkeiten ergeben sich, wenn sogenannte Rahmenmaklerverträge geschlossen werden. Hierunter sind Aufträge zu verstehen, die im Hinblick auf eine Vielzahl nachfolgender Vermittlungsgeschäfte geschlossen werden. Im Gegensatz zum Handelsvertretervertrag begründet dieser Vertrag jedoch keine Verpflichtung, für den Auftraggeber Vermittlungsbemühungen zu entfalten[94].

Im Gegensatz zum Handelsvertreter darf der Handelsmakler im Zweifel den ihm erteilten Auftrag nicht ohne Einverständnis seines Auftraggebers vollständig an einen anderen Makler weitergeben. Dieses ergibt sich aus § 664 I S. 1 BGB[95], wonach der Beauftragte im Zweifel die Ausführung des Auftrags nicht einem Dritten übertragen darf. Im Gegensatz zu Handelsmaklern sind Handelsvertreter vertraglich nur mit der Anbieterseite verbunden. Berührungspunkte der Tätigkeiten liegen in der Verpflichtung zur Interessenwahrung gegenüber dem vertretenen Unternehmer, also dem Auftraggeber[96].

---

91 OLG Düsseldorf, NJW 1980, S. 403 f.

92 MünchKommHGB/v. Hoyningen-Huene, Rdnr. 4 vor § 93.

93 Ebenda, Rdnr. 7 vor § 84.

94 Graue, S. 27.

95 Baumbach/Hopt, § 93 HGB Rdnr. 34.

96 BGH WM 1992, 1193.

Die Regelungen des Handelsvertreterrechts finden auf das Handelsmaklerverhältnis des Handelsmaklerrechts grundsätzlich keine analoge Anwendung, auch nicht im Wege der Analogie[97].

c) Maklervertrag

Nach Lutter[98] sind Vermittler von Beteiligungen des Nebenkapitalmarktes generell aufgrund von Maklerverträgen tätig, da sie nicht dauernd von der Gesellschaft mit dem Vertrieb betraut seien. Vielmehr seien sie aufgrund des limitierten Kommanditkapitals nur bis zu dessen Unterbringung tätig. Diese Auffassung wird jedoch nicht der Organisation der Vertriebssysteme und dem Schutzbedürfnis des für ein Unternehmen tätigen Vermittlers gerecht.

Unterliegt der Anlagevermittler aufgrund des Geschäftsbesorgungsvertrages mit dem Emittenten einer Vertriebsförderungspflicht und ist er von Dauer- oder Mehrfachemittenten ständig mit dem Vertrieb der Kapitalanlagen betraut, ist seine Qualifikation als Handelsmakler ausgeschlossen, da der Handelsmaklervertrag in § 93 HGB dem Makler eine unabhängige Position zuweist und wegen des ständigen Betrauens eine Einordnung als notwendig ist[99].

Gegen die Einordnung als Maklervertrag spricht indes nicht, dass Verträge von Finanzdienstleistern in vielen Fällen auch Elemente anderer Vertragstypen enthalten. Möglich sind bei Finanzierungsmaklern, die auch mit der Darlehensvermittlung beauftragt werden, Maklerdienst- oder -werkverträge. Bei der Beurteilung solcher Verträge sind, soweit keine Parteivereinbarungen vorliegen, diejenigen Vorschriften der jeweiligen Verträge ergänzend heranzuziehen, welche dem Wesen des Gesamtvertrages am besten entsprechen[100].

Maklerverträge können je nach Position des Vermittlers in dem System des Vertriebs mit der einen oder anderen Vertragsseite bestehen. Hiernach richtet sich auch die Einordnung des Finanzdienstleisters als Zivil- oder Handelsmakler.

d) Abgrenzung zwischen Zivil- und Handelsmakler

Der Zivilmakler gemäß §§ 652 ff. BGB unterscheidet sich vom Handelsmakler gemäß §§ 93 ff. HGB insbesondere nach der Art der Vertragsgegenstände, welche beim Handelsmakler gemäß § 93 I HGB solche des Handelsverkehrs sein müssen[101]. Da hierzu nicht Grundstücke gehören, zählen die Grundstücksmakler

---

97 Baumbach/Hopt, Rdnr. 8.

98 Lutter, in: FS Bärmann, S. 611.

99 Köndgen, AG 1983, S. 123.

100 BGH NJW 1988, S. 968.

101 Baumbach/Hopt, § 93 Rdnr. 1; MünchKommHGB/v. Hoyningen-Huene, § 93 Rdnr. 1.

zu den Zivilmaklern. Unter die Bestimmungen der §§ 93 ff. fallen ferner nicht die Nachweismakler und Gelegenheitsmakler ohne gewerbliche Tätigkeit.

Ist der Makler Wahrer der Interessen einer Partei, so ist er nach der Grundwertung des § 652 BGB als Zivilmakler einzuordnen, wird er dagegen als Vermittler für beide Parteien tätig, so ist er nach der Grundwertung des § 93 HGB als Handelsmakler einzuordnen[102]. Neben dieser Abgrenzung der Maklerbegriffe ist das Verhältnis der zivil- und handelsrechtlichen Vorschriften durch die Charakterisierung des Handelsmaklers als besonderer Zivilmakler[103] gekennzeichnet, sodass das allgemeine Zivilmaklerrecht auf den Handelsmakler ergänzend angewendet wird.

e) *Vermittlungstätigkeit*

Im Gegensatz zum Zivilmakler bedarf es für die Annahme der Handelsmaklereigenschaft nach § 93 I HGB der Vermittlung und nicht nur des Nachweises einer Abschlussgelegenheit. Unter Vermittlung ist die bewusste, finale Herbeiführung der Abschlussbereitschaft des Vertragspartners zu verstehen[104]. Der Makler muss darüber hinaus mit beiden Vertragsparteien in Verbindung treten und dadurch zum Vertragsabschluss beitragen[105]. Bei der Wertung der Tätigkeit ist in Abgrenzung zur bloßen Nachweistätigkeit die Einwirkung auf den Vertragspartner ausschlaggebend[106]. Insofern setzt die Handelsmaklereigenschaft eine Kommunikation zwischen dem Finanzdienstleister und dem Anleger voraus. Das Vermitteln eines Vertrages verlangt damit, dass der Makler nicht nur Verbindung mit einem Interessenten aufnimmt, sondern auf diesen zielgerichtet einwirkt, um das Geschäft mit dem Auftraggeber zu schließen. Er muss also dessen Abschlussbereitschaft bewusst fördern[107].

f) *Vermittlungsobjekte*

In Abgrenzung zum Zivilmakler vermittelt der Handelsmakler solche Vermögensobjekte, die Gegenstände des Handelsverkehrs sind. Gegenstände i.S.d. § 93 HGB sind nicht nur Sachen i.S.d. § 90 BGB, sondern auch Rechte und andere Vermögenswerte, die durch die „Möglichkeit leichten Umschlags“ gekennzeichnet und deshalb „handelbar“ sind[108]. Die von den Vermittlern des Nebenkapitalmarktes gehandelten Beteiligungen an Unternehmen sind nicht in der beispielhaften

102 Schmidt, S. 715.
103 MünchKommHGB/v. Hoyningen-Huene, § 93 Rdnr. 1.
104 BGH NJW 1976, 1844.
105 BGH DB 1967, 1173; KG NJW 1968, 1783.
106 BGH NJW 1967, 1365.
107 BGH NJW 1983, 1848.
108 Lutter, in: FS Bärmann, S. 605, 613.

Aufzählung des § 93 HGB genannt. Deren Einordnung als Gegenstände des Handelsverkehrs war in der Vergangenheit umstritten[109].

(1) Frühere Zuordnung

Grundsätzlich wurden Anteile an Unternehmen, insbesondere Beteiligungen an Personengesellschaften nicht als Gegenstände des Handelsverkehrs eingeordnet, da sie nach der Vorstellung des HGB-Gesetzgebers unübertragbar und damit nicht handelbar waren[110]. Der BGH hat noch, nachdem das OLG Frankfurt a.M. die Beteiligungen an Publikumspersonengesellschaften als Gegenstände des Handelsverkehrs anerkannt hatte[111], diese Frage ausdrücklich offen gelassen[112]. Auch Graue hat sich gegen die Einordnung von solchen Unternehmensbeteiligungen als Gegenstände des Handelsverkehrs ausgesprochen, da diese nicht verbrieft und daher nur eingeschränkt fungibel seien[113].

(2) Beteiligungen als Gegenstände des Handelsverkehrs

Der überwiegende Teil der Literatur nimmt nunmehr eine solche Einordnung vor, da diese Beteiligungen aufgrund standardisierter Beitrittsvorgänge erfolgten und in ungewöhnlich großer Menge vermittelt würden. Es könne mithin von einer Umschlagsfähigkeit im Sinne eines Handelsgegenstandes gesprochen werden[114]. Ferner spreche hierfür die offene Formulierung des Gesetzes, die der Entwicklung des Marktes Rechnung tragen wolle. Diese Entwicklung liege hier im Aufbau von Vertriebsstrukturen für solche Unternehmensbeteiligungen[115]. Es wird jedoch eingeräumt, dass mit Beteiligungen an Personengesellschaften typischerweise nicht gehandelt wird, da sie nach dem Leitbild des Gesetzes nicht übertragbar sind[116].

(3) Stellungnahme

In der Literatur wird die Handelbarkeit zwar unter dem Gesichtspunkt des Erwerbs und damit der Standardisierung des Beitrittsvorganges, jedoch nicht die Wiederveräußerbarkeit behandelt. Wie bereits oben[117] dargestellt, besteht zwar

---

109 Ebenda, S. 614; Schmidt, S. 710.

110 Schmidt, S. 710; MünchKomm/v. Hoyningen-Huene, § 93 Rdnr. 39.

111 OLG Frankfurt a.M., WM 1979, 1393.

112 BGH WM 1984, 667.

113 Graue, S. 18.

114 MünchKommHGB/v. Hoyningen-Huene, § 93 Rnr. 39.

115 Ernst Heymann/Herrmann, HGB, § 93 Rdnr. 2; Lutter, in: FS Bärmann, S. 614; v. Grießenbeck, BB 1988, S. 2190.

116 v. Grießenbeck, BB 1988, S. 2190.

117 Siehe 1. Kapitel.

die Möglichkeit, Unternehmens- und andere Beteiligungen des Nebenkapitalmarktes auf dem „Zweitmarkt" wieder zu veräußern und damit eine gewisse Handelbarkeit. Diese ist aber nicht üblich geworden und gesetzlich auch nicht vorgesehen, sodass deren Einordnung als Gegenstände des Handelsverkehrs nicht von vornherein zu bejahen ist.

Die Einordnung solcher Gegenstände muss sich jedoch danach richten, ob diese generell handelbar sind und nicht, wie viele dieser Beteiligungen tatsächlich gehandelt werden. Ansonsten müssten Gegenstände des Handelsverkehrs, nach denen langfristig keine Nachfrage mehr besteht, ihre Eigenschaft verlieren und damit deren Vertreiber ihre Maklereigenschaft. Die Kommanditanteile an Publikumsgesellschaften sind somit Vermittlungsobjekte i.S.d. § 93 HGB.

g) Vorliegen eines Gewerbes

§ 93 I HGB setzt ferner die gewerbsmäßige Vermittlung voraus. Den Begriff der gewerblichen Tätigkeit im Sinne des Handelmaklerbegriffs hat das RG als eine auf gewisse Dauer angelegte Tätigkeit definiert, wobei sich die Absicht des Handelnden auf eine Vielzahl von Geschäften als ganzes richten muss[118]. Soweit festzustellen ist, dass Finanzdienstleistungsvermittler in der Absicht der Gewinnerzielung planmäßig handeln und sich nicht nur auf vereinzelte und gelegentliche Abschlüsse beschränken, ist von einer gewerbsmäßigen Ausübung der Tätigkeit auszugehen.

4. Arten der Maklertätigkeiten

Je nach Aufbau des Vertriebssystems sind verschiedene Maklertätigkeiten auch im Finanzdienstleistungsbereich denkbar.

a) Untermakler

Als Anlagevermittler kommen auch Untermakler in Betracht. Der Untermakler schließt einen Maklervertrag mit dem zuerst beauftragten Hauptmakler. Eine vertragliche Beziehung des Untermaklers zum Auftraggeber besteht nicht[119]. Der Hauptmakler haftet für seinen Untermakler gemäß § 278 BGB. Hingegen darf der Makler gemäß § 664 I S. 1 BGB nicht den Auftrag im Ganzen an einen anderen Makler weitergeben.

---

118 RG 74, 150, KG OLG 12, 413.

119 BGH BB 1968, 729; Baumbach/Hopt Rdnr. 19; Ernst Heymann/Herrmann Vor § 93 Rdnr. 15; MünchKomm/Schwerdtner, § 652 Rdnr. 12; GK HGB/Zeidler Rdnr. 11.

b) Zubringergeschäft

Bei sogenannten Zubringergeschäften vermitteln Zubringermakler dem Auftraggeber den Hauptmakler. Vertragsbeziehungen des Zubringermaklers bestehen hier zum provisionspflichtigen Hauptmakler und nicht zu den Auftraggebern[120]. Die Tätigkeit eines Zubringermaklers ist jedoch nicht als Vermittlungstätigkeit im Sinne einer Finanzdienstleistung einzuordnen, da Gegenstand der Vermittlung nicht Kapitalanlagen, sondern eine Dienstleistung anderer Art, nämlich die Maklerbeschaffung, ist.

c) Doppelmakler

Als Makler gemäß § 93 HGB gelten auch sogenannte Doppelmakler. Diese schließen sowohl mit dem Unternehmen, dessen Produkte sie vertreiben, als auch mit dem Anleger je einen Maklervertrag ab. Diese Doppeltätigkeit ist dem Makler grundsätzlich nicht untersagt[121]. Auch die Tätigkeit der Doppelmakler ist als Finanzdienstung, insbesondere als Vermittlung einzuordnen.

d) Gemeinschaftsmakler

Gemeinschaftsmakler üben ihre Tätigkeit für den Auftraggeber und den Hauptmakler aus und stehen zu einer der Parteien in vertraglichen Beziehungen. Provisionen werden geteilt oder von der jeweiligen Vertragspartei beansprucht[122]. Gemeinschaftsmakler sind als Vermittler einzuordnen, wenn eine gemeinschaftliche Vermittlung von Kapitalanlagen stattfindet.

5. Einordnung der Vertriebsgesellschaft als Handelsmakler

Vertriebsgesellschaften, welche nicht dauerhaft mit der Vermittlung von Gesellschaftsanteilen durch die Produktgesellschaft betraut sind, sind als Handelsmakler einzuordnen, wenn die Voraussetzungen des § 93 HGB vorliegen. Somit sind auch aufgrund Maklervertrag tätige Vertriebsgesellschaften vermittelnd tätig.

6. Einordnung des für das Vertriebsunternehmen tätigen Handelsmaklers

Auch die Vermittlungstätigkeit von Finanzdienstleistern, welche für Vertriebsunternehmen tätig sind, lässt eine Einordnung als Handelsmakler zu. Voraussetzungen

---

120 BGH BB 1963, 835; DB 1974, 1154; Baumbach/Hopt Rdnr. 20; Ernst Heymann/Herrmann Vor § 93 Rdnr. 15.

121 BGHZ 48, 344 ff.; 61, 17, 21 ff.; BGH NJW 1970, 1075 ff.

122 BGH BB 1963, 835; 1969, 1330; WM 1986, 1288; MünchKommBGB/Schwerdtner, § 652 Rdnr. 13.

zung ist auch hier, dass diese gemäß §§ 93 ff. HGB gewerbsmäßig Geschäfte vermitteln, die Gegenstand des Handelsverkehrs sind. Ferner muss ihre Tätigkeit durch die Vertretung beider Vertragsparteien des Handelsgeschäfts gekennzeichnet sein. Weitere Voraussetzung ist, dass der Finanzdienstleister nicht aufgrund eines Vertragsverhältnisses mit der Vertriebsgesellschaft ständig mit der Vermittlung betraut ist, da er ansonsten als Handelsvertreter nach § 84 I HGB einzuordnen ist. Die für ein Vertriebsunternehmen tätigen Finanzdienstleister sind als Untermakler zu qualifizieren und üben daher Vermittlungstätigkeiten aus.

7. Einordnung des für den Anleger vermittelnden Handelsmaklers

In den meisten Fällen ist bei einem Vertrieb von Beteiligungen des Nebenkapitalmarktes nicht von einem Maklervertrag gemäß § 652 BGB zwischen Vermittler und Anleger auszugehen, da letzterer hierbei keine Zahlung an den Vermittler leistet. Auch die Zahlung eines Agios zur „Deckung der Vertriebskosten" stellt kein Indiz für einen Maklervertrag zwischen Anleger und Vermittler dar, da Ansprüche auf dessen Auszahlung sich gegen die Produktgesellschaft richten[123]. Ein Maklervertrag kommt jedoch aufgrund besonderer Abreden auch zwischen Anleger und Vermittler in Betracht. Einen solchen Vertrag hat die Rechtsprechung zum Beispiel angenommen, wenn der Vertrag seinem wirtschaftlichen Sinn nach darauf gerichtet war, den Beitritt des Anlegers zu einem Bauherrenmodell vorzubereiten, und der Anleger darin verpflichtet wurde, unabhängig von dem Zustandekommen des angestrebten Geschäfts dem Anlagevermittler ein Entgelt zu zahlen, das wegen seiner Höhe ganz oder zumindest weit überwiegend nur als vorweggenommene Vermittlungsprovision verstanden werden konnte[124]. In diesem Fall kann von einem Maklervertrag mit einem Anleger gesprochen werden, der eine Vermittlungstätigkeit umfasst. Allein aufgrund erteilter Auskünfte und Ratschläge und ohne Entgeltvereinbarung ist jedoch nicht vom Bestehen eines Maklervertrages zwischen Anleger und Vermittler auszugehen[125]. Verträge bestehen in diesen Fällen zwischen Makler und Initiator oder zwischen Makler und Vertriebsunternehmen. Auf der Grundlage dieser Verträge wird der Finanzdienstleister vermittelnd tätig.

C. Ergebnis

Die Anlagevermittlung durch Vertriebe und Vertriebsmitarbeiter stellt eine erst in den letzten Jahrzehnten verselbstständigte Finanzdienstleistung dar, die ursprünglich ausschließlich durch den Bankensektor erbracht wurde. Die Tätigkeit voll-

---

123 Lutter, in: FS Bärmann, S. 612.
124 BGH NJW 1990, 390.
125 Lutter, in: FS Bärmann, S. 612.

zieht sich in sehr unterschiedlichen Vertriebstrukturen, die von einzelnen Finanzdienstleistern bis hin zu Strukturvertrieben mit hohem personellem Umfang und einer Vielzahl von Vertriebsebenen reicht. Die Vertriebsorganisation insbesondere bei Strukturvertrieben führt dazu, dass Kundenbedürfnisse hinter den Provisionsinteressen der Vermittler zurücktreten und die Initiative zum Erwerb der Finanzanlage überwiegend nicht vom Kunden, sondern vom Finanzdienstleister ausgeht. Für die Anlageform des geschlossenen Fonds besteht darüber hinaus die Notwendigkeit einer raschen Platzierung, um den Anlagegegenstand zu finanzieren. Eine qualifizierte Vermittlung von Finanzanlagen des Nebenkapitalmarktes kann lediglich von Spezialvertrieben erwartet werden, da hier die Mitarbeiter eine überwiegend gute fachliche Qualifikation haben und die meiste Erfahrung aufgrund geringer Fluktuation in diesem Vertriebsbereich erlangen.

Vertriebsunternehmen und selbstständige Vertriebsmitarbeiter sind entweder als Handelsvertreter oder als Handelsmakler einzuordnen. Vertriebsmitarbeiter, die ständig für ein Unternehmen vermitteln, sind als Handelsvertreter einzuordnen. Ist das Unternehmen selbst ständig damit beauftragt, Finanzanlagen für das Produktunternehmen zu vermitteln und damit Handelsvertreter, ist der Vertriebsmitarbeiter als Untervertreter einzuordnen. Handelsvertreter – jedoch nicht Untervertreter – ist er auch in Fällen, in denen er für ein als Makler tätiges Unternehmen vermittelt. Das Verhältnis von Handelsvertreter- und Handelsmaklervorschriften ist dadurch bestimmt, dass die Vorschriften nicht analogiefähig sind. Der Handelsmakler ist im Gegensatz zum Zivilmakler Interessenwahrer beider Parteien. Da nur er Vermittlungstätigkeiten entfaltet, scheidet die Einordnung des Anlagevermittlers als Zivilmakler aus. Die Einordnung des Vermittlers von Finanzanlagen des Nebenkapitalmarktes scheitert nicht an der praktisch fast nicht vorhandenen Fungibilität, da es für die Einordnung als Gegenstand des Handelsverkehrs nur darauf ankommt, ob überhaupt die Möglichkeit besteht, dass die Finanzanlage gehandelt werden kann. Mit Ausnahme des Zubringergeschäfts sind im Vertriebsbereich von Anlageprodukten alle Typen von Makler- und Handelsvertretertätigkeiten denkbar. Ausnahmsweise bestehen im Nebenkapitalmarktbereich auch Maklerverträge mit Anlegern.

Viertes Kapitel

Der Vermittlerbegriff und die Vermittlerhaftung

Die Haftung des Anlagevermittlers aus der Verletzung von Informationspflichtverletzungen setzt gemäß § 311 II BGB die Aufnahme von Vertragsverhandlungen oder ein bestehendes Schuldverhältnis mit dem Anleger voraus. Es soll anhand einer Begriffsdefinition der Anlagevermittlung geklärt werden, welchen Inhalt die vertragliche Leistung des Anlagevermittlers hat. Daran anschließend können die Ausgestaltung der Haftungsgrundlage sowie der in Frage kommende Kreis der Haftungsadressaten bestimmt werden, da die Begriffsdefinition Aufschluss darüber gibt, welche am Vertrieb einer Finanzanlage beteiligten Personen Partei eines Vermittlungsvertrags mit dem Anleger sein können.

A. Die gesetzliche Definition der Anlagevermittlung als Form der Finanzdienstleistung

Die Anlagevermittlung ist eine Art der Finanzdienstleistung. Während sich keine Abgrenzungsschwierigkeiten zu anderen Dienstleistungen des Finanzsektors wie zum Beispiel der Vermögensverwaltung ergeben, ist die erst durch die Rechtsprechung entwickelte Differenzierung zwischen Anlagevermittlung und Anlageberatung in der Praxis sehr schwierig. Grund hierfür ist, dass diese beiden Dienstleistungen ineinander übergehen können. Sie werden zumeist im Rahmen eines Kundengesprächs erbracht und beinhalten die Erteilung von Informationen über Finanzanlagen. Um eine Rechtsprechungsanalyse zu vollziehen, ist es daher notwendig, eine Begriffsbestimmung vorzunehmen, die sich an Art und Inhalt der gegebenen Informationen orientiert. In Fällen, in denen die Tätigkeit des Finanzdienstleisters lediglich darin besteht, dem Kunden den Erwerb einer Finanzanlage namhaft zu machen, zu empfehlen und den Kontakt mit dem Produktanbieter herzustellen, werden rein produktbezogene Informationen erteilt und es liegt eine Anlagevermittlung vor. Werden anlässlich des Kundengesprächs Anlageziele des Kunden erörtert, werden sowohl produkt- als auch anlegerbezogene Informationen erteilt und es ist sowohl eine vermittelnde, als auch eine beratende Tätigkeit gegeben. Es ist mithin eine strikte Trennung zwischen Anlagevermittlung und Anlageberatung nur in Fällen gegeben, in denen dem Kunden eine reine Erwerbsempfehlung gegeben wird (Anlagevermittlung) oder mit dem Kunden im Rahmen eines „financial planning“ abstrakt Alternativen der Geldanlage besprochen werden (Anlageberatung). Letzterer Fall ist in der Praxis äußerst selten, da selbst die Honorarberatung, also die stundenweise abgerechnete Beratung durch besonders ausgebildete und unabhängige Makler immer in einer konkreten Erwerbsempfehlung mündet. Aber auch eine reine Anlagevermittlung, bei der auf Anlageziele des Kunden nicht eingegangen wird, dürfte in der Praxis selten sein, da die vom Finanzdienstleister erörterten Vorteile des Erwerbs zumeist an die individuellen Ziele des Anlegers, zum Beispiel das Ziel der Steuerersparnis, anknüpfen. Festzuhalten ist, dass die Vermittlungsleistung gegenüber dem Kunden in der Hauptsache in der Erteilung der Information besteht, welche Finanzanlage zu erwerben ist, also in ihrer Namhaftmachung. Zu untersuchen ist, ob dieser Leistungsbegriff mit dem gesetzlichen Vermittlungsbegriff übereinstimmt. Eine Definition der Vermittlung kann den Gesetzen, welche diese Tätigkeit regeln, entnommen werden. De lege lata sind gesetzliche Definitionen des Vermittlerbegriffs dem HGB sowie dem KWG, dem WpHG, dem VerbrKrG und der GewO zu entnehmen. Auf dieser Grundlage soll die ergangene Rechtsprechung darauf untersucht werden, ob sie den Informationspflichten des Vermittlers eine einheitliche Definition seiner Tätigkeit zugrunde legt und ob damit eine Abgrenzung zur Anlageberatung zu leisten ist. Beides muss dem Oberbegriff der Finanzdienstleistung genügen.

1. Vertriebsrechtliche Definition des Vermittlerbegriffs

Für eine vertriebsrechtliche Definition der Tätigkeit des Vermittelns kommen die Regelungen zum Handelsvertreterrecht gemäß §§ 84 ff. HGB und die Regelungen zum Maklerrecht gemäß §§ 93 ff. HGB in Betracht, da diese Vorschriften einen Vermittlungsbegriff enthalten. Die Einordnung der Finanzdienstleister nach diesen Normen war bereits Gegenstand des 3. Kapitels, sodass es hier nur einer kurzen Gegenüberstellung bedarf.

a) Begriffsdefinition nach § 84 HGB

Eine Begriffsdefinition der Vermittlungstätigkeit könnte dem in der Legaldefinition des Handelsvertreters in § 84 I HGB zu findenden Vermittlungsbegriff zu entnehmen sein. Hiernach ist Handelsvertreter, wer ständig damit betraut ist, für einen anderen Unternehmer Geschäfte zu vermitteln. Eine Vermittlungstätigkeit wird hiernach entfaltet, wenn der Handelsvertreter den Abschluss von Geschäften durch Einwirkung auf den Dritten fördert[1], dass heißt den Geschäftsabschluss vorbereitet, ermöglicht oder herbeiführt[2]. Die Tätigkeit muss geeignet und bestimmt sein, die Parteien eines angestrebten Geschäftsabschlusses zu dessen Vornahme zu veranlassen[3].

Eine Vermittlungstätigkeit nach § 84 I HGB liegt hingegen nicht mehr vor, wenn der Beauftragte lediglich Personen benennt, die zum Vertragsabschluss

1 Brüggemann, Großkomm.HGB, § 84 Rdnr. 23.

2 Baumbach/Hopt, § 84 Rdnr. 22; MünchKomm/v. Hoyningen-Huene, § 84 Rdnr. 55.

3 Schlegelberger/Schröder, § 84 Rdnr. 18a.

bereit oder an einem solchen interessiert sind[4]. Die Namhaftmachung oder Kontaktherstellung, für die kein Einwirken auf den Kunden erforderlich ist, wird daher nicht als Vermitteln qualifiziert.

Eine Vermittlungstätigkeit setzt hingegen nicht voraus, dass eine bestimmte Willensrichtung bei dem Dritten erst herbeigeführt wird. Die Vermittlung besteht schon im Zusammenbringen der abschlussbereiten Personen[5].

Der Begriff des Vermittelns ist in wirtschaftlicher Weise auszulegen[6], sodass beim Vorliegen entsprechender vertragliche Regelungen auch Mitursächlichkeit beim Vertragsabschluss genügen kann. Der Gesetzgeber des HGB hält das mittelbare Einwirken auf den Dritten für ausreichend[7]. Somit bedarf es keines persönlichen Auftretens gegenüber dem Kunden[8], aber der Förderung eines konkreten Geschäftsabschlusses[9].

Der Begriff des Vermittelns erfordert jedoch eine Förderung des konkreten Geschäftsabschlusses durch den Handelsvertreter[10]. Daher reicht es nicht aus, wenn der Beauftragte für einen Unternehmer oder dessen Produkt nur allgemein wirbt oder Kaufanreize hervorruft, ohne einen konkreten Geschäftsabschluss anzustreben[11].

b) Begriffsdefinition nach § 93 I HGB

Der Begriff des Vermittelns findet sich auch in § 93 HGB. Gemäß § 93 I HGB ist Handelsmakler, wer gewerbsmäßig für andere Personen, ohne aufgrund eines Vertragsverhältnisses ständig damit betraut zu sein, die Vermittlung über Gegenstände des Handelsverkehrs übernimmt. Der § 93 I HGB zugrunde gelegte Vermittlungsbegriff unterscheidet sich nicht von dem des Handelsvertreters. Auch hiernach ist Vermittlung die finale Einwirkung auf einen möglichen Vertragspartner, um ihn zum Vertragsabschluss zu bewegen[12]. Der Beitrag zum Vertragsabschluss kann durch die Aufnahme von Verbindungen mit der Vertragspartei[13],

---

4 Begr. z. Reg.-Entwurf eines Gesetzes zur Änderung des HGB (Recht der Handelsvertreter), BT-Drucks. 1/3856, S. 15.

5 Schlegelberger/Schröder, § 84 Rdnr. 18a.

6 Küstner I, Rdnr. 8

7 BT-Drucks. 1/3856, S. 15.

8 MünchKommHGB/v. Hoyningen-Huene, § 84 Rdnr. 56; Schlegelberger/Schröder, § 84 Rdnr. 18a.

9 Küstner I, Rdnr. 21.

10 Küstner/v. Manteuffel I Rdnr. 21; MünchKomm/v. Hoyningen-Huene, § 84 Rdnr. 58.

11 LG Bielefeld, BB 1975, 7, 8; Brüggemann, in: Großkomm.HGB, § 84 Rdnr. 23.

12 BGH NJW 1986, 51; 1990, 2745; MünchKomm/Schwerdtner, § 652 Rdnr. 57 f.

13 OLG Nürnberg, BB 1960, 112.

durch Vorerklärungen, Terminvereinbarungen und Verhandlungen erbracht werden[14].

c) *Übertragbarkeit des Vermittlungsbegriffs auf Finanzdienstleistungen*

Die auf dem Nebenkapitalmarkt tätigen Vertriebsunternehmen und ihre Mitarbeiter sind regelmäßig als Makler oder Handelsvertreter einzuordnen. Bereits in Kapitel 3 wurde deutlich, dass Finanzanlagen des Nebenkapitalmarktes fast ausschließlich durch rechtlich selbstständige und zumeist von den Initiatoren unabhängige Vertriebsunternehmen oder einzelne Finanzdienstleister den Anlegern zum Erwerb angeboten werden.

Somit ist die Vermittlungstätigkeit dieser Unternehmen oder Personen durch den Vermittlerbegriff nach dem HGB legaldefiniert. Ist hiernach auch das mittelbare Einwirken auf den Vertragspartner ausreichend, so folgt daraus, dass auch anleitende oder beaufsichtigende Tätigkeiten, welche der dem Vermittler übergeordnete Vertriebsmitarbeiter ausübt und die zum Geschäftsabschlusses führen, als Vermittlung qualifiziert werden können[15]. Diese Personen könnten somit auch Adressaten von Informationspflichten sein, welche die Rechtsprechung für Anlagevermittler statuiert.

2. Vermittlerbegriff nach dem KWG, WpHG, GewO, VerbrKrG

Weitere Begriffsbestimmungen der Vermittlertätigkeit finden sich im KWG, im WpHG, in der GewO und im VerbrKrG.

a) *Vermittler im Sinne des KWG*

Aufgrund der 6. KWG-Novelle können auch Vermittler von Finanzanlagen dem KWG unterfallen. Das Gesetz enthielt ursprünglich aufgrund des in Deutschland geltenden Universalbankprinzips einen umfassenden Kreditinstitutsbegriff und definierte keine davon abweichenden Institutsgruppen[16]. Nunmehr enthält das KWG Regelungen zu Kreditinstituten, Finanzdienstleistungsinstituten, Finanzholding-Gesellschaften und Finanzunternehmen. Zunächst ist zu prüfen, ob die Vermittlerleistungen von Finanzdienstleistungsinstituten erbracht werden.

---

14 BGH DB 1967, 1173; KG NJW 1968, 1783; Baumbach/Hopt Rdnr. 13; Ernst Heymann/Herrmann Rdnr. 5; MünchKommBGB/Schwerdtner, § 652 Rdnr. 58 mwN.; Staudinger/Brüggemann, Vor § 93 Rdnr. 13.

15 BGHZ 56, 290, 293; 59, 87, 93.

16 Weber-Rey/Baltzer, S. 2288.

(1) Finanzdienstleistungsinstitute gemäß § 1 I a KWG

Die Finanzdienstleistungen können von Kreditinstituten und Finanzdienstleistungsinstituten erbracht werden[17]. Finanzdienstleistungsinstitute sind nach § 1 I 1 a KWG Unternehmen, die keine Kreditinstitute sind und die Finanzdienstleistungen für andere gewerbsmäßig oder in einem Umfang erbringen, der einen in kaufmännischer Weise eingerichteten Geschäftsbetrieb erfordert. Grundlage der in dieser Legaldefinition gefundenen Abgrenzung zu den Kreditinstituten und den sich daraus ergebenden unterschiedlichen Pflichten für beide Unternehmensgruppen ist die Berücksichtigung der Tatsache, dass den Kreditinstituten Vermögenswerte anvertraut werden, wohingegen sich Kunden von Finanzdienstleistungsinstituten lediglich beraten lassen[18]. Ferner muss der Finanzdienstleister als Unternehmen organisiert sein. Als Unternehmen kann jede wirtschaftliche Betätigung angesehen werden, die planmäßig und organisatorisch selbstständig in einem gewissen Umfang und über einen nicht unerheblichen Zeitraum ausgeführt wird[19]. Das KWG gilt mithin nicht für die Angestellten und damit die nichtselbstständigen Mitarbeiter eines Unternehmens, z.B. eines Anlagevermittlungsunternehmens[20]. Für die Bejahung der Gewerbsmäßigkeit kommt es nicht auf den Umfang der Geschäfte an, sondern nur darauf, ob der Betrieb auf eine gewisse Dauer angelegt ist und der Betreiber mit ihm die Absicht der Gewinnerzielung verfolgt[21]. Somit sind auch kleine Institute und darüber hinaus auch die nebenberufliche Finanzdienstleistung erfasst.

Das KWG zählt zu den Finanzdienstleistungen gemäß § 1 I a S. 2 unter anderem die Anlage- und Abschlussvermittlung von Finanzinstrumenten. Die Anlagevermittlung i.S.d. § 1 I a S. 2 Nr. 1 umfasst die Entgegennahme und Übermittlung von Aufträgen von Anlegern, die sich auf die Anschaffung und Veräußerung von Finanzinstrumenten beziehen. Ferner umfasst sie den Nachweis derartiger Aufträge. Hiermit ist die Tätigkeit des Nachweismaklers gemäß § 34 c GewO gemeint[22]. Die Abschlussvermittlung i.S.d. § 1 I a S. 2 Nr. 2 umfasst die Anschaffung und Veräußerung von Finanzinstrumenten in fremdem Namen für fremde Rechnung und deckt sich im Falle der Vertretung einer Partei bei Vertragsabschluss mit der Tätigkeit des Maklers gemäß § 34 c GewO, sofern er eine Partei bei Abschluss des Geschäfts vertritt. Auch die Abschlussvermittlung deckt sich mit der Tätigkeit des Abschlussmaklers[23].

---

17 BFS-KWG/Füllbier, § 1 Rdnr. 116.

18 Weber-Rey/Baltzer, S. 2289.

19 Reischauer/Kleinhans, KWG, § 1 Rdnr. 3.

20 Jung, BB 1998, S. 650.

21 Begründung der Bundesregierung: BR-Drucks. 963/96, S. 62.

22 BFS-KWG/Füllbier, § 1 Rdnr. 120.

23 Begründung der Bundesregierung: BR-Drucks. 963/96, S. 62.

§ 1 I a S. 2 umfasst damit hinsichtlich beider geregelter Tätigkeiten lediglich den in §§ 652 ff. BGB geregelten Nachweismakler. Hinsichtlich Nr. 2 liegt schon deshalb keine Vermittlungsmaklereigenschaft i.S.d. § 93 HGB vor, da der Vermittlungsmakler die Verträge nicht selbst oder im Namen des Auftraggebers abschließt[24]. Die in Nr. 1 und Nr. 2 geregelten Tätigkeiten sind damit nicht Vermittlungstätigkeiten i.S.d. § 93 HGB[25].

Darüber hinaus sind Finanzinstrumente im Sinne des KWG lediglich Wertpapiere, Geldmarktinstrumente, Devisen oder Rechnungseinheiten sowie Derivate[26]. Nicht zu den Finanzinstrumenten gehören unter anderem Verträge über den Erwerb von Anteilen, die eine Beteiligung am Ergebnis eines Unternehmens gewähren (z.B. an Publikumspersonengesellschaften), Verträge über den Erwerb von Anteilen an einem Vermögen, das ein Unternehmen im eigenen Namen, jedoch für fremde Rechnung verwaltet (Treuhandvermögen) oder GbR-Beteiligungen, wie zum Beispiel an geschlossenen Immobilien- und Mobilienfonds[27]. Finanzdienstleistungsvermittler, welche sich auf die hier untersuchten Anlagen des Nebenkapitalmarktes beschränken, sind somit nicht Finanzdienstleistungsinstitute im Sinne des KWG.

(2) Finanzunternehmen gemäß § 1 III KWG

§ 1 III bis III c KWG enthält die Legaldefinition für Finanzunternehmen. Diese Bezeichnung dient als Auffangtatbestand für Unternehmen des Finanzmarktes, auf die verschiedene aufsichtsrechtliche Tatbestände des KWG anwendbar sind[28]. Hierzu gehört zum Beispiel die Meldepflicht für Millionenkredite gemäß § 14 KWG. Finanzunternehmen sind Unternehmen, welche keine Institute sind und deren Haupttätigkeit in einer der in § 1 III Nr. 1-8 enumerativ aufgeführten Tätigkeiten besteht. Hierzu zählen unter anderem der Erwerb von Beteiligungen (Nr. 1) und die Beratung anderer bei der Anlage in Finanzinstrumenten (Nr. 6). Die Vermittlungstätigkeit ist hier nicht genannt, sodass die Finanzdienstleister, deren Haupttätigkeit die Vermittlung von Finanzanlagen des Nebenkapitalmarktes ist, auch nicht unter den Begriff des Finanzunternehmens fallen. Aufgrund der bewussten Entscheidung des Gesetzgebers, diesen Kapitalmarktbereich nicht in die 6. KWG-Novelle mit einzubeziehen, kommt auch eine analoge Anwendung der Vorschriften nicht in Betracht[29].

24 MünchKommHGB, § 93 Rdnr. 4.

25 Es wäre hier wohl richtiger, von Übermittlungstätigkeiten zu sprechen.

26 § 1 XI KWG.

27 Wiebke, S. 494; Plück/Schmutzler/Kühn, S. 40.

28 Plück/Schmutzler/Kühn, S. 32 f.

29 Jung, BB 1998, S. 650.

b) Vermittler im Sinne des WpHG

Das WpHG definiert in § 2 IV Wertpapierdienstleistungsunternehmen als Kreditinstitute, Finanzdienstleistungsinstitute und die nach § 53 I S. 1 KWG tätigen Unternehmen. Es verwendet insofern identische Termini wie das KWG. Das WpHG bestimmt in § 2 III in enumerativer Form die erfassten Wertpapierdienstleistungen. Als solche Dienstleistung gilt gemäß § 2 III Nr. 4 die Vermittlung oder der Nachweis von Geschäften über die Anschaffung und die Veräußerung von Wertpapieren, Geldmarktinstrumenten oder Derivaten.

Anlagevermittlung i.S.d. § 2 III Nr. 4 WpHG liegt vor, wenn der Finanzdienstleister mit beiden Parteien des beabsichtigten Geschäfts in Verbindung tritt und dadurch zum Vertragsabschluss beiträgt oder zwei zu dem fraglichen Geschäft entschlossene Parteien zusammenführt[30]. Unter die Anlagevermittlung wird unter anderem die Tätigkeit sogenannter Botenbanken subsumiert. Diese leiten Aufträge an die Dachkreditinstitute lediglich weiter. Deren Vermittlereigenschaft ergibt sich aus der Stellung in der Hierarchie des Unternehmens. Denn auch leitende und weisungsbefugte Finanzdienstleister strebten aufgrund ihres Geschäftsgebarens und ihrer Geschäftsverbindungen eine Vertrauensstellung an, um diese für den Erhalt von Aufträgen über Geschäfte zu nutzen. Diesen wird somit aufgrund ihrer kraft organisatorischer Eingliederung gegebenen Vertrauensstellung eine Vermittlungstätigkeit im Rahmen der Ausführung von Wertpapierdienstleistungen gemäß § 2 III Nr. 4 WpHG zugeschrieben[31].

(1) Finanzanlagen

Fraglich ist, ob die Anlageformen des Nebenkapitalmarktes unter den Begriff der in § 2 III Nr. 4 WpHG geregelten Finanzanlagen fallen. Ausdrücklich genannt sind Wertpapiere, Geldmarktinstrumente und Derivate. Gemäß § 2 I Nr. 2 können Wertpapiere im Sinne des WpHG auch in unverbriefter Form vorliegen. Das WpHG definiert den Begriff des Wertpapiers unabhängig von den Begriffsbestimmungen des Wertpapierrechts und anderer Rechtsgebiete, da es sich bei dem Gesetz um eine eigenständige kapitalmarktrechtliche Kodifikation handelt, die nicht Grundlage für die Begründung, Übertragung und Geltendmachung von Rechten aus den Wertpapieren ist, sondern auf die Ordnung der marktmäßigen Rahmenbedingungen des Zustandekommens von Finanzierungsbeziehungen zwischen Investoren und Unternehmen abzielt[32]. Somit ist nicht mehr als die bloße Fungibilität erforderlich. Hierfür soll jedoch allein die umlauffähige Ausgestaltung und die Übertragbarkeit im Wege der Abtretung nicht ausreichen[33].

---

30 Assmann, WpHG, § 2 Rdnr. 54.

31 Assmann, WpHG, § 2 Rdnr. 55.

32 Ebenda, § 2 Rdnr. 3.

33 Ebenda, WpHG, § 2 Rdnr. 10.

Gemäß § 2 I Nr. 2 WpHG müssen andere als die in § 2 I Nr. 1 WpHG genannten Wertpapiere mit Aktien und Schuldverschreibungen vergleichbar sein. Eine Vergleichbarkeit der Finanzanlagen des Nebenkapitalmarktes mit Aktien oder Schuldverschreibungen besteht jedoch nicht, da die Fungibiliät nur bei letzteren bejaht wird[34]. Da somit die Wertpapiereigenschaft von Finanzanlagen des Nebenkapitalmarktes verneint wird, sind diese von der Aufzählung des § 2 III Nr. 4 und damit vom WpHG nicht erfasst.

c) *Vermittler i.S.d. § 34 c GewO*

Gesetzliche Regelungen zur Vermittlungstätigkeit finden sich auch in der Gewerbeordnung. § 34 c I Nr. 1 GewO bestimmt, dass der Erlaubnis der zuständigen Behörde neben Darlehensvermittlern auch Personen bedürfen, die als gewerbsmäßig handelnde Abschluss- und Nachweisvermittler Verträge über in- und ausländische Investmentanteile, sonstige öffentlich angebotenen Vermögensanlagen, die für gemeinsame Rechnung der Anleger verwaltet werden, oder öffentlich angebotene Anteile an einer Kapitalgesellschaft oder Kommanditgesellschaft oder verbriefte Forderungen gegen eine solche vermitteln oder nachweisen. Die Vermittlung wird als jede auf den Abschluss eines Vertrages abzielende Tätigkeit definiert. Daher ist eine Vermittlung auch gegeben, wenn die Tätigkeit erfolglos bleibt, nur zur Vorbereitung eines Vertragsschlusses dient oder den Vertragsschluss im Namen des Auftraggebers umfasst[35]. Der Vermittlungsbegriff in der GewO erfasst somit auch die Vermittlung von Finanzanlagen des Nebenkapitalmarktes. Gemäß § 34 c GewO bedürfen solche Vermittler einer Erlaubnis der zuständigen Behörde. Diese ist personenbezogen und nicht übertragbar[36]. Die Erlaubnis ist gemäß § 34 c II GewO zu versagen, wenn Unzuverlässigkeit oder ungeordnete Vermögensverhältnisse beim Vermittler vorliegen.

d) *Vermittler im Sinne des VerbrKrG*

§ 1 I VerbrKrG enthält eine gesetzliche Definition des Kreditvermittlers, welche nunmehr auch § 655 a BGB zugrunde liegt. Hiernach sind Kreditvermittler diejenigen, welche die Kreditvermittlung in Ausübung ihrer gewerblichen oder beruflichen Tätigkeit zum Zweck der Vermittlung oder des Nachweises ausüben. Unter Vermittlung ist hier das bewusste Herbeiführen der Abschlussbereitschaft des Kreditgebers i.S.d. § 652 BGB zu verstehen[37]. Vermitteln beinhaltet also ein Verhandeln mit dem Kreditgeber[38]. Sofern er Kredite vermittelt und nicht nur

34 Ebenda, WpHG, Einl. Rdnr. 10.

35 M. Lach, S. 19; Tettinger, § 34 c Rdnr. 16.

36 Tettinger, § 34 c GwO Rdnr. 44.

37 Palandt/Putzo, § 1 VerbrKrG Rdnr. 9; Bülow, VerbrKrG, § 1 Rdnr. 21; BGH NJW 1976, 1844.

38 Palandt/Thomas, § 652 Rdnr. 13.

nachweist, ist der Kreditvermittler i.S.d. § 1 III VerbrKrG und § 655 a BGB regelmäßig Handelsmakler i.S.v. § 93 I HGB[39]. Normadressat kann auch der Handelsvertreter gemäß §§ 84 ff. HGB[40] oder die Zweigstelle i.S.v. § 24 I Nr. 7 KWG sein[41]. Insoweit kann der Anlagevermittler auch Kreditvermittler sein. Darüber hinaus ist Kreditvermittler gemäß §§ 1 VerbKrG, 655 a BGB aber auch, wer dem Auftraggeber lediglich einen bisher unbekannten Interessenten für das Geschäft benennt, aber auch der Nachweismakler[42]. Die Kreditgewährung und die Kreditvermittlung müssen darüber hinaus gemäß § 1 VerbrKrG und § 655 a BGB i.V.m. § 14 BGB in Ausübung gewerblicher und beruflicher Tätigkeit erfolgen. Aus dem persönlichen Anwendungsbereich des VerbrKrG sowie der §§ 655 a BGB sollen dadurch rein private Geschäfte ausgeklammert werden[43]. Hinsichtlich des Kreditvertrags und des Kreditvermittlungsvertrags bestimmen § 4 und § 15 VerbrKrG (§ 655 b I BGB) ein Schriftformerfordernis und enthalten in § 4 VerbrKrG in enumerativer Form die dort erforderlichen Angaben und bestimmen in § 6 und § 15 II VerbrKrG (§ 655 b II), dass diese nichtig sind, wenn diese Voraussetzungen nicht gegeben sind. Darüber hinaus enthalten die Gesetze weitere Rechte zum Schutz des Kreditnehmers.

B. Anspruchsgrundlagen der Haftung aus fehlerhafter Vermittlung

Die Rechtsprechung begründet die Verpflichtung des Vermittlers zur sorgfältigen, dass heißt zur richtigen und vollständigen Information des Anlegers je nach Fallgestaltung aus zwei Rechtsinstituten, die nebeneinander bestehen können[44], nämlich entweder aus der nunmehr in § 311 BGB kodifzierten c.i.c.[45] oder aus einer Vertragspflichtverletzung nach § 280 BGB eines zumindest konkludent geschlossenen Vertrages[46].

1. Haftung aus c.i.c.

Der engste Haftungstatbestand für die Verletzung von Informationspflichten bei der Anlagevermittlung ist die Prospekthaftung. Sie ist auf c.i.c. gestützt. Grundsätzlich unterscheidet der BGH zwischen der Prospekthaftung im engeren Sinne

39 Bülow, VerbKrG, § 1 Rdnr. 21; VerbraucherkreditG-Graf v. Westphalen, § 1 Rdnr. 179.

40 BGH NJW 1992, 2818.

41 Schmelz/Klute, ZIP 1989, 1509, 1517.

42 Bülow, VerbrKrG, § 1 Rdnr. 22; Metz, VerbrKrG, § 1 Rdnr. 5..

43 Vortmann, VerbrKrG-Kommentar, § 1 Rdnr. 13; Metz, VerbrKrG, § 1 Rdnr. 3.

44 BGH WM 1969, 36, 37; BGHZ 74, 103, 110; BGH NJW BB 1978, 1031, 1032.

45 BGH BB 1971, 543; WM 1985, 81; 1991, 1410; OLG Hamm, WM 1993, 241; BGH WM 1981, 374; OLG Düsseldorf, WM 1996, 1059, 1061.

46 H.P. Wüst, DStZ 1980, Beilage 1, S. III u. IV und Beilage 2, S. III u. IV; BGH NJW 1982, 1095; WM 1990, 1276, 1279.

und der Prospekthaftung im weiteren Sinne. Die Prospekthaftung im weiteren Sinne basiert auf einer Inanspruchnahme von Vertrauen, durch welches bestimmte Personen die Vertragsverhandlungen beeinflusst haben[47], insbesondere durch das Inverkehrbringen von Werbeprospekten[48]. Für die Vollständigkeit und Richtigkeit der in Verkehr gebrachten Prospekte muss jeder einstehen, der durch von ihm in Anspruch genommenes und ihm auch entgegengebrachtes Vertrauen auf den Willensentschluss des Kapitalanlegers Einfluss genommen hat. Die Prospekthaftung im engeren Sinne geht davon aus, dass der Emissionsprospekt in der Regel die einzige Informationsquelle des Anlegers ist[49]. Sie knüpft nicht an persönliches, sondern typisiertes Vertrauen an und setzt daher nicht voraus, dass der Anleger die für den Prospekt Verantwortlichen kannte[50]. Als Haftungsadressaten kommen neben Gründern, Initiatoren und Gestaltern auch die „Hintermänner" als Personen in Betracht, die hinter der Gesellschaft stehen und auf sie durch ihre Geschäftsgebaren oder ihre vertragliche Gestaltung entscheidenden Einfluss ausüben[51].

Die Prospekthaftung im weiteren Sinne, welche als Haftungsadressaten den Anlagevermittler benennt, begründet sich auf einer Inanspruchnahme von persönlichem Vertrauen[52]. Sie ist letztlich mit einer Verletzung einer objektbezogenen Informationspflicht zu begründen, welche der Finanzdienstleister im Wege der Verwendung schriftlichen Informationsmaterials zur Finanzanlage zu erfüllen unternimmt[53]. Einen zusätzlichen Vertrauenstatbestand schaffen diejenigen Anlagevermittler die beim Vertrieb und bei der Vermittlung in der Branche erfahren und daher sachkundig auftreten, den Eindruck persönlicher Zuverlässigkeit erwecken und so für ihre Verhandlungspartner eine zusätzliche, wenn nicht gar ausschlaggebende Gewähr für die Richtigkeit der in dem Werbeprospekt oder anderweit über die Kapitalanlage gemachte Angaben bieten[54]. Im Gegensatz zur Prospekthaftung im engeren Sinne, welche die Produktgestalter als Haftungsadressaten erfasst, basiert die Prospekthaftung im weiteren Sinne nicht auf einem typisierten Vertrauen, sondern auf einem dem Vertreter oder Sachwalter persönlich entgegengebrachten Vertrauen. Der BGH hat in seiner Entscheidung

---

47 DGH WM 1980, 794.

48 BGH WM 1980, 794, 795.

49 BGHZ 111, 314.

50 BGHZ 72, 382, 387; 79, 340.

51 BGHZ 79, 337, 115, 213.

52 BGHZ 74, 106, 109; BGH WM 1982, 554, 555.

53 Unter den gleichen Umständen ergibt sich die Prospektverantwortlichtlichkeit des Treuhänders als Vertragspartner des Anlegers, s. BGH WM 1982, 758; WM 1985, 533; WM 1986, 583.

54 BGHZ 74, 103, 109 (Die Vertriebsfirma hatte sich als einen „erfahrenen und seriösen Partner" bezeichnet, der alle durch seine Hände gegangenen bedeutenden Vorhaben zur vollen Zufriedenheit seiner Kunden abgewickelt habe).

vom 6.10.1980, die Gesellschafter einer Anlagevermittlungsgesellschaft aufgrund der Mitwirkung am Emissionsprospekt und aufgrund der Tatsache, dass sie zugleich das Produktunternehmen geführt, geleitet und mitgestaltet hatten, als Haftungsadressaten in Anspruch genommen[55]. Tathandlung und damit Anknüpfungspunkt für die Haftung ist mithin das Verhandlungsverschulden bei der Werbung für Kapitalanlagen unter Verwendung unrichtiger Prospekte. Neben Gründern, Initiatoren, Treuhändern, Organpersonen wie Beiräten und Aufsichtsräten befinden sich damit nach Ansicht der Rechtsprechung auch Anlagevermittler als berufsmäßige Sachkenner in einer Garantenstellung.

Die Haftung aus c.i.c. ist, abgesehen von der Prospekthaftung, insbesondere in Fallgestaltungen zum Tragen gekommen, in denen sich Telefonverkäufer an die Anleger mit Empfehlungen zum Kauf von Finanzanlagen wandten und diesen im Anschluss daran einen Prospekt übersandten[56], sowie in Fällen, in denen der Vermittler als Vertreter durch seine Aussagen besonderes Vertrauen in Anspruch nahm[57].

2. Kritik an der Prospekthaftung als Grundlage der Vermittlerhaftung

Das vom BGH entwickelte Institut Prospekthaftung ist als umfassende Haftungsgrundlage nicht nur für den an der Konzeption, sondern auch für den an dem Vertrieb der Finanzanlage beteiligten Personenkreis in der Literatur fast ausschließlich begrüßt worden[58], weil bis dahin hinsichtlich der prospektierten Produkte des Nebenkapitalmarkts ein legislatives Vakuum bestand[59], dessen Auffüllung als notwendig angesehen wurde[60]. Es hat sich jedoch auch umfangreiche Kritik an der dogmatischen Begründung des Rechtsinstituts gebildet, welche darüber hinaus die Frage aufwirft, ob die Prospekthaftung der Ausdifferenzierung des Nebenkapitalmarktes gerecht wird.

a) Kritik an der Anwendung der c.i.c. im Dritthaftungsbereich

Die Literatur hat insbesondere Kritik an der Begründung der Haftung durch die c.i.c. geäußert, da diese als Haftungsgrundlage zu unbestimmt sei. Insbesondere muss sich nach Ansicht Henkes die Rechtsprechung im Dritthaftungsbereich von der dogmatischen Grundlage der c.i.c. und dem Vertrauensgrundsatz lösen, um

55 BGH WM 1981, 483, 485.
56 BGH WM 1981, 374; 1985, 81; 1991, 1411.
57 BGH BB 1971, 543; WM 1993, 241.
58 Schwark, BB 1979, S. 897-903, S. 897; Kübler, ZHR 145 (1981), S. 204-223, S. 221 ff.; Wittmann, DB 1980, S. 1579.
59 BGHZ 79, 337, 341.
60 Köndgen, AG 1983, S. 86.

das Ziel einer Sachwalterhaftung zu erreichen, welche sowohl die vor- als auch die nachvertragliche Pflichtverletzung umfassen soll[61].

b) Zur Einordnung der Auskunft als Nebenpflicht

Sofern das Institut der c.i.c. zur Lösung von Fällen des Einmalkontaktes herangezogen wird, begegnet es der Kritik Lammels. Er argumentiert, dass derartige Auskünfte an Nichtkunden gerade das Hauptziel des Geschäftskontakts bildeten und insoweit über eine vertraglicher Nebenpflicht hinausgingen[62]. Auch seien Haupt- und Nebenpflichten schwer voneinander abzugrenzen, heißt es in der Literatur[63].

c) Zu den Konturen der Haftung aus c.i.c.

Die Hauptkritik besteht darin, dass sich die c.i.c. zu einer Sammelbezeichnung für eine Fülle disparater, von der Praxis entwickelter, sonst nur schwer einzuordnender, neuer Haftungstatbestände entwickelt habe. Diese müssten tatsächlich dem Deliktsrecht oder einem neuen Rechtsinstitut der Vertrauenshaftung zugeordnet werden[64]. Bedenken werden insbesondere von v. Bar dahingehend geäußert, dass die c.i.c. nur noch dazu benutzt werde, mit deren 30-jähriger Verjährungsfrist nach § 195 BGB die Verjährungsvorschrift des § 852 BGB zu überspringen[65].

d) Inanspruchnahme von nicht am Rechtsverkehr Beteiligten

Ferner wird von Wiedemann und Schmitz kritisiert, dass es falsch sei, Dritte für die Abgabe von fremden falschen Erklärungen haftbar zu machen, da hierdurch der Rechtsverkehr, der von der Übermittlung von Willenserklärungen durch Dritte geprägt sei, über Gebühr belastet werden werde[66]. Darüber hinaus habe der BGH durch die Ausweitung der Haftung auf die „Hintermänner" nicht berücksichtigt, dass das Rechtsinstitut der c.i.c. die Teilnahme am Rechtsverkehr voraussetze, die in einigen entschiedenen Fällen nicht vorgelegen habe.

e) Fehlen abschließender Haftungsvoraussetzungen

Der Rechtsprechung wurde des weiteren vorgeworfen, dass sie keine abschließenden Verhaltenspflichten für Prospektherausgeber statuiert habe und damit

61 Henke, S. 132.

62 Lammel, AcP 179 (1979), S. 337, 343.

63 Weber, DTZ-Informationen 1992, 5; Schön, S. 19.

64 MünchKomm/Emmerich, Vor § 275 Rdnr. 32; v. Bar, Verkehrspflichten, S. 312 ff.

65 v. Bar, Verkehrspflichten, S. 315 f. Dieses Argument hat sich allerdings durch die neue Regelverjährungsfrist des § 195 BGB erledigt.

66 Wiedemann/Schmitz, ZGR 1980, S. 140.

konkrete Prospekthaftungsvoraussetzungen fehlten[67], die wiederum zu mehr Rechtssicherheit bei den Prospektverantwortlichen hätten beitragen können[68].

f) Forderung weitergehender Informationspflichten

Die Rechtsprechung hat zwar fast allen Beteiligten weitgehende Informationspflichten auferlegt, in der Literatur wird jedoch gefordert, dass den Initiator als denjenigen, der die umfänglichsten Informationen über das Anlageobjekt hat, auch die umfänglichsten Informationspflichten unter den Beteiligten treffen müssten[69]. Über diese Kritik an der Ausformung des Instituts geht die Forderung hinaus, eine Prospekthaftung bereits bei unvollständigen und nicht erst bei unrichtigen Angaben (Erklärungshaftung) gelten zu lassen[70].

g) Prozessrisiko bei ungewisser Durchsetzbarkeit

Hinsichtlich der praktischen Relevanz des Rechtsinstituts der Prospekthaftung wurde außerdem befürchtet, dass der Anleger in vielen Fällen das Prozessrisiko scheuen würde, da ihn das Kostenrisiko des Prozesses sowie das Risiko der fehlenden Werthaltigkeit des Anspruchs treffe[71].

h) Stellungnahme

Der Kritik der Literatur ist zu entnehmen, dass die c.i.c. als Haftungsgrundlage für die an der Emission und die am Vertrieb Beteiligten in Frage zu stellen ist und eine Differenzierung auf der Basis einer Vertrauenshaftung präferiert wird. Der Kritik, dass die Auskunftspflicht in Fällen des Einmalkontaktes eine Haupt- und keine Nebenpflicht darstellt, ist nicht zuzustimmen, da in allen Fällen, in denen nicht Beratungsleistungen erbracht werden, die Vermittlungstätigkeit des Finanzdienstleisters und das Benennen einer konkreten Finanzanlage auch dessen Hauptleistung darstellt. Vorzuziehen ist demgemäss eine Haftungsbegründung aus einem darüber geschlossenen Vertrag für die auch die notwendigen Konturen zu entwickeln sind.

Die Kritik an dem Vorhaben, durch das Institut der Prospekthaftung sämtliche an der Emission und am Vertrieb Beteiligten zu erfassen, insbesondere die Kritik an den Schwächen seiner Begründung der Prospekthaftung, hat der BGH selbst erkannt[72], sich jedoch auf das verfolgte Ziel eines besseren Kapitalanlegerschutzes berufen. Es ist gemutmaßt worden, dass die Kritik an der Herleitung

---

67 Assmann, WM 1983, S. 138; Köndgen, AG 1983, S. 98.

68 Barkam, S. 107.

69 Ebenda, S. 107.

70 Kohl/Kübler/Friedrich/Walz/Wüstrich, ZHR 138 (1974), S. 44.

71 Barkam, S. 94 f.

72 BGH WM 1981, 483, 484.

der Prospekthaftung in der Rechtsprechung schärfer ausgefallen wäre, wenn es sich nicht ausschließlich um Fälle des Nebenkapitalmarktes gehandelt hätte, bei denen das allgemein empfundene Anlegerschutzinteresse ungleich höher als auf dem geregelten Kapitalmarkt ist[73]. Die Rechtsprechung zur Prospekthaftung basiert auf der Ansicht, dass der Prospekt die hauptsächliche Grundlage der Entscheidung des Anlegers ist. Dem ist jedoch nicht zuzustimmen. In den meisten Fällen basiert die Anlageentscheidung auf dem vertraglichen Gespräch zwischen Finanzdienstleister und Kunde. Der Finanzdienstleister vermag aufgrund seiner Gesprächsführung die Aufmerksamkeit des Kunden über den Prospekt hinaus in Anspruch zu nehmen, zumal der Prospekt die meisten Kunden wegen seiner Details und seiner Komplexität überfordert. Eines Rückgriffs auf das Institut der Prospekthaftung bedarf es daher bei Anlagevermittlern nur in Fällen, in denen diese selbst in einer Doppelfunktion als Initiator und Vermittler tätig sind und damit auf den Prospekt Einfluss genommen haben. Die Prospekthaftung im weiteren Sinne deckt damit nur einen geringen Teil von Sorgfaltsverletzungen der Vermittler auf dem Nebenkapitalmarkt ab, da sie auf Vermittler beschränkt ist, welche auch für den Prospekt verantwortlich zeichnen und ihn im Kundengespräch einsetzen. In den meisten Fällen begründet sich die Haftung allein aus Informationspflichtverletzungen, die bei Kundengesprächen auftreten. Die Rechtsprechung hat daher in den vergangenen Jahren die Prospekthaftung im weiteren Sinne und damit die Anspruchsgrundlage c.i.c. nur noch in wenigen Fällen herangezogen.

3. Die Verschuldenshaftung aus konkludentem Auskunftsvertrag

Die Prospekthaftung aus c.i.c. ist grundsätzlich ein geeignetes Haftungsinstrument, da die c.i.c. durch den Prospekt auch hinreichende Konturen bekommt. Da es aber meistens mehr auf das Gespräch ankommt, sei es mit, sei es ohne Prospekt, bedarf es weitergehender Haftung. Besser konturiert ist die Haftung aus dem stillschweigendendem Auskunftsvertrag. Vorwiegend begründet die Rechtsprechung die Haftung des Anlagevermittlers mit der Verletzung vertraglicher Pflichten. In der Regel soll zwischen Anlagevermittler und Anleger stillschweigend ein sogenannter Auskunftsvertrag zustande kommen[74], der in jüngeren Ur-

---

73 Köndgen, AG 1983, S. 87.

74 BGH NJW 1982, 1095, 1096 („Anlagevermittler-Fall“): „Dem Anlagevermittler, der für eine bestimmte Emission im Interesse des Kapitalsuchenden und auch mit Rücksicht auf die ihm von diesem versprochenen Provision den Vertrieb übernommen hat und deshalb einem Handelsvertreter oder Verkäufer ähnlich dafür wirbt, tritt der Anlageinteressent dagegen selbstständiger gegenüber. An ihn wendet er sich in der Regel im dem Bewusstsein, dass der werbende und anpreisende Charakter der Aussagen im Vordergrund steht. Daher zielt der Vertrag, der zwischen dem Anlageinteressenten und einem solchen Anlagevermittler zustandekommt, lediglich auf Auskunfterteilung ab“; BGH NJW 1992, 2080, 2081; VersR 1993, 1104, 1105; LG Hanau, Az. 7 O 208/96: „... im Rahmen dieses Anlagevermitt-

teilen von der Rechtsprechung auch als Vermittlungsvertrag bezeichnet wird[75]. Dieser wird als Dienstvertrag mit Geschäftsbesorgungscharakter gemäß §§ 611, 675 BGB oder als Auftrag eingeordnet.

a) Die Voraussetzungen für einen konkludenten Vertragsabschluss

Aus der bloßen Rat- und Auskunftserteilung ist entsprechend des § 675 II BGB ein rechtsgeschäftlicher Wille zum stillschweigenden Abschluss eines Vertragsverhältnisses nicht ohne weiteres zu entnehmen. Nach der Rechtsprechung ist daher eine Gesamtwürdigung der Umstände des Einzelfalls erforderlich[76]. Ein Vertragsschluss ist dann indiziert, wenn die Gesamtumstände unter Berücksichtigung der Verkehrsauffassung und des Verkehrsbedürfnisses den Rückschluss zulassen, dass beide Teile nach dem objektiven Inhalt ihrer Erklärung die Auskunft zum Gegenstand vertraglicher Rechte und Pflichten gemacht haben[77]. Der Rechtsbindungswille wird also aus den Verkehrserwartungen und aus dem objektiven Erklärungsinhalt ermittelt[78]. Die nachfolgend genannten Merkmale sind von der Rechtsprechung als gewichtige Indizien in die Würdigung der gesamten Gegebenheiten des konkreten Falles einbezogen worden[79]. Sie indizieren damit auch das Vorliegen einer Finanzdienstleistung durch Auskunft, deren Sorgfaltswidrigkeit eine Haftung begründet.

(1) Auskunftsbedürftigkeit

Insbesondere bejaht der BGH den konkludenten Vertragsschluss, wenn die Auskunft für den Anfragenden von erheblicher Bedeutung ist und dieser sie zur Grundlage wesentlicher Entscheidungen, insbesondere Vermögensverfügungen[80] machen will[81]. Eine Aufklärungsbedürftigkeit hat der BGH in seiner Entscheidung vom 4.3.1987 („Rundschreiben-Fall") bejaht, welcher der Sachverhalt zugrunde lag, dass der Anleger bei der beklagten Sparkasse bereits Konten unterhielt und sich bereits mit deren Hilfe an einem Bauherrenmodell beteiligt hatte. Seine Frage, welche geschlossenen Fonds im Angebot der Sparkasse seien, beantwortete der Kundenberater dahingehend, dass die Sparkasse zur Zeit nur

---

lungsvertrages wurde konkludent ein Auskunftsvertrag abgeschlossen"; BGH NJW 1998, 448; LG München, BB 2000, 428, 430; BGH NJW-RR 2000, 998; HansOLG Hamburg, WM 2001, 299; BGH WM 2001, 134; LG Stuttgart, VuR 2001, 372, 374.

75 OLG Celle, Urteil vom 22.6.2000, Az. 11 U 70/99.

76 BGH NJW 1991, 32; 1992, 2080.

77 RGZ 162, 129, 154 ff.; BGH WM 1973, 141; 1978, 576, 577; NJW 1986, 180, 181.

78 Damm, JZ 1991, S. 376.

79 BGH NJW 1986, 180.

80 BGH WM 1990, 1990, 1991; 1998, 1771, 1772; LG Stuttgart, VuR 2001, 372, 374.

81 BGH NJW 1987, 1815; BGH NJW RR 1992, 1011; OLG Braunschweig, ZIP 1996, 1242, 1244; LG Hanau, VuR 1997, 207.

Unterlagen über einen bestimmten Fonds habe[82]. Der Kundenberater übergab dem Anleger hierzu einen Kurzprospekt und unterrichtete ihn anhand eines Rundschreibens der Girozentrale über das Beteiligungsobjekt. Der Anleger beauftragte daraufhin den Berater, sich nach weiteren geschlossenen Immobilienfonds zu erkundigen und Unterlagen zu besorgen. Es folgten weitere Telefongespräche zwischen Kunde und Finanzdienstleister. Dem Kunden wurden Unterlagen zu dem bereits angebotenen und einem weiteren Fonds sowie erläuternde Rundschreiben übersandt. Beim zweiten Treffen des Beraters und des Kunden wurden diesem neben weiteren Informationsunterlagen ein von der Vertriebsgesellschaft erstellter Fragebogen sowie Beitrittsunterlagen übergeben. Ferner wurde die Frage erörtert, ob und in welchem Umfang bei einer Finanzierung Kreditzinsen als steuermindernd anerkannt würden. Beim dritten Treffen unterschrieb der Kunde Zeichnungsscheine für beide Fonds. Der BGH bejahte die Auskunftsbedürftigkeit, da der Kunde an den Berater herangetreten sei und bezogen auf eine bestimmte Anlageentscheidung die besonderen Kenntnisse und Verbindungen des Vermittlers in Anspruch habe nehmen wollen[83]. Hierfür sprächen auch die bestehenden vertraglichen Beziehungen zwischen Sparkasse und Kunde. Der BGH ging also nicht von einem sich aus der Aufnahme von Geschäftsbeziehungen ergebenden Rahmenvertrag zwischen Kunden und Bank aus, innerhalb dessen sich Beratungspflichten hätten ergeben können, sondern von einem durch das Auskunftsbedürfnis indizierten Vertrag. Dieser sei bereits mit dem ersten Gespräch in der Sparkasse zustande gekommen. Der BGH interpretierte die Anfrage, welche Fonds „im Angebot der Bank seien", als Frage danach, ob und gegebenenfalls welche geschlossenen Fonds die Beklagte nach ihrem Kenntnisstand zum damaligen Zeitpunkt ihm als anlagewilligem Kunden in welchem Maße oder gegebenenfalls mit welchen Einschränkungen empfehlen könne[84].

Auskunftsbedürftigkeit nahm der BGH aber auch in Fällen an, in denen die Bank mit einem Neukunden das erste Geschäft abwickelte, wenn dieser keine einschlägigen Erfahrungen, keine erforderlichen Informationen und kein Spezialwissen hinsichtlich des konkreten Anlagegeschäfts hatte. Dagegen spricht nach der Rechtsprechung nicht, dass der Kunde in geschäftlichen Dingen Erfahrungen hat, etwa weil er Kaufmann ist[85]. Keine Auskunftsbedürftigkeit und damit kein Informationspflichten begründender Vertrag liegt nach Ansicht der Rechtsprechung vor, wenn der Kunde von vornherein mit einem gezielten Auftrag an die Bank herantritt und deutlich macht, dass er deren besondere Sachkunde

82 BGH NJW 1987, 1815.

83 BGH NJW 1987, 1815, 1816.

84 BGH NJW 1987, 1815, 1817.

85 BGH ZIP 1996, 1242, 1244.

nicht in Anspruch nehmen will[86]. Einem hierzu ergangenen Urteil vom 12.3.1996 („Kaufauftrags-Fall“) lag der Sachverhalt zugrunde, dass der Kunde seine Bank mit dem Kauf von Optionsanleihen beauftragt und bei dieser zur Finanzierung einen Überziehungskredit in Höhe von 150.000 DM aufgenommen hatte. Der BGH hat hier das Zustandekommen eines Vertrages, der die Verpflichtung zu Beratung oder zumindest Aufklärung beinhalte, mit Verweis auf den bloßen Kaufauftrag durch den Kunden abgelehnt[87].

In einem weiteren Urteil vom 12.6.1996 („Polly-Peck-Anleihe-Fall“) wurden die Voraussetzungen für einen Vertragschluss negativ definiert. Ein Vertrag kommt danach nicht zustande, wenn der Kunde einen gezielten Auftrag aufgrund der Empfehlung eines Dritten erteilt und der Kunde nicht erklärt, die Kenntnisse des Kreditinstituts in Anspruch nehmen zu wollen. Hieraus ergibt sich andererseits noch nicht zwingend die Verneinung eines Vertrages[88]. In seinem Urteil vom 23.9.1996 („Kommissions-Fall“) hat das OLG Hamm aufgrund des gezielten Auftrags des Kunden und aufgrund des Hinweises auf bereits getätigte Geschäfte in der Anlageart einen Informationspflichten begründenden Vertrag zwischen Bank und Kunde abgelehnt. Darüber hinaus spreche gegen den Vertrag, dass die Bank als „Kommissionsbotin“ tätig geworden sei, indem sie bei dem Kunden angerufen habe, um diesen über Indexstände zu informieren, und dabei keine Empfehlungen abgeben habe[89]. Der Finanzdienstleister kann also bei fehlender Auskunftsbedürftigkeit des Kunden Informationspflichten durch das Unterlassen von Empfehlungen vermeiden[90].

Weitere Voraussetzung für das Zustandekommen des Informationspflichten begründenden Vertrages ist die Erkennbarkeit der Auskunftsbedürftigkeit des Anfragenden. Für den Erteilenden muss somit erkennbar sein, dass die Auskunft für den Anfragenden von erheblicher Bedeutung ist und dieser sie zur Grundlage von wesentlichen Entscheidungen machen will[91]. Der BGH hat dieses mehrfach bejaht, wenn der Kunde an einen Anlagevermittler nach dessen Angebot von sich aus herangetreten war und deutlich machte, dass er auf eine Anlageentscheidung bezogen die besonderen Kenntnisse und Verbindungen des Vermittlers in Anspruch nehmen wollte[92]. Diese Rechtsprechung hat der BGH im Rundschrei-

---

86 BGH ZIP 1996, 872; OLG Braunschweig, ZIP 1996, 1242; OLG Hamm, ZIP 1996, 2067, 2068.

87 BGH ZIP 1996, 872 (Nichtannahmebeschluss).

88 BGH ZIP 1996, 1242: das OLG Braunschweig spricht von „kann“.

89 OLG Hamm, ZIP 1996, 2067, 2068.

90 Die Begriffe der „Auskunftsbedürftigkeit“ und der „Vermittlung“ sind zwar nicht zwingend verkoppelt, widersprechen sich aber nicht.

91 BGHZ 74, 103; BGH WM 1985, 1520; NJW 1989, 2882; ZIP 1999, 275.

92 BGH WM 1983, 263; 1984, 1075.

ben-Fall auch auf Kreditinstitute übertragen[93]. Eine vertragliche Haftung wird liegt damit vor, wenn die Aufklärungsbedürftigkeit des Kunden auch für den Finanzdienstleister erkennbar ist.

(2) Wirtschaftliches Interesse des Auskunftgebers am Vertragsabschluss

Der stillschweigende Abschluss eines Informationspflichten begründenden Auskunftsvertrags ist nach dem BGH insbesondere in Fällen anzunehmen, in denen der Auskunftgeber für die Erteilung der Auskunft besonders sachkundig oder ein eigenes wirtschaftliches Interesse bei ihm im Spiel ist[94]. In seinem Urteil vom 5.7.1962 war der BGH der Auffassung, das für den Auskunftsempfänger erkennbare eigene wirtschaftliche Interesse des Auskunftgebers brauche ihn in der Regel nicht zu veranlassen, der Auskunft mit besonderer Vorsicht zu begegnen, und berechtige den Auskunftgeber dabei nicht, bei der Erteilung der Auskunft unsorgfältig zu sein[95]. Dass das wirtschaftliche Interesse weniger ein Indiz für Gefälligkeit als für eine rechtsgeschäftlich verpflichtende Auskunft ist, hat die Rechtsprechung in späteren Entscheidungen jedoch bestätigt[96].

(3) Persönliches Engagement des Auskunftgebers

Ferner hat der BGH den Abschluss eines konkludenten Vertrages bejaht, wenn ein besonderes persönliches Engagement des Auskunftgebers vorlag und wenn der Anlass für die Zuziehung zu Verhandlungen hierfür sprach[97]. Dieses Engagement kann auch in Form einer eigenen Zusicherung durch den Vermittler als eine Art der Garantieübernahme erfolgen[98]. Weiteres Indiz für einen Informationspflichten begründenden Vertrag ist damit das persönliche Engagement des Finanzdienstleisters.

(4) Inanspruchnahme besonderer Kenntnisse und Verbindungen des Auskunftgebers

In späteren Entscheidungen hat die Rechtsprechung die Prüfung, ob ein konkludenter Vertrag vorliegt, stark reduziert[99]. Der BGH hat in seiner Entscheidung vom 9.5.2000 („Fokker-Anleihen-Fall“) bei der Prüfung lapidar festgestellt, dass eine Angebot zum Vertragsabschluss vorliege, wenn ein Anlageinteressent an eine Sparkasse herantrete, um bezogen auf die Anlageentscheidung die besonde-

---

93 BGH NJW 1987, 1815.

94 BGH NJW 1992, 2080, 2082.

95 BGH WM 1962, 1110, 1111.

96 BGH WM 1992, 1031, 1034.

97 BGH NJW 1992, 2080.

98 BGH WM 1992, 1031, 1034 f.

99 OLG Zweibrücken, NJW-RR 1996, 949.

ren Kenntnisse und Verbindungen der Sparkasse in Anspruch zu nehmen [100]. Für die Definition der Tätigkeit des Anlagevermittlers ist das Urteil insofern aufschlussreich, als dass seine Haftung durch seinen Status begründet wird. Das Vorliegen von besonderen Kenntnissen und von Verbindungen und deren Inanspruchnahme durch den Kunden stellen mithin nach der Rechtsprechung ein Indiz für einen Sorgfaltspflichten begründenden Finanzdienstleistungsvertrag. Eine Vermittlungstätigkeit i.S.d. §§ 84, 93 HGB ist auch in dem vorliegenden Fall gegeben, da auch hier die Sparkasse auf die Anlageentscheidung des Kunden zielgerichtet eingewirkt hat.

(5) Konkludente Annahme des Angebots auf Vertragsabschluss

Mit der Entgegennahme und der Verwendung der Auskunft nimmt der Dritte das Angebot auf Abschluss des Auskunftsvertrages konkludent an[101]. In Urteilen, in denen der BGH das Angebot auf Abschluss des Vertrages in der Inanspruchnahme der besonderen Kenntnisse und Verbindungen der Bank konstruiert hat, besteht die Annahme durch die Bank in dem Beginn der gewünschten Tätigkeit[102]. Die Finanzdienstleistung, welche geeignet ist, eine vertragliche Haftung auszulösen, beginnt mit deren Inanspruchnahme durch den Kunden.

4. Die Haftung aus Beratungsvertrag in Abgrenzung zur Haftung aus Auskunfts- oder Vermittlungsvertrag

Die Rechtsprechung hat im Beratungsvertrag einen weitergehenden Vertrag als den Auskunftsvertrag oder Vermittlungsvertrag gesehen. Wurde der Begriff der Vermittlung und damit der Inhalt der Leistungspflicht des Finanzdienstleisters durch die §§ 84, 93 HGB definiert, soll durch Analyse der Rechtsprechung zum Beratungsvertrag festgestellt werden, ob sie einen einheitlichen und auf die Definition des Vertriebsrechts abgestimmten Vermittlungsbegriff verwendet. Wie oben festgestellt, ist der Vermittlungsbegriff der §§ 84, 93 HGB durch das Benennen eines Angebots und das Einwirken auf den Kunden zum Zwecke des Vertragsabschlusses gekennzeichnet. Im Bereich des Anlagevertriebs ist mithin die Anlageempfehlung die Tätigkeit, welche unter den Begriff der Anlagevermittlung subsumiert werden kann. Der Vermittler wendet sich an den Kunden, um ihm ein konkretes Produkt vorzustellen und ihm vom Erwerb zu überzeugen. Die Beratung erfasst hingegen eine qualitativ zu differenzierende Tätigkeit. Sie beinhaltet die Vorstellung möglicherweise mehrerer Anlagealternativen in Bezug auf das Anlageziel. Indem sich die Anlageberatung an den Vorstellungen des Kunden orientiert, ist die Leistung kundenorientiert, während die Anlage-

---

[100] BGH ZIP 2000, 1204.
[101] OLG Hamm, NJW-RR 1987, 209; OLG Köln, NJW-RR 1988, 335.
[102] BGH ZIP 2000, 1204, 1205 (Urteil vom 9.5.2000).

vermittlung sich an der Anbieterseite orientiert. Denn hier wird anlässlich des Kundengesprächs ein Produkt beworben. Die Anlageberatung verläuft jedoch nur in der ersten Phase abstrakt. In der zweiten Phase wird der Anlageberater zumeist mehrere oder sogar ein konkretes Anlageprodukt empfehlen, sodass während eines Beratungsgesprächs eine Anlageberatung und eine Anlagevermittlung stattfindet. Es werden mithin bei beiden Finanzdienstleistungen Anlagevermittlungen vorliegen.

Da die Rechtsprechung des BGH eine einheitliche Definition der Finanzdienstleistungen nicht vornimmt, ist sie insoweit eher diffus und urteilt fallbezogen.

Als Tätigkeit der Anlagevermittlung definiert der BGH die Vermittlung von Kapitalanlagen durch Vertriebsgesellschaften, wobei der Vertrieb in der Regel durch mündliche Empfehlungen, gegebenenfalls unter Übergabe von Prospekten und sonstigen Verkaufsunterlagen erfolgt[103]. Die Tätigkeit des Vermittelns definiert die Rechtsprechung jedoch nicht, sondern lediglich in der Abgrenzung zur Beratung. Bei dieser Abgrenzung greift sie auf Indikatoren zurück, die nachfolgend an Fallbeispielen erläutert werden sollen.

a) Differenzierung zwischen Berater- und Vermittlertätigkeiten

Zu prüfen ist, inwieweit die Rechtsprechung bei der Definition der Anlagevermittlung zur vertriebsrechtlichen Stellung des Finanzdienstleisters ausdrücklich Stellung bezogen hat. In seiner Entscheidung vom 26.1.1971 berücksichtigt der BGH die vertriebsrechtliche Stellung des Vermittlers, indem er bei der Verneinung der Vermittlerhaftung feststellte, dieser sei lediglich als Handelsvertreter für die Vertriebsgesellschaft tätig gewesen und eine Haftung sei nur bei einem über das Provisionsinteresse hinausgehende eigene Interesse am Vertragsschluss gegeben[104]. Die Einordnung als Handelsvertreter begründet somit nach Ansicht des BGH regelmäßig nicht bereits die Tätigkeit als Anlagevermittler. Auch in seiner Entscheidung vom 26.10.1978 („Makler-Fall") nimmt das OLG Frankfurt a.M. zur vertriebsrechtlichen Stellung des Finanzdienstleisters Stellung, indem es die Haftung mit der Maklereigenschaft der Anlageberatungsfirma begründet[105]. Für diese waren wiederum Handelsvertreter tätig, die laut Handelsvertretervertrag nebenberufliche Mitarbeiter beschäftigen durften. Das OLG verneint einen Beratungsvertrag zwischen Vertriebsgesellschaft und Anleger, da ein solcher nur in Ausnahmefällen vorhanden sei und im Allgemeinen die Vertriebsgesellschaft nur in Erfüllung des Vertriebsvertrages tätig werde, welchen sie mit der Abschreibungsgesellschaft abgeschlossen habe. Es bejahte jedoch eine Haf-

103 BGHZ 74, 103, 106; BGH NJW 1982, 1095, 1095 f.

104 BGH WM 1971, 498, 499; BB 1971, 543.

105 OLG Frankfurt a.M., WM 1979, 1393.

tung aus § 98 HGB, nach dem jeder Handelsmakler jeder der beiden Parteien für den durch sein Verschulden entstehenden Schaden haftet[106].

Seit der Entscheidung vom 25.11.1981 („Anlagevermittler-Entscheidung") hat der BGH zumeist keine konkrete vertriebsrechtliche Einordnung des Beklagten zur Bestimmung von Verhaltenspflichten vorgenommen, sondern den Finanzdienstleister aufgrund dessen werblichen Auftretens als Anlagevermittler bezeichnet und dieses Auftreten mit dem eines Handelsvertreters verglichen. Bei der Begründung von dessen Sorgfaltspflichten hat der BGH jedoch, ohne eine vertriebsrechtliche Einordnung vorgenommen zu haben, auf die Hinweispflichten eines Maklers verwiesen[107]. Auch den weiteren Entscheidungen des BGH sind Ausführungen dazu, in welcher vertriebsrechtlichen Stellung der Vermittler bei seiner Tätigkeit für den Auftraggeber tätig geworden ist, nicht zu entnehmen. Die Beklagte wird meist schlicht als Anlagevermittler bezeichnet, und auf dieser Grundlage wird der Umfang der Sorgfaltspflichten dargestellt und in Anwendung auf den Sachverhalt konkretisiert[108].

Die Rechtsprechung zur Haftung des Anlagevermittlers hat somit seit Beginn der achtziger Jahre eine maßgebliche Änderung erfahren. Der BGH stellt in der „Anlagevermittler-Entscheidung" vom 25.11.1981 nicht mehr, wie in den vorhergehenden Entscheidungen[109], das tatsächliche Vertrauen des Anlegers in die Auskunft in den Mittelpunkt seiner Erwägungen, sondern ermittelt den Umfang der Auskunftspflichten aus dem werblichen Auftreten des Finanzdienstleisters[110], wobei er zwischen Anlagevermittlern und Anlageberatern differenziert. An diese unterschiedlichen Funktionen oder Finanzdienstleistungen knüpft der BGH unterschiedliche Leistungs- und Sorgfaltspflichten.

(1) Vermittlungstätigkeiten

Der BGH vergleicht somit die Tätigkeit des Anlagevermittlers mit der eines Handelsvertreters[111] und nimmt damit Bezug auf den vertriebsrechtlichen Vermittlungsbegriff. Er führt dazu aus, dass der Anlageinteressent dieser verkäuferähnlichen Person selbstständiger gegenübertrete und der Kunde bei seiner Anlageentscheidung das Bewusstsein habe, dass der werbende und anpreisende Charakter der Aussagen im Vordergrund stehe[112]. Der Anleger könne erkennen, dass der Vermittler für die andere Seite, nämlich für die kapitalsuchende Gesell-

---

106 Ebenda, S. 1395.

107 BGH NJW 1982, 1095, 1096 unter Hinweis auf BGH NJW 1981, 2685.

108 BGH NJW 1983, 1730, 1731; ZIP 1990, 43, 45.

109 BGH WM 1965, 287, 288 f.

110 BGH NJW 1982, 1095; WM 1990, 1276, 1279.

111 BGH NJW 1982, S. 1096.

112 BGH WM 1993, 1238, 1239; OLG Celle, Urteil v. 20.12.2001, Az. 11 U 242/00.

schaft, handele und daher vornehmlich deren und sein eigenes wirtschaftliches Interesse im Auge habe[113]. Erkennungsmerkmale hierfür seien, dass der Vermittler vom Kunden keine Provisionen oder sonstigen Entgelte verlange und werbend auftrete. Eigene Unklarheiten habe der Anleger deshalb durch eigene Überprüfung des Informationsmaterials zu beseitigen[114]. Auch in den weiteren Urteilen stellt der BGH[115] und nachfolgend andere Gerichte[116] stets für die Einordnung als Berater oder Vermittler darauf ab, ob der Finanzdienstleister für den Kunden erkennbar auf der Anbieterseite steht.

Der Beurteilungshorizont und damit auch die Frage des Mitverschuldens des Anlegers wird damit unter dem Gesichtspunkt der funktionalen Stellung des Vermittlers behandelt und letztlich von dessen Eigeninszenierung beeinflusst. Der BGH ist der Ansicht, dass der Vermittler bei einer rein werbenden Tätigkeit nicht ungefragt über haftungsrechtliche oder steuerrechtlich relevante Einzelfragen und deren Folgen informieren muss[117].

Die Vermittlungstätigkeit kann nach Ansicht des BGH auch arbeitsteilig erfolgen, indem Informationen und Vertragsverhandlungen von zwei Personen erteilt bzw. geführt werden. In seinem Urteil vom 12.6.1997 („Schwiegersohn-Fall“) hat der BGH eine Vermittlungstätigkeit bejaht, wenn diese durch mehrere Personen durchgeführt wird. Im entschiedenen Fall hatte der für einen Strukturvertrieb tätige Vermittler bei einem befreundeten Anleger für eine Einlage an einem Immobilienfonds geworben und einen Werbeprospekt übergeben. Die zum Abschluss des Kaufvertrages führenden Verhandlungen führte jedoch der Anleger mit dem ebenfalls als Finanzdienstleister tätigen Schwiegersohn des Vermittlers. Der BGH war der Ansicht[118], dass es im Rahmen der Anlagevermittlung für die Annahme eines Auskunftsvertrages nicht erforderlich sei, dass dieser auch die Vermittlung erfasse, sondern dass es genüge, wenn der Interessent deutlich mache, dass er, auf eine bestimmte Anlageentscheidung bezogen, die besonderen Kenntnisse und Verbindungen des Vermittlers in Anspruch nehmen wolle und dieser die gewünschte Tätigkeit beginne. Somit komme es nicht darauf an, durch wen die Anlage vermittelt worden sei. Dem Vertrag stehe auch nicht ein Freundschafts- oder Gefälligkeitsverhältnis zwischen dem Anleger und dem Vermittler entgegen.

Auch eine Fortwirkung des vom Kapitalanlagevermittlers geschaffenen Vertrauenstatbestands für ein nachfolgendes Informationsgesprächs hat der BGH fest-

---

113 BGH WM 1990, 1276, 1279.

114 BGH NJW 1982, S. 1097.

115 BGH BB 1988, 2270, 2271; LM § 276 (Fa) Nr. 111 Bl. 4.

116 LG Hanau, Az. 7 O 1019/96, S. 6.

117 BGH DB 1979, S. 1220; NJW 1990, 2461, 2463.

118 BGH NJW 1998, S. 448.

gestellt. Im „Vermögensverwalter-Fall“ [119] hatte die Anlegerin zunächst ein Gespräch mit dem Anlagevermittler geführt, der die Anlage als todsicher anpries und ihr ein Gespräch mit einem betrügerischen Vermögensverwalter vermittelt. Der BGH war der Ansicht, dass das durch die vorangegangenen Erklärungen des Vermittlers geschaffenen Vertrauen in die Seriosität des Vermögensverwalters und in die Sicherheit seiner Anlage bei der Anlegerin fortwirkte. Es sei dem Vermittler zuzurechnen, wenn die Anlegerin die Möglichkeit der Information durch den Vermögensverwalter nicht ausgenutzt hat oder von diesem nicht mit der Wahrheit bedient wurde[120].

(2) Abgrenzung zu Beratungstätigkeiten

Die Rechtsprechung knüpft demgegenüber an die Tätigkeit der Beratung umfangreichere Sorgfaltspflichten als an die Tätigkeit der Vermittlung[121]. Die Rechtsprechung hat sich bei der Abgrenzung von Beratungs- und Vermittlungstätigkeiten einer Vielzahl von Indizien bedient, die alternativ oder kumulativ erfüllt sein können.

(a) Erkennbarer Erwartungshorizont des Anlegers

Im Gegensatz zum Fall der Anlagevermittlung verlangt der Kapitalanleger nach den Kriterien der Rechtsprechung im Allgemeinen eine Beratung, wenn er selbst keine ausreichenden wirtschaftlichen Kenntnisse und keinen genügenden Überblick über wirtschaftliche Zusammenhänge hat[122]. Er erwarte dann nicht nur die Mitteilung von Tatsachen, sondern insbesondere deren fachkundige Bewertung und Beurteilung. Häufig wünsche er eine auf seine persönlichen Bedürfnisse zugeschnittene Beratung, welche er auch besonders honoriere[123]. Eine solche Erwartung zeige sich, wenn der Kunde seinen Wunsch nach einer sicheren Geldanlage äußere[124]. Keine Beratungssituation liege vor, wenn der Interessent mit einem gezielten Auftrag zum Kauf eines Anlageobjekts an den Finanzdienstleister herantrete, ihm das Anlageobjekt von dritter Seite empfohlen worden sei und der Kunde nicht verlauten lasse, dass er für seine Anlageentscheidung die besonderen Kenntnisse des Finanzdienstleisters in Anspruch nehmen wolle[125].

---

119 BGH BKR 2002, 645.

120 BGH BKR 2002, 645, 646.

121 OLG Düsseldorf, WM 1996, 1082, 1085.

122 BGH WM 1993, 1238, 1239; OLG Koblenz, WM 1996, 1089, 1090; LG Regensburg, VuR 2001, 215.

123 BGH WM 1990, 1276, 1279; 1993, 1238, 1239.

124 AG Frankfurt a.M., NJW-RR 1996, 110.

125 OLG Braunschweig, WM 1996, 1484, 1485.

Eine Beratungssituation ende aber nicht durch die ablehnende Haltung des Kunden gegenüber den eigenen Anlageformen des Finanzdienstleisters. Der hierzu ergangenen Entscheidung des LG Regensburg vom 26.3.2001 („Zäsur-Fall") lag der Sachverhalt zugrunde, dass der Kunde im Rahmen eines Beratungsgesprächs einen mitgebrachten Zeitungsausschnitt hervorholte und Interesse am Erwerb eines sogenannten „Zero-Bonds" bekundete. Nach Ansicht des LG lag hierin nicht eine die Beendigung der Beratung begründende Zäsur, da die Anlageberaterin den Kaufauftrag in den Wertpapierhandelsbogen, welchen sie mit dem Kunden im Rahmen der Beratung zuvor ausgefüllt hatte, aufnahm. Damit war keine Aufspaltung eines Lebensvorgangs verbunden, wie sie das LG dann auch als künstlich ablehnte[126].

(b) Werbliches Auftreten des Finanzdienstleisters

Dass Vorliegen eines Beratungsvertrags basiert nach BGH-Ansicht nicht allein auf den Erwartungen des Anlegers, sondern ebenso auf dem werblichen Auftreten des Finanzdienstleisters. Nach der Entscheidung des BGH vom 27.9.1988 („Berater-Entscheidung") begründet das Auftreten eines Vertriebsunternehmens gegenüber dem Anleger als das für „Beratung und Vertrieb" des Projekts zuständige Unternehmen bereits eine Beratertätigkeit[127]. Der Prospekt hatte in herausgehobener Form den Hinweis enthalten, dass die Beklagte in besonderer Weise in die Durchführung des Projekts eingebunden war. Darüber hinaus hatte die Beklagte mit dem Anleger eine Beratungsgebühr vereinbart[128]. Die Inanspruchnahme besonderen Vertrauens begründete der BGH ferner mit dem wiederholten Hinweis auf die eigene Seriosität der vermittelten Vermögensanlagen[129].

Die Einordnung nach dem werblichem Auftreten des Finanzdienstleisters hat die Rechtsprechung in den weiteren Entscheidungen ständig bestätigt[130]. Einschränkungen der Beratungspflichten hat das OLG Hamm mit dem Hinweis auf die Unterschrift des Anlegers unter leicht verständliche und übersichtlich formulierte Risikohinweise begründet[131]. Dementsprechend hat der BGH mit Urteil vom 5.10.1999 für Discount-Broker, welche jede Beratung ablehnen und lediglich Order ausführen, reduzierte Aufklärungspflichten angenommen[132].

---

126 LG Regensburg, VuR 2001, 215, 216.

127 BGH NJW-RR 1989, 150.

128 Ebenda, S. 150.

129 Ebenda, S. 150.

130 OLG Karlsruhe, WM 1101 ff.; OLG Düsseldorf, WM 1996, 1082; OLG Stuttgart, NZG 1999, 612; OLG Hamm, WM 2000, 2541 f.

131 OLG Hamm, WM 2000, 2540, 2541.

132 BGH ZBB 1999, 380 f.

(c) Vorlage eines persönlichen Berechnungsbeispiels

Die Einschränkung der Auskunftspflicht des als Anlagevermittler auftretenden Finanzdienstleisters im Gegensatz zu der des Anlageberaters gilt nach dem Urteil des BGH vom 27.11.1998 („Berechnungsbeispiel-Fall") bei solchen Finanzdienstleistern nicht, die Leistungen erbringen, welche Elemente einer Beratung darstellen. In dem entschiedenen Fall kam über eine Vermittlungsgesellschaft ein Kaufvertrag über eine Eigentumswohnung zustande. Deren Mitarbeiter erstellte für den Anleger ein „persönliches Berechnungsbeispiel", nach dem die Renovierungskosten als Werbungskosten abzugsfähig sein sollten. Der BGH und das OLG Düsseldorf[133] nahmen einen Beratervertrag zwischen den Kaufvertragsparteien an, da das Berechnungsbeispiel des Vermittlers dem Verkäufer als Instrument zur Vermittlung des Objekts diene. Damit stehe es einem auf Befragen des Käufers erteilten Rat gleich[134].

(3) Kritik an der Rechtsprechung

Dem Informationspflichten begründenden Finanzdienstleistungsvertrag liegen in den durch die Rechtsprechung entschiedenen Sachverhalten Tätigkeiten zugrunde, welche das auf den Geschäftsabschluss gerichtete Einwirken des Finanzdienstleisters auf den Kunden beinhalteten und damit unter den Begriff der Vermittlung i.S.d. §§ 84, 93 HGB subsumiert werden können. Es liegen mithin unabhängig von der Einordnung des Finanzdienstleisters als Anlagevermittler oder als Anlageberater Vermittlungssituationen vor. Von dieser einheitlich erbrachten und Sorgfaltspflichten begründenden Finanzdienstleistung lenkt die durch die Rechtsprechung vorgenommene Abgrenzung ab, indem sie eine Entweder-oder-Feststellung trifft und sich damit den Weg zur Prüfung von Informationspflichtverletzungen aus dem Vermittlungsvertrag nach einer Ablehnung des Beratungsvertrags versperrt.

Darüber hinaus ist erkennbar, dass die Rechtsprechung in einigen Fällen die Prüfung des Vorliegens eines Finanzdienstleistungsvertrages und der diesem zugrunde liegenden Gesprächssituation überspringt und sich gleich der Prüfung des Umfangs der Informationspflichten zuwendet. Die Gesprächsanalyse ist aber notwendig, um festzustellen, ob über die aus der Vermittlungstätigkeit resultierenden Pflichten hinaus auch Beratungspflichten bestehen.

(4) Zwischenergebnis

Die Rechtsprechung zum Kapitalanlagerecht nimmt mit den dargestellten Indizien für den Vertragsabschluss zwischen Kunden und Finanzdienstleister lediglich eine Umschreibung der bestehenden Vermittlungssituation vor. Hiernach

---

133 OLG Düsseldorf, NZG 1999, 895, 896; BGH NJW 2000, 3275.

134 BGH NJW 1999, S. 638.

begründet die Vermittlungstätigkeit einen Vertragsabschluss, wenn auf den erkennbar aufklärungsbedürftigen Kunden mit dem Ziel eingewirkt wird, diesen zur Entscheidung hinsichtlich einer konkreten Finanzanlage zu bewegen. Als Indizien für die Motivation des Vermittlers hat die Rechtsprechung dessen wirtschaftliches Interesse und persönliches Engagement angesehen. Die Vermittlungstätigkeit kann nach Ansicht des BGH auch arbeitsteilig erbracht werden, wenn Informationen über die Finanzanlage und die anschließenden Vertragsverhandlungen durch unterschiedlichen Personen erbracht bzw. geführt werden.

Es ist erkennbar, dass die Rechtsprechung den Vermittlungsbegriff vorwiegend dazu nutzt, den Umfang der Sorgfaltspflichten gegenüber dem Anleger im Vergleich zur Beratung zu reduzieren. Die in den dargestellten Fällen stets erbrachte und dem Erwerb der Finanzanlage zugrundeliegende Vermittlungstätigkeit wurde nicht zur Begründung einheitlicher tätigkeitsbezogener Verhaltenspflichten herangezogen. Im Gegensatz zur Vermittlung setzt Beratung nach Ansicht der Rechtsprechung einen Beratungswunsch, also ein Initiativwerden des Kunden in sämtlichen Fällen voraus, in denen der Finanzdienstleister die Beratung nicht ausdrücklich oder durch seine Bewerbung anbietet.

Die Definition des Anlageberaters durch die Rechtsprechung unterscheidet sich von der des Anlagevermittlers, indem die Definition der Vermittlungstätigkeit auf das Erscheinungsbild des Finanzdienstleisters und die Art der Bewerbung der Kapitalanlage beim Kunden abhebt, wohingegen sich die Definition des Beraters auf die für diesen erkennbaren Wünsche des Anlegers stützt. An der Entscheidung des LG Itzehoe vom 26.2.1992 zeigt sich dies pointiert, indem das Gericht das Zustandekommen des Beratungsvertrags damit begründet hat, dass der Anleger erkennbar die Räume der Bank betreten habe, um eine Anlageberatung in Anspruch zu nehmen und diese erhalten habe[135]. Zwar soll es nach der Entscheidung des BGH vom 6.7.1993 nicht darauf ankommen, von wem die Initiative für das Kundengespräch ausgegangen ist[136], die Initiative zur Durchführung einer Beratung wird aber in den Entscheidungen des BGH stets dem Kunden zugeordnet, da der BGH zum Zustandekommen des Beratungsvertrages ausführt, dass das Angebot des Kunden durch die Aufnahme der Beratung seitens des Finanzdienstleisters angenommen worden sei[137].

Bei der Abgrenzung der beiden Finanzdienstleistungen wird der vertriebsrechtliche Vermittlungsbegriff nicht zugrundegelegt. Bei Anwendung dieses Vermittlungsbegriffs ergibt sich aber für sämtliche Fallgestaltungen, aus welchen die Rechtsprechung Indizien für die Annahme einer Beratungssituation entnimmt, dass der Finanzdienstleister Vermittlungstätigkeiten im Sinne des Vertriebs-

135 LG Itzehoe, Urteil vom 26.2.1992 – Az. 2 O 842/91.

136 BGHZ 123, 126, 128.

137 BGHZ 100, 117, 118 f.; 123, 126, 128.

rechts ausgeführt hat. Vermittlung und Beratung stellen mithin zwei Finanzdienstleistungen dar, die sich nicht ausschließen. Ist kein Beratungsvertrag nachweisbar, sind mithin Informationspflichtverletzungen aus einem Vermittlungsvertrag zu prüfen. Für das Bestehen eines Beratungsvertrags ist zu prüfen, ob der Kunde ein Anlageziel geäußert hat.

C. Zurechnung von Informationspflichtverletzungen der von dritten Finanzdienstleistern eingeschalteten Anlagevermittler durch die Rechtsprechung

Zu prüfen ist, ob die Rechtsprechung im Rahmen der Zurechnung von Sorgfaltspflichtverletzungen die bereits oben[138] ausdifferenzierten unterschiedlichen Organisationsformen des Vertriebs sowie die unterschiedlichen Beiträge der an der Vermittlung beteiligten Personen und deren berufliche Stellung berücksichtigt hat. Grundsätzlich hat die Rechtsprechung die Zurechnung von Sorgfaltspflichtverletzungen Dritter auf der Basis von Auskunftsverträgen vorgenommen.

1. Grundfall: Haftung des Vermittlers bei Vertriebstätigkeit

Die Vertriebstätigkeit für das Produktunternehmen ist von der Rechtsprechung unproblematisch als Vermittlungstätigkeit eingeordnet worden. Der BGH hat in seiner Entscheidung vom 22.3.1979 („Vertriebshaftungs-Fall") die Ansicht vertreten, dass die Grundsätze für Beraterverträge auch auf Personen oder Unternehmen anzuwenden sind, die sich mit dem Vertrieb und der Vermittlung von Kapitalanlagen befassen[139]. In dem entschiedenen Fall vertrieb ein Vermittler Kommanditanteile und erhielt dafür von der in der Rechtsform einer KG organisierten Produktgesellschaft Provisionen. Der Vermittler wandte sich mit Schreiben und „Kurzexposée" an einen Anleger, mit dem er vorher keine Geschäftsverbindung hatte. Dieser trat daraufhin mit einer Kommanditeinlage von 200.000,-- DM der KG bei. Zur Begründung der Haftung des Vermittlers hat der BGH das Tätigkeitsprofil des Vermittlers beschrieben. Vermittler machten danach gegenüber Interessenten ins einzelne gehende Angaben über die von ihnen angebotene Kapitalanlage oder versenden Prospekte, die wesentliche Grundlage der Anlageentscheidung sind. Die Vermittler seien aufgrund ihrer Erfahrungen in der Branche sachkundig und in der Lage, Einblick in Geschäftsunterlagen zu nehmen. Als Indiz für das wirtschaftliche Interesse hat der BGH die nicht unerheblichen Provisionen in dem Gewerbezweig benannt. Daher sei eine Aus-

138 Siehe 2. Kapitel.
139 BGHZ 74, 105.

kunftserteilung nicht ein unverbindlicher Rat nach § 676 BGB a.F., sondern ein Vorgang, der die volle vertragliche Haftung nach sich ziehe[140].

Die Pflichtverletzung kann nach Ansicht des BGH („Unternehmensgruppen-Fall") auch einer Mehrheit an Personen eines Vertriebsunternehmens zugerechnet werden, welches als Unternehmensgruppe organisiert ist und kein Rechtssubjekt ist[141]. Die sorgfaltswidrigen Vermittlungstätigkeiten einer Unternehmensgruppe und die Zugehörigkeit zu ihr können danach auch für eine Mehrheit von Personen eine gesamtschuldnerische Haftung begründen, die sich in diesem Fall aus in der positiven Forderungsverletzung eines Beratungsvertrags ergab[142].

2. Vertretung des Vertriebsunternehmens

An die Vermittlungstätigkeit knüpft sowohl die Eigenhaftung der als Vertriebsmitarbeiter tätigen Finanzdienstleister als auch die Haftung ihres Geschäftsherrn an.

a) Haftung für Erfüllungsgehilfen

Sorgfaltspflichtverletzungen des Vertriebsmitarbeiters muss sich das Vertriebsunternehmen gemäß § 278 BGB zurechnen lassen. Erfüllungsgehilfe i.S.d. § 278 BGB ist, wer nach den tatsächlichen Gegebenheiten des Falles mit dem Willen des Schuldners bei der Erfüllung einer diesem obliegenden Verbindlichkeit als seine Hilfsperson tätig wird[143]. Gehilfe bei der Erfüllung vorvertraglicher Pflichten gemäß § 278 BGB kann auch eine mit der Führung von Vertragsverhandlungen betraute Person sein[144]. In dem vom BGH mit Urteil vom 14.11.2000 entschiedenen Fall („Bausparkassen-Fall") hatte die beklagte Bausparkasse zu den klagenden Anlegern keinen persönlichen Kontakt, sondern hatte es der für sie ständig tätigen selbstständigen Vermittlerin überlassen, Kunden für ihr Produkt zu werben und die erforderlichen Verhandlungen bis zur Unterschriftsreife zu führen. Der BGH war der Auffassung, dass die Beklagte damit rechnen musste, dass die Vermittlerin nicht nur eigene Mitarbeiter, sondern – wie geschehen – auch Untervermittler zwecks Führung der Vertragsverhandlungen einschaltete. Daher muss sich die beklagte Bausparkasse auch deren Verhalten gemäß § 278 BGB zurechnen lassen[145].

---

140 BGHZ 74, 105 f.

141 BGH NJW 2000, 3275.

142 BGH NJW 2000, 3275, 3276; hierzu auch OLG Koblenz, VuR 2002, 241, 242.

143 BGHZ 13, 111, 113; 50, 32, 35; 62, 119, 124; 98, 334; Palandt/Heinrichs, § 278 Rdnr. 7; MünchKomm/Hanau, § 278 Rdnr. 12.

144 BGH NJW 1991, 2556, 2557.

145 BGH NJW 2001, 358, 359.

Bei seiner Entscheidung hinsichtlich der Zurechenbarkeit von Informationspflichtverletzungen des eine Finanzanlage für seine Eltern vermittelnden Sohnes („Familienvermittlungs-Fall") hat der BGH jedoch hervorgehoben, dass es bei der Zurechnung auch auf die Sicht des beratenen Verhandlungspartners ankomme. Der Finanzdienstleister hatte zunächst die Kunden allgemein über steuerliche Vorteile des Erwerbs von Berliner Eigentumswohnungen beraten und zu einem späteren Zeitpunkt in Verhandlungsführung für seine eine Berliner Eigentumswohnung anbietenden Eltern nicht darüber informiert, dass für diese Wohnung die erhöhte Berlin-Absetzung nicht galt. Der BGH hat diese Informationspflichtverletzung den Eltern des Vermittlers zugerechnet. Die Vertragsverhandlungen seien dadurch, dass der Verhandlungsführer eines Vertragsteils sich ohne äußeren Einschnitt in seinem Auftreten beratend auch für den anderen Vertragsteil betätigte, in eine umfassende Anlage-, Wirtschaft- und Finanzierungsberatung gebettet worden und gingen somit auch in die Verhandlungsführung der Gegenseite ein[146].

Auch die für eine Bank die Finanzierungsberatung durchführenden Vermittler hat die Rechtsprechung als Erfüllungsgehilfen eingestuft[147]. Als Hilfsperson wird danach der Vermittler tätig, wenn er Aufgaben übernimmt, die typischerweise der Vertragspartei obliegen[148].

b) Haftung bei Anscheinsvollmacht

Mit Urteil vom 5.3.1998 („Strukturvertrieb I-Fall") hat der BGH die Haftung eines Strukturvertriebsunternehmens nach § 278 BGB für die weisungswidrige Vermittlung von Kapitalanlagen des als Handelsvertreter tätigen Außendienstmitarbeiters bejaht, da dieses schuldhaft den Rechtsschein einer Vollmacht veranlasst habe[149].

c) Repräsentantenhaftung

Insbesondere bei Vertriebsunternehmen mit mehreren Vertriebsstufen hat die Rechtsprechung die Frage zu entscheiden, ob selbstständig ausgeführte Vermittlungstätigkeiten eine Repräsentantenhaftung des Vertriebsunternehmens analog § 31 BGB begründen. Nach Ansicht des BGH („Strukturvertrieb II-Fall") ist die Stellung des selbstständigen Vermittlers als Repräsentant nicht deshalb zu verneinen, weil dieser als selbstständiger Handelsvertreter nicht abschlussberechtigt sei und lediglich Vertragsofferten an das Vertriebsunternehmen weiterleite. Vielmehr ergäben sich zum Beispiel aus der Bezeichnung als Führungskraft und

146 BGH NJW 1991, 2556, 2557.

147 OLG München, WM 1999, 1818, 1820.

148 BGH WM 2000, 2539.

149 BGH VuR 1999, 18.

der Übertragung von übergeordneten Aufgaben sowie aus dem Hinweis auf die hohe Sachkompetenz des Vermittlers im Publikationsorgan des Vertriebsunternehmens Indizien für dessen Repräsentantenstellung[150].

d) *Haftung für Verrichtungsgehilfen*

Auch eine Haftung für die Vermittlung als Verrichtungsgehilfe gemäß § 831 BGB hat der BGH („Strukturvertrieb III-Fall") nicht grundsätzlich für die als Handelsvertreter tätigen Finanzdienstleister ausgeschlossen. Sie kommt vielmehr in Frage, wenn der Vermittler bei der Ausübung der Tätigkeiten weisungsgebunden, insbesondere wenn im Vertrag die Tätigkeit des Mitarbeiters durch umfängliche Weisungsrechte und Genehmigungsvorbehalte gebunden und auf das Vertriebsunternehmen beschränkt ist[151].

e) *Eigene Haftung der Vertreter*

Der BGH hält eine eigene Haftung des Vertreters für begründet, wenn er als Auskunftgeber in besonderem Maße persönliches Vertrauen in Anspruch genommen hat und der Verhandlungsgegner ihm dieses auch entgegengebracht hat[152]. Indikatoren hierfür sind die außergewöhnliche Sachkunde für den Vertragsgegenstand und die besondere persönliche Zuverlässigkeit[153]. Ferner liegt nach Ansicht des BGH eine persönliche Gewährsübernahme vor, wenn der andere Teil dem Geschäftsherrn nicht oder nur wenig vertraut hatte und der Vertreter den Eindruck vermittelt hat, er werde persönlich mit seiner Sachkunde die ordnungsgemäße Abwicklung des Geschäfts gewährleisten[154]. Die Inanspruchnahme persönlichen Vertrauens spielt insbesondere bei Strukturvertrieben eine Rolle, da hier, wie bereits dargestellt, die Kunden aus dem Freundes- oder Verwandtenkreis akquiriert werden. Eine quasivertragliche Eigenhaftung des Vertreters hat der BGH („Freundschafts-Fall") zum Beispiel im Fall angenommen, in welchem die Geschädigte zu dem Vertreter des Vertreibers eines Bauherrenmodells ein intimes Verhältnis unterhielt und ihm blind vertraute[155]. Nach der Entscheidung des BGH vom 17.10.1989 („Experten-Fall") soll eine solche vertrauensbegründende Sachkunde jedoch nicht gegeben sein, wenn der Vertreter darauf hinweist, dass er selbst die Finanzanlage erworben, an Schulungskursen teilgenommen oder das Produktunternehmen besichtigt habe. Denn dies erweckt nach Ansicht des BGH nur das normale Verhandlungsvertrauen, dass der Ge-

150 BGH VuR 1999, 18, 22.

151 BGH VuR 1999, 18, 23.

152 BGHZ 56, 81; BGH WM 1992, 699, 700; OLG Düsseldorf, WM 1996, 1059, 1062.

153 BGHZ 56, 81, 83 f.; 63, 382; 70, 337, 341; BGH WM 1976, 614; BGHZ 74, 103, 108; BGH ZIP 1990, 43, 44; NJW 1991, 2556, 2557; WM 1992, 699, 700.

154 BGH WM 1990, 966, 968; 1992, 699, 700.

155 BGH WM 1990, 2038.

schäftsherr einen sachkundigen Vertreter oder Vermittler eingesetzt hat[156]. Darüber hinaus ist eine Vertreterhaftung gegeben, wenn dieser ein besonderes wirtschaftliches Interesse am Abschluss des Vertrages hat, sodass der Vertreter gleichsam in eigener Sache beteiligt ist[157]. Ein besonderes wirtschaftliches Interesse ergibt sich aber noch nicht bei dem Provisionsinteresse eines Handelsvertreters, Prokuristen oder sonstigen Angestellten[158].

f) Haftung des Sachwalters

Bei der Begründung der Haftung des Vermittlers, welcher nicht als Vertreter des anderen Teils aufgetreten ist und nicht selbst die Verhandlungen geführt hat, greift der BGH auf die Lehre von der Haftung des sogenannten Sachwalters zurück, die als eine Erweiterung der Lehre von der culpa in contrahendo angesehen wird[159]. Ein Sachwalter ist ein Gehilfe, der sich in einer der geschädigten Partei erkennbaren und ihr Vertrauen erweckenden Weise, aus eigenem Interesse oder weil er sich die Interessen seiner Partei zu eigen macht, für die Erreichung des Vertragsziels einsetzt, oder nach den Umständen einsetzen müsste[160]. Dieser kann nach Ansicht des BGH aus § 311 II BGB in Anspruch genommen werden, da er ebenso wie die haftenden Vertreter Vertrauen in Anspruch nimmt, indem er sich an den Vertragsverhandlungen mittelbar beteiligt [161]. Sachwalter kann darüber hinaus ein Anlagevermittler sein, der zwar in Vertretung eines Dritten aufgetreten ist, aber sich darüber hinaus auch um das persönliche Vertrauen des Anlegers durch eigene Garantiezusagen bemüht hat[162]. Drei Fallgestaltungen der Sachwalterhaftung sind in der Literatur in diesem Zusammenhang unterschieden worden. Die Sachwalterstellung begründet sich erstens dadurch, dass der Haftende wirtschaftlich die eigentliche Partei ist, zweitens dadurch, dass der Haftende durch bestimmte Handlungen, insbesondere Informationen, auf den Vertragsschluss und -inhalt Einfluss nimmt, und drittens dadurch, dass der Haftende den Parteien durch seine Vermittlungstätigkeit Einfluss nimmt[163]. Die Vermittlungstätigkeit des Finanzdienstleisters kann mindestens in zwei dieser Fallgruppen Auslöser für die Sachwalterhaftung sein, wenn als deren Inhalt das Einwirken auf die Vertragsparteien und die Bereitstellung von Informationen bezeichnet wird. Gleichwohl taugt die berufliche Stellung des Vertreters nach Ansicht des BGH grundsätzlich nicht zur Begründung der Sachwalterhaftung, son-

---

156 BGH WM 1984, 127, 128; ZIP 1989, 1455; 1990, 43, 44.
157 BGH ZIP 1990, 43, 44; WM 1992, 699, 700.
158 BGH NJW 1986, 586, 587.
159 Coing, WM 1980, S. 208.
160 Fikentscher, Schuldrecht, Rdnr. 523.
161 BGHZ 56, 81, 86 f.
162 OLG Hamm, WM 1993, 241, 242; OLG Nürnberg, Urteil v. 18.7.2002, Az. 8 U 4359/01.
163 Fikentscher, § 54, Rdnr. 523.

dern nur in solchen besonderen Fallkonstellationen, bei denen der beruflichen Qualifikation in typisierender Betrachtungsweise eine maßgebliche Bedeutung für die Willensentschließung des anderen Teils zukommt[164].

3. Zwischenergebnis

Die Rechtsprechung unterscheidet im Hinblick auf die Sorgfaltspflichten von Finanzdienstleistern zwischen Anlagevermittlern und Anlageberatern und definiert diese beiden Arten von Finanzdienstleistungen auf der Basis ihres Erscheinungsbildes aus der Sicht des Kunden und auf der Basis des Erwartungshorizonts des Kunden. Als Anspruchsgrundlage bei der Inanspruchnahme des Anlagevermittlers zieht die Rechtsprechung vornehmlich die Pflichtverletzung eines konkludenten Auskunftsvertrages heran. Die Voraussetzungen für die Annahme des Vertragsabschlusses werden nicht abschließend genannt und nicht hinsichtlich Anlageberatern und Anlagevermittlern differenziert behandelt. Für eine Vertragsabschluss sprechen die erkennbare Auskunftsbedürftigkeit des Anlegers und das persönliche Engagement des Finanzdienstleisters. Die Rechtsprechung hat überwiegend dem Kunden das Vertragsangebot und dem Finanzdienstleister die Vertragsannahme zugerechnet. Die vertriebsrechtliche Stellung des Finanzdienstleisters ist insbesondere in der jüngeren Rechtsprechung weitgehend unberücksichtigt geblieben. Die Urteile nehmen keinen Bezug auf die Ausführung der Vermittlung als Handelsvertreter oder Handelsmakler. Wie bereits oben festgestellt, besteht der Charakter der Tätigkeit und damit die primäre Leistungspflicht des Vermittlers jedoch eben nicht in der Erteilung einer Auskunft über die Finanzanlage, sondern in der Vermittlung und damit in der Namhaftmachung und Empfehlung einer Finanzanlage. Erst hieraus ergibt sich die Auskunftspflicht als Nebenpflicht.

Die Rechtsprechung lässt eine Haftung aus § 98 HGB unbeachtet. Der im Vertrieb eines Finanzanlageprodukts als Handelsmakler tätige Finanzdienstleister haftet nach § 98 HGB als spezialgesetzlicher Haftungsnorm. Gemäß § 98 haftet der Handelsmakler jeder der beiden Parteien für den durch sein Verschulden entstehenden Schaden. Mithin muss vor der Prüfung des Vorliegens eines Vermittlungsvertrags zunächst eine vertriebsrechtliche Einordnung des Finanzdienstleisters erfolgen. Eine solche nimmt der BGH jedoch bei seiner Differenzierung zwischen Anlagevermittlern und Anlageberatern nicht vor.

Der Vergleich des werbend auftretenden Anlagevermittlers mit einem Handelsvertreter zur Bestimmung des Anlegervertrauens und seines Mitverschuldens ist irreführend. Die vom BGH aufgrund dieses Vergleichs unterlassene Anwendung des § 98 HGB ist, wenn der Vermittler als Makler tätig ist, systemwidrig. Die

---

164 BGH NJW 1995, 1213, 1214.

Nichtanwendung dieser Handelsmaklervorschrift widerspricht der strikten Trennung zwischen Handelsvertreter- und Handelsmaklervorschriften und des Verbots der jeweiligen analogen Anwendung.

Der vertriebsrechtliche Vermittlerbegriff kann zu einer weitergehenden Definition der Hauptleistung des Finanzdienstleistungsvermittlers herangezogen werden. Anders als die Rechtsprechung, die sich lediglich den Fragen widmet, unter welchen Umständen Aufklärungspflichtverletzungen eine Haftung des Auskunftgebenden begründen, kommt es für die vertriebsrechtliche Definition darauf an, ob die Tätigkeit des Vermittlers geeignet war, die Anlageentscheidung des Kunden hervorzurufen. Denn sie stellt die Einwirkung mit dem Ziel des Vertragsabschlusses als Charakteristikum der Vermittlungstätigkeit heraus. Gleichzeitig ist der vertriebsrechtliche Begriff jedoch geeignet, allgemeine Werbemaßnahmen aus der Anlagevermittlung herauszunehmen. Des vertriebsrechtlichen Vermittlungsbegriffs bedienen sich hingegen nicht das KWG und das WpHG, die Finanzdienstleistungen auf dem Nebenkapitalmarkt nicht erfassen. Hingegen enthalten die §§ 655 a und die GewO Vermittlerbegriffe, die die vertriebsrechtliche Definition abbilden.

Die Organisation des Vertriebs von Finanzanlagen hat die Rechtsprechung durch die Zurechnung sorgfaltswidriger Vermittlungstätigkeit der als Erfüllungsgehilfen, Anscheinsbevollmächtigten, Repräsentanten und Verrichtungsgehilfen in den Vertrieb eingeschalteten Finanzdienstleister und durch die Begründung einer Eigen- und Sachwalterhaftung für die Inanspruchnahme der Vertreter zu berücksichtigen versucht. Auffällig erscheint, dass die Vertriebstätigkeiten von Kreditinstituten vornehmlich als Beratungstätigkeiten eingeordnet werden.

Zur Definition ergibt sich aus Vorstehendem, dass für die Vermittlungshaftung in der Rechtsprechung nicht der persönliche Kundenkontakt erforderlich ist, sondern nur die Zurechenbarkeit von Vermittlungstätigkeiten Dritter ausreichend ist. Der Vermittlungsbegriff in der Rechtsprechung kann daher als unmittelbare oder mittelbare Erteilung einer Information hinsichtlich einer konkreten Finanzanlage definiert werden, welche einen wirtschaftlich relevanten Informationsbedarf aufseiten des Kunden und ein wirtschaftliches Interesse am Vertragsabschluss aufseiten des Finanzdienstleisters voraussetzt.

D. Die notwendige Weiterentwicklung des Vermittlerbegriffs

Die Literatur hat sich kritisch mit der von der Rechtsprechung bei der Begründung von Ansprüchen geschädigter Anleger angewendeten Prospekthaftung, Sachwalterhaftung und vertraglichen Haftung auseinander gesetzt. Darüber hinaus hat sich die Literatur die Frage nach alternativen Lösungsansätzen gestellt, wobei zum Teil eine abweichende Definition des Vermittlerbegriffs zugrundegelegt worden ist. Zu prüfen ist mithin, ob und mit welchem Inhalt eine Weiterentwicklung des Vermittlerbegriffs als Anknüpfungspunkt für eine Haftung des Finanzdienstleisters angezeigt ist, um die Schwächen der Vermittler-Rechtsprechung zu beseitigen.

1. Kritik an der Auskunftshaftung von Anlagevermittlern

Auch an der Begründung der Auskunftshaftung von Anlagevermittlern hat sich umfangreiche Kritik geregt.

a) Kritik an der Vertragsfiktion

Der überwiegende Teil der Literatur kritisiert bereits die von der Vermittler-Rechtsprechung verwendete Haftungsgrundlage[165]. Honsell ist der Auffassung, die Annahme eines fiktiven Auskunftsvertrags überschreite die vom Gesetzgeber in § 676 a.F. BGB gezogenen Grenzen[166]. V. Bar ist auch hier der Ansicht, es sei systemwidrig, das Entstehen eines vertraglichen Schuldverhältnisses mit einer Pflichtverletzung zu begründen, da eine Pflichtverletzung regelmäßig ein deliktisches Schuldverhältnis entstehen lasse[167]. Dieser Auffassung ist auch Canaris und begründet die Ablehnung eines Vertrages zudem mit dem Nichtvorliegen von primären Leistungspflichten[168].

b) Haftungsprivilegierung der Anlagevermittler

Assmann kritisiert, dass der Auskunftsvertrag als Haftungsgrundlage in Fällen unzureichend sei, in denen sich der Vermittler oder die Vertriebsgesellschaft sich die Angaben aus dem Prospekt nicht zu eigen machten. Trete sie, werblich unterstützt und erkennbar, im überwiegenden Interesse der Anlagegesellschaft auf ohne sich durch eigenen Versprechungen hinter den Prospekt zu stellen, so entfiele ihre Haftung oder den Anleger treffe ein Mitverschulden, wenn er die Prospektangaben nicht selbst überprüfe[169]. Für das Vertriebsunternehmen bestehe hierdurch die Möglichkeit, durch organisatorische Maßnahmen einer Haftung zu entgehen. Den Anleger treffe in ungerechtfertigter Weise ein Mitverschulden, indem er das Vertriebsunternehmen nicht in seiner Rolle als Emissionsgehilfen erkannt habe[170]. Die Haftungsprivilegierung führe auch zu einer Ungleichbehandlung mit den Banken und anderen Vermittlern, die sich auf-

165 v. Bar, ZGR 1983, 487; ders., Verkehrspflichten, S. 230 ff.; Canaris, Bankvertragsrecht, Rdnr. 100; Honsell, JuS 1976, 621, 625; Hopt, AcP 183 (1983), 618; Lammel, AcP 179 (1979), 337 ff., 341; Wiedemann/Schmitz, ZGR 1980, 129 ff., 133.

166 Honsell, JuS 1976, S. 625.

167 v. Bar, ZGR, S. 487.

168 Canaris, Bankvertragsrecht I, Rdnr. 89.

169 Assmann, WM 1983, 143.

170 Assmann, NJW 1982, 1083, 1084.

grund genereller beruflicher Vertragsposition nicht auf diese Weise entlasten könnten[171].

c) *Stellungnahme*

Die Kritik an der Rechtsprechung zeigt die Lücken der Rechtsprechung auf, welche sich im alleinigen Abstellen der Haftung auf den Auskunftsvertrag zeigen. Denn dieses widerspricht dem Wortlaut des § 675 II BGB. Das Abstellen auf den Auskunftsvertrag versperrt darüber hinaus die unterschiedliche Behandlung und Abgrenzung von Konstellationen, in denen lediglich eine einzelne Auskunft geschuldet ist, zu solchen, in denen eine umfängliche Beratung geschuldet ist, und solchen, in denen konkrete Anlageempfehlungen zu geben sind.

Darüber hinaus ist die Differenzierung zwischen Prospekthaftung im weiteren Sinne und der Haftung aus Auskunftsvertrag zur Beantwortung der Frage, welche Informationen er vom Finanzdienstleister erwarten kann, für den Anleger unzumutbar. Dieser konzentriert sich, wie oben dargestellt, zumeist auf das Verstehen der Funktionsweise der zumeist komplizierten Finanzanlage und hat gerade bei Werbegesprächen keinen Einfluss auf die Gesprächsführung.

2. Der Vermittlerbegriff und seine Weiterentwicklung in der Literatur

Während vereinzelt eine Fortschreibung des Deliktsrechts empfohlen wird, um Systemwidrigkeiten bei der Annahme von fiktiven Auskunftsverträgen zu umgehen, sind in der Literatur auch Lösungsansätze entwickelt worden, die auf die Tätigkeit des Finanzdienstleisters als Anknüpfungspunkt für eine Haftung Bezug nehmen.

a) *Lehre von der Berufshaftung*

Lammel begründet die Haftung für Auskunft mit dem beruflichen Vertrauen[172], da in Fällen des Einmalkontaktes und der Drittweitergabe der Auskunftshaftung die Regelungsgrenzen überschreite[173]. Charakteristisch sei für die Berufe, welcher einer Auskunftshaftung unterliegen, die offene, also nicht auf den jeweiligen Partner fixierte, Ausgestaltung durch das Gesetz. Eine Auskunftshaftung soll nach Lammel gegeben sein, wenn ein Rat auf berufbezogenem Gebiet erteilt wird und dieser das in die berufsspezifische Sachkunde legitimerweise gesetzte Vertrauen infolge mangelhafter Überprüfung der Grundlagen enttäuscht.

---

171 Assmann, WM 1983, S. 143; Kübler, ZHR 145 (1981), 219.

172 Lammel, AcP 179 (1979), S. 347.

173 Ebenda, S. 365.

b) *Vertrauenshaftung nach Canaris*

Canaris begründet die Vermittlerhaftung mit einem Schuldverhältnis gesetzlicher Natur, welches eine Vertrauenshaftung begründe. Durch die Erteilung einer Auskunft werde in zurechenbarer Weise ein Vertrauenstatbestand geschaffen, den der Auskunftssuchende in gutem Glauben zur Grundlage einer Disposition mache. Canaris argumentiert für die Anwendung der c.i.c., da diese einen Fall der Vertrauenshaftung bilde und ein Schuldverhältnis ohne primäre Leistungspflicht sei[174]. Diese sei der vertraglichen Konstruktion auch insbesondere bei der Begründung der Vertreterhaftung überlegen[175]. Voraussetzung sei aber im Gegensatz zur Lehre der Berufshaftung stets, dass die Erklärung an den Anspruchsteller gerichtet oder adressiert sei[176].

c) *Differenzierung der Gehilfenhaftung nach Ballerstedt*

Ballerstedt, auf den sich sowohl Canaris, als auch die Rechtsprechung bei ihren Entscheidungen zur Gehilfenhaftung stets berufen, hat für die Haftung aus c.i.c. eine differenzierte Gruppenbildung vorgeschlagen[177].

(1) Vertreter ist organisatorisch eingegliedert

Die erste Gruppe umfasse Personen, die zum Beispiel in ein wirtschaftliches Unternehmen organisatorisch derart eingegliedert seien, dass sie in ihm als Persönlichkeit aufgingen. Hier hat Ballerstedt zugrundegelegt, dass der Kunde sein Vertrauen nicht dem Vertreter und Erfüllungsgehilfen, sondern dem Firmeninhaber entgegenbringt und daher die Haftung den Vertretenen trifft[178].

(2) Vertreter ist wirtschaftlich selbstständig

Als zweite soziale Grundform hat Ballerstedt die Vertretungsmacht kraft freier Zuordnung bezeichnet. Hier seien wirtschaftlich selbstständige Personen wie zum Beispiel Handelsvertreter, Makler, Rechtsanwälte oder Wirtschaftsprüfer mit der Vorbereitung oder dem Abschluss eines Vertrages betraut[179]. Ballerstedt hat für die Prüfung einer Haftung aus c.i.c. für diese Gruppe eine Einteilung nach Verhandlungszeiträumen und nach Art und Motivation der Vertrauenswerbung des Vertreters vorgeschlagen.

174 Canaris, Bankvertragsrecht I, Rdnr. 89.
175 Ebenda, Rdnr. 90.
176 Canaris, FS Larenz, S. 95.
177 Ballerstedt, AcP 151 (1950/51), S. 517.
178 Ebenda, S. 518.
179 Ballerstedt, AcP 151 (1950/51), S. 518.

(a) Stadium des Verhandlungsbeginns

Er hat die Haftung des Vertreters für Inanspruchnahme von Verhandlungsvertrauen bejaht, wenn dem Dritten gegenüber eine Vollmacht nachgewiesen wird. Auch ohne deren Vorlage sei jedoch ein Verhandlungsvertrauen begründet, sofern ein Berufsvertrauen, wie zum Beispiel bei Rechtsanwälten, bestehe. Gerade hierdurch vermittle der Vertreter das Vertrauen des anderen Teils zum Auftraggeber des Vertreters. Hieraus ergebe sich eine Gewährschaftspflicht des Vertreters ähnlich wie in § 179 BGB.

(b) Stadium des weiteren Verhandlungsverlaufs

Keine Haftung des Vertreters ist nach Ballerstedt begründet, wenn der Bevollmächtigte für den Dritten erkennbar quasi nur als Bote auftritt und er sich bei sämtlichen Erklärungen auf seinen Auftraggeber bezieht. Ballerstedt meint hier sogar, der Bevollmächtigte hafte nicht, wenn er den ihm aufgetragenen Erklärungen seines Geschäftsherrn einen falschen Inhalt gebe[180]. Es komme lediglich eine Haftung des Vertreters aus unerlaubter Handlung in Betracht. Auch ein Vertrauensbruch seitens des Bevollmächtigen sei dem Vertretenen zuzurechnen. Hier würden Pflichten verletzt, die aus dem zwischen dem Geschäftsherrn und dem Dritten bestehenden vorvertraglichen Schuldverhältnis begründet seien[181].

(c) Subsidiäre Haftung neben dem Geschäftsherrn

Eine solche Haftung kommt nach Ballerstedt in Frage, wenn der Vertreter aus seiner Rolle des bloßen Erfüllungsdieners heraustritt und für sich persönlich eine Vertrauenswerbung entfaltet und diese für das Verhandlungsverhalten des Dritten bestimmend wird[182]. Auch hier knüpft Ballerstedt an das bestimmten Berufsständen entgegengebrachte Vertrauen an. Darüber hinaus soll nach Ballerstedt aber auch der Auftraggeber aufgrund der Erfüllungsgehilfeneigenschaft des Vertreters haften. Die hier von Ballerstedt entwickelte Formel entspricht der von der Rechtsprechung mit dem oben genannten Kriterienkatalog konkretisierten Vertrauenstatbestand.

(d) Alleinige oder primäre Haftung des Vertreters

Ballerstedt hält eine volle und nicht nur bürgenähnliche Haftung des Vertreters nur dort für gegeben, wo dieser ein eigenes wirtschaftliches Interesse an der Vertragsdurchführung hat und bezieht sich dabei auf die hierzu ergangene Rechtsprechung des RG[183]. Über dieses Kriterium hinaus müsse der „wirtschaft-

---

180 Ballerstedt, S. 520.

181 Ballerstedt, S. 520.

182 Ebenda, S. 521.

183 RGZ 120, 252; 159, 54.

lich interessierte" Vertreter aber auch eine persönliche Vertrauenswerbung gegenüber dem Dritten entfalten und seine Rolle eines bloßen Gewährsmannes für den formellen Geschäftsherrn ablegen[184].

(3) Stellungnahme

Die Anknüpfung Lammels an die Berufsstellung wirft die Frage auf, welche beruflichen Anforderungen eigentlich an Anlagevermittler zu stellen sind. Wie bereits geprüft, gibt es noch keine berufsrechtlichen Sorgfaltsanforderungen hinsichtlich deren Erteilung von Auskünften. Darüber hinaus fehlt es an einem bestimmbaren Adressatenkreis der Auskunftsempfänger, die Canaris mit seinem Lösungsansatz benennen kann. Nach Canaris würde zum Beispiel ein Wirtschaftsprüfer, der ein falsches Testat für eine Bank erstellt, nicht auch gegenüber Dritten haften. Nach Lammel haftet er dagegen schon aus seiner Berufsstellung.

Die Differenzierung der Vertretungsverhältnisse durch Ballerstedt hat den von der Rechtsprechung entwickelten Kriterienkatalog zur Eigenhaftung des Vermittlers aus dem vorvertraglichen Schuldverhältnis zugrunde gelegen, sodass von einer Übernahmen seiner Lehre auszugehen ist. Auch die Rechtsprechung knüpft an den Vertrauenstatbestand an, der durch den Vermittler in eigener Initiative gesetzt und beabsichtigt wird und der sich durch das dem Dritten gegenüber erzeugte Erscheinungsbild manifestiert. Damit kommt es ebenso auf die Interpretationsfähigkeiten des Kunden an. Die Gruppierung der Vertretungsverhältnisse nach den sozialen Strukturmerkmalen entspricht ebenso wie in der Rechtsprechung der Verteilung des Risikos der Vertragsvorbereitung. Die Rechtsprechung hat jedoch nicht, wie diese für die Sachwalterhaftung befürwortet wird, ständig auf das Rechtsinstitut der c.i.c. zurückgegriffen. Darüber hinaus fehlt auch der Sachwalterhaftung Ballerstedts ein vertriebsrechtlicher Bezug, sodass sie die handelsrechtlichen Grenzziehungen zwischen den Vertriebsmittlern nicht zu berücksichtigen vermag.

d) Die Haftung für Emissionsgehilfen nach v. Grießenbeck und Lutter

V. Grießenbeck und Lutter berücksichtigen dagegen bei ihrer Definition der Finanzdienstleisters insbesondere dessen vertriebsrechtliche Einordnung. Dies spielt insbesondere in Fallgestaltungen eine Rolle, in denen Allfinanz- und Spezialvertriebe für Initiatoren bzw. Kapitalbeteiligungsgesellschaften Unternehmensbeteiligungen als Emissionsgehilfen vermitteln. Nach Lutter und v. Grießenbeck scheidet eine Einordnung als Handelsmakler nur dann aus, wenn das Vertriebsunternehmen regelmäßig für ein Emissionshaus tätig ist, etwa bei Dauer- oder Mehrfachemittenten. Dann sei das Vertriebsunternehmen gemäß § 84 HGB Handelsvertreter. In allen anderen Fällen sei das Vertriebsunternehmen als

184 Ballerstedt, S. 524.

Handelsmakler einzuordnen[185]. Der Emissionsgehilfe vermittle ein limitiertes Kommanditkapital, sei also nur für einen begrenzen Zeitraum für das Emissionshaus tätig. Die Kommanditbeteiligungen an den Gesellschaften seien Gegenstände des Handelsverkehrs, da der Beitrittsvorgang formularmäßig standardisiert sei[186].

e) Die Haftung des Absatzmittlers sui generis nach Köndgen

Dagegen wird argumentiert, dass der Realtypus des Anlagevermittlers sich vom Normaltypus des Handelsmaklers in konstitutiven Elementen unterscheide[187]. Der beauftragte Anlagevermittler sei entgegen den gesetzlichen Anforderungen des § 93 HGB nicht neutral und objektiv, da er aufgrund des Geschäftsbesorgungsvertrages mit dem Emittenten einer Vertriebsförderungspflicht unterliege. Die Intensität des Beratungskontaktes zwischen Anlagevermittler und Investor, für die der Vermittler sogar werbe, sei untypisch für die Tätigkeit als Makler. Der Anlagevermittler sei vielmehr ein dem Emissionshaus vertraglich verbundener Absatzmittler sui generis, also ein Geschäftsbesorger und organisatorisch als eine Distributionsinstanz mit Absatzförderungspflicht anzusehen[188]. Diese Ansicht macht die Einordnung insbesondere davon abhängig, ob der Anlagevermittler neben dem Prospektmaterial des Emissionshauses eigene Unterlagen ausarbeitet, sich als „erfahrener und seriöser“ Partner bewirbt und wie zum Beispiel bei ausländischen Immobilienfonds alleiniger Vertrauensadressat des Anlegers wird. Bei der Entscheidung der Frage der Einordnung des Vertriebsunternehmens sind somit auch nach dieser Ansicht die konkreten Umstände des Einzelfalles zu berücksichtigen. Vermittler von Beteiligungsanteilen sind daher nicht generell als Handelsvertreter oder Handelsmakler einzuordnen. Die Zuordnung bedarf vielmehr der Überprüfung der konkreten Tätigkeit des Vertriebsunternehmens.

f) Stellungnahme

Eine Prüfung der Haftung des Anlagevermittlers unter Außerachtlassung der vertriebsrechtlichen Stellung und damit der handelsrechtlichen Vorschriften ist fehlerhaft. Grundsätzlich ist Köndgen daher zuzustimmen, der zunächst die vertriebsrechtliche Einordnung prüft und sich dann an der Tätigkeit orientiert, welche der Finanzdienstleister gegenüber dem Kunden entfaltet. Aber auch bei der differenzierenden Betrachtung Köndgens fehlt es an einer Feststellung einer einheitlichen Tätigkeit, die wiederum Anknüpfungspunkt für die Statuierung von einheitlichen Sorgfaltspflichten sein muss. Ob ein Finanzdienstleister eigene

---

185 v. Grießenbeck, BB 1988, S. 2190.

186 Lutter, in: FS Bärmann, S. 613 f.

187 Köndgen, AG 1983, S. 123.

188 Ebenda, S. 123.

Unterlagen ausgearbeitet hat und damit einer weitergehenden Haftung ausgesetzt ist, kann der Kunde zunächst nicht erkennen. Den Finanzdienstleistern gemeinsam ist jedoch die Vermittlungstätigkeit, die damit einen Anknüpfungspunkt für einen Katalog von Verhaltenspflichten bilden kann. Die Ausübung von Vermittlungstätigkeit entscheidet mithin auch, welche an Vertrieb beteiligten Finanzdienstleister als Haftungsadressaten in Frage kommen.

Die Rechtsbeziehung zwischen Anlagevermittler und Anleger wird somit nicht durch eine deliktische Handlung in Form einer falschen Auskunft begründet, sondern durch die vertragliche Tätigkeit der Vermittlung. Die Vermittlung ist die Hauptleistung des Anlagevermittlers, Informationspflichten sind dessen Nebenpflichten.

3. Einordnung von Finanzdienstungen nach dem erarbeiteten Vermittlungsbegriff

Tätigkeiten, welche die Vermittlung von Finanzanlagen des Nebenkapitalmarktes zum Inhalt haben, liegt grundsätzlich ein Auftrags- oder Geschäftsbesorgungsverhältnis zugrunde. Dieses kann, wie bereits festgestellt, entweder mit dem Kunden oder mit einem anderen Finanzdienstleister zustande kommen. Die Regelungen des HGB finden auf solche Vermittler keine Anwendung, die nicht gewerbsmäßig tätig sind oder nicht die in § 93 HGB genannten Gegenstände des Handelsverkehrs vermitteln. Neben dem Tätigwerden als Handelsvertreter oder Handelsmakler kommt das Erbringen von Vermittlungstätigkeiten als Vertreter oder Bote eines anderen Finanzdienstleisters in Betracht.

a) Angestellte oder selbstständige Vermittler, die Weisungsbefugnisse gegenüber untergeordneten Vertriebsmitarbeitern im Vertriebsunternehmen inne haben

Kommt es nach der Börsendienst-Entscheidung vom 8.2.1978, die einen Beratungsvertrag zwischen dem Herausgeber eines Börsendienstes und dem diesen erwerbenden Anleger angenommen hat[189], nicht auf solche unmittelbar in Kundengesprächen erteilten Auskünfte an, ist zu überlegen, ob die von solchen Vertriebsebenen, welche nicht im direkten Kundenkontakt stehen, erbrachten Beiträge zur Vermittlung von Finanzanlagen wie zum Beispiel Schulung, Erarbeitung von Angeboten und Gestaltung von Werbung in den Vermittlungsbegriff einfließen und eine Mangelhaftigkeit ihrer Leistung eine Haftung gegenüber dem geschädigten Kunden auslösen könnte. Aus dem gesetzlich in §§ 84, 93 HGB definierten Vermittlungsbegriff folgt, dass auch anleitende oder beaufsichtigende Tätigkeiten, welche der dem Vermittler übergeordnete Vertriebsmitarbeiter ausübt,

189 BGHZ 70, 356.

als Vermittlung qualifiziert werden könnten, da hiernach auch ein mittelbares Einwirken auf den Kunden eine Vermittlungstätigkeit darstellt.

(1) Abgrenzung zu angestellten Mitarbeitern, die rein administrativ tätig sind

Zeichnet sich die Vermittlungstätigkeit durch das unmittelbare oder mittelbare Einwirken auf den Kunden und damit durch die Beteiligung an der Vorbereitung des Erwerbsentschlusses des Kunden aus, so sind nur solche abhängig beschäftigten Personen im Vertriebsbereich keine Finanzdienstleistungsvermittler, die lediglich verwaltende Tätigkeiten ausüben, also zum Beispiel bereits erteilte Kundenaufträge weiterleiten oder bearbeiten, ohne eine besondere Stellung im Vertrieb innezuhaben. Sie üben keine Tätigkeiten aus, welche Einfluss auf den Inhalt oder die Präsentation und damit auf die Qualität des dem Kunden offerierte Beteiligungsangebots hat. Eine Vermittlungstätigkeit kann hingegen bei arbeitsteilig ausgeführten Finanzdienstleistungen vorliegen, wenn ein Mitarbeiter schriftliche Angebote zum Abschluss von Verträgen über Finanzanlagen an bestimmte Kunden formuliert und damit gestaltend auf eine Produktofferte Einfluss nimmt, um eine konkrete Anlageentscheidung des Kunden hervorzurufen. Ein Einfluss ist auch dann festzustellen, wenn der Finanzdienstleister die Bewerbung des Anlageprodukts vornimmt, dieses also anpreist, um hierdurch Einfluss auf die Anlageentscheidung des Kunden zu nehmen. Ein Einwirken im Sinne des Vermittlungsbegriffs wird unter diesen Umständen anzunehmen sein.

b) Einordnung von Botentätigkeiten

Zu prüfen ist, ob die bloße Tätigkeit als Bote als Vermittlung zu bezeichnen ist. Bote im Sinne des BGB ist derjenige, von dem der Kontrahent den Eindruck haben muss, dass er für die abgegebene oder zu empfangende Willenserklärung nur eine Übermittlerfunktion wahrnimmt[190]. Keine Vermittlungstätigkeit nach den §§ 84, 93 HGB stellt eine Tätigkeit dar, die sich darauf beschränkt, Möglichkeiten zum Abschluss von Verträgen namhaft zu machen oder Kontakte zwischen einem Interessenten und einem Finanzdienstleistungsvermittler herzustellen. Damit ist allein die Überbringung einer Willenserklärung grundsätzlich nicht ausreichend für die Annahme der Vermittlereigenschaft. Insofern sind Finanzdienstleister, welche die von anderen vermittelten Kundenaufträge nicht selbst ausführen, sondern lediglich diese als Boten an Kreditinstitute, andere Produktunternehmen oder Vertriebsstufen weiterleiten, grundsätzlich nicht Vermittler.

c) Einordnung von Banken

Der Anleger kauft Finanzanlagen nicht wie zum Beispiel börsengängige Effekten, im Rahmen des typischen Emissionsgeschäfts von der Bank, sondern der

---

190 Staudinger/Schilken, Vorbem. zu §§ 164 ff. Rdnr. 74.

Erwerb vollzieht sich durch Beitritt zu der meist im Gründungsstadium oder in der Anlaufphase befindlichen Gesellschaft. Die Bank kann daher die Rechtsstellung eines Vermittlers haben, der als Handelsmakler eingeordnet wird[191]. Sie haftet daher nach § 98 HGB.

d) *Einordnung von Banken, die den Erwerb von Finanzanlagen finanzieren*

Grundsätzlich stellen Finanzdienstleistungen, welche die Finanzierung von Vorhaben zum Inhalt haben, keine Anlagevermittlung dar. Jedoch kann auch durch die Gewährung einer Finanzierung eines bestimmten Projekts oder Vorhabens eine Anlageentscheidung beim Kunden hervorgerufen werden. Da der Vermittlungsbegriff ein Einwirken auf den Kunden mit der Zielrichtung diesen zur Anlageentscheidung zu bewegen voraussetzt, kann das Angebot der Gewährung einer Finanzierung des Anlageerwerbs bereits eine Vermittlungstätigkeit darstellen.

Insbesondere in den Entscheidungen zur Bankenhaftung bei der Finanzierung von Immobilienprojekten werden jedoch keine Feststellungen dazu getroffen, ob die Bank Vermittlungstätigkeiten entfaltet hat, unabhängig davon, dass die Bank in Einzelfällen durch vermittelnde Tätigkeiten Kontakte zwischen Produktunternehmen und Vertriebsunternehmen hergestellt hatte[192]. Die Feststellungen der Gerichte konzentrieren sich zumeist auf die Tätigkeit der Finanzierung des Erwerbs der Kapitalanlagen und die hiermit korrespondierenden Verhaltenspflichten. Die Haftung von Banken wird von der Rechtsprechung fast ausschließlich mit der Zurechnung des Verschuldens des als Erfüllungsgehilfen tätigen Vermittlers gemäß § 278 BGB begründet[193]. § 278 BGB setzt ein bestehendes Schuldverhältnis voraus[194], welches zwischen Bank und Kunde durch Einschaltung des Vermittlers zustande kommt. Dieses Schuldverhältnis muss sich in seinem Inhalt an der vom Erfüllungsgehilfen erwarteten Tätigkeit orientieren. Der Vermittler ist nach der Entscheidung des OLG München vom 20.4.1999 Wissensvertreter der Bank, wenn er nach deren Arbeitsorganisation dazu berufen ist, im Rechtsverkehr als deren Repräsentant bestimmte Aufgaben in eigener Verantwortung zu übernehmen (Erstellung eines Finanzierungsplans) und die dabei anfallenden Informationen (Einkommens- und Vermögensverhältnisse) zur Kenntnis zu nehmen und gegebenenfalls weiterzugeben.

Das der Tätigkeit des Vermittlers zugrunde liegende Schuldverhältnis zwischen der Bank und dem Kunden ist nach der Rechtsprechung meist allein der Darlehensvertrag. Die Haftung der Bank kann sich somit in diesen Fällen also auf die dem Finanzdienstleister im Rahmen seiner Vermittlungstätigkeiten über-

---

191 Canaris, Bankvertragsrecht, Rdnr. 2292.

192 BGH LM § 276 (Cc) Nr. 30 Bl .1.

193 OLG München, VuR 1999, 444, 446 unter Berufung auf BGHZ 117, 194, 106.

194 Palandt/Heinrichs, § 278 Rdnr. 2; BGHZ 58, 212.

tragenen Pflichten der Bank bei der Finanzierung des Erwerbs der Finanzanlage gründen. Ob sich eine Ausübung von Vermittlungstätigkeiten durch die Bank durch Einschaltung eines Vermittlers begründet, wird durch die Rechtsprechung nicht untersucht. Anhaltspunkte hierfür könnten in Fällen bestehen, in denen die Bank einen Vorteil durch die erfolgreiche Vermittlung einer Finanzanlage erlangt und diesen durch ihre Finanzierungstätigkeit auch beabsichtigt. In diesem Falle wären Sorgfaltspflichtverletzungen des eingeschalteten Finanzdienstleisters nicht nur hinsichtlich der von diesem erteilten Angaben zur Finanzierung des Erwerbs dem finanzierenden Kreditinstitut im Rahmen des § 278 BGB zuzurechnen.

e) Einordnung von Informationsbereitstellung durch Medien

Medienunternehmen nehmen durch Bereitstellung und Kommentierung von Informationen über Nebenkapitalmarktanlagen einen gewichtigen Einfluss auf die Anlageentscheidung des Kunden.

(1) Zeitungen, Magazine, Informationsdienste

Bereits in seiner „Börsendienst-Entscheidung" vom 8.2.1978 hat der BGH die Ansicht vertreten, dass ein Beratungsvertrag zwischen Herausgeber und Leser eines Informationsdienstes bestehe. Sofern der Herausgeber eines Informationsdienstes auf die Anlageentscheidung durch Raterteilung hinsichtlich einer konkreten Finanzanlage einwirkt liegt daher eine Anlagevermittlung vor.

(2) Werbefilme, Verkaufsveranstaltungen, Messen

Werbefilme und Veranstaltungen, die ausschließlich der Bewerbung der Finanzanlage dienen, stellen keine Vermittlung im Sinne des HGB dar, da diese nicht beabsichtigen, den konkreten Geschäftsabschluss fördern[195]. Daher reicht es nicht aus, wenn der Beauftragte für einen Unternehmer oder dessen Produkt nur allgemein wirbt oder Kaufanreize hervorruft, ohne einen konkreten Geschäftsabschluss anzustreben[196], selbst wenn er für den Verkaufserfolg eine Provision erhielte.

(3) Internet-Finanzportale, Suchmaschinen und Online-Banking

Die Tätigkeit von Internet-Finanzportalen und Suchmaschinen besteht in dem Zusammenbringen der Anbieter von Finanzanlagen und der potenziellen Anleger auf der Nachfrageseite. Beim Online-Banking in Form des Homebankings mit Hilfe eines Personal Computers kann der Bankkunde im Wege elektro-

---

195 Küstner/v. Manteuffel I Rdnr. 21; MünchKomm/v. Hoyningen-Huene, § 84 Rdnr. 58.
196 LG Bielefeld, BB 1975, 7, 8; Brüggemann, in: Großkomm.HGB, § 84 Rdnr. 23.

nischer Kommunikation mit dem Rechner der Bank über ein geschlossenes Netz oder über offene Netze (Internet) entweder bereitgestellte Informationen abrufen oder bestimmte Transaktionen durchführen[197]. Da eine Vermittlungstätigkeit nicht voraussetzt, dass eine bestimmt Willensrichtung bei dem Dritten erst herbeigeführt wird, könnte eine Vermittlungstätigkeit vorliegen, da die Vermittlung im Sinne des HGB schon im Zusammenführen der abschlussbereiten Personen besteht[198]. Sofern hier eine entgeltpflichtige Bereitstellung einer Angebotsmöglichkeit im Internet erfolgt, würde der Provider somit aus einem Vermittlungsvertrag haften. Discount-Broker oder Vertriebsunternehmen, welche Vertragsabschlüsse über Kapitalanlagen lediglich im Internet (sog. „Execution-Only"-Bereich) anbieten, sind jedoch grundsätzlich nicht als Handelsmakler und damit vermittelnd tätig. Denn eine Vermittlungstätigkeit i.S.d. § 93 HGB ist in jedem Fall dann zu verneinen, wenn die Tätigkeit lediglich im Nachweis der Abschlussgelegenheit besteht[199] und damit das eigentliche Einwirken auf den Anleger gegenüber der Anbahnung von Verträgen in den Hintergrund tritt. Keine Bedeutung für die Einordnung der Tätigkeit hat somit die Tatsache, dass der Discount-Broker eine Provision für die Bereitstellung einer Internet-Plattform für das Produktunternehmen erhält[200].

f) Einordnung beratender Tätigkeiten im Zusammenhang mit Vermittlung

Die Vermittlung von Kapitalanlagen kann auch durch die Angehörigen freier Berufe erfolgen. Eine Haftung aus einem Vermittlungsvertrag kann somit auch gegeben sein, wenn zum Beispiel ein Rechtsanwalt auf seinen Mandanten einwirkt, um ihn zum Erwerb einer Finanzanlage zu bewegen und er damit ein eigenes wirtschaftliches Interesse verfolgt.

E. Zwischenergebnis

Eine Haftung aus p.V.V. eines Vermittlungsvertrags kommt mithin für eine Mehrheit von unmittelbar und mittelbar am Vertrieb Beteiligten in Betracht, wenn von diesen Beiträge erbracht werden, die geeignet waren, den Anleger zu seiner Entscheidung zu bestimmen und eine vertragliche Bindung zu begründen. Der hier bestimmte Vermittlungsbegriff geht insofern über den der Rechtsprechung hinaus, als dass er geeignet ist, Sorgfaltspflichten an Finanzdienstleis-

197 BGH ZIP 2001, 152, 153.

198 Schlegelberger/Schröder, § 84 Rdnr. 18a.

199 Baumbach/Hopt, § 93 Rdnr. 13; MünchKommHGB/v. Hoyningen-Hüne, § 93 Rdnr. 25 f.

200 Dieses ist bei Internet-Finanzportalen (z.B. Moneyshelf.com als Produktidee der Deutschen Bank AG) der Fall, wonach die Inhaltepartner eine Provision für die Bereitstellung der Möglichkeit zahlen, dass Kunden die Geld- und Versicherungskonten unter einer Adresse frei abrufen können (s. BB 2000, Heft 39, S. IV).

tungstätigkeiten verschiedener am Vertrieb Beteiligten zu knüpfen und eine Unterscheidung deren beruflichen Status durch den Kunden nicht mehr erforderlich macht. Dadurch wird die Übereinstimmung von vertriebsrechtlichen und kapitalanlagerechtlichen Kriterien erreicht. Der Charakter der Tätigkeit und damit die primäre Leistungspflicht des Vermittlers liegt nicht in der Erteilung einer Auskunft über die Finanzanlage, sondern in der Vermittlung und damit in der Namhaftmachung und Empfehlung einer Finanzanlage. Erst hieraus ergibt sich die Auskunftspflicht als Nebenpflicht.

Die Rechtsprechung lässt eine Haftung aus § 98 HGB unbeachtet. Der im Vertrieb eines Finanzanlageprodukts als Handelsmakler tätige Finanzdienstleister haftet nach § 98 HGB als spezialgesetzlicher Haftungsnorm. Gemäß § 98 haftet der Handelsmakler jeder der beiden Parteien für den durch sein Verschulden entstehenden Schaden. Mithin muss vor der Prüfung des Vorliegens eines Vermittlungsvertrags zunächst eine vertriebsrechtliche Einordnung des Finanzdienstleisters erfolgen. Eine solche nimmt der BGH jedoch bei seiner Differenzierung zwischen Anlagevermittlern und Anlageberatern nicht vor.

Der Vergleich des werbend auftretenden Anlagevermittlers mit einem Handelsvertreter zur Bestimmung des Anlegervertrauens und seines Mitverschuldens ist irreführend. Die vom BGH aufgrund dieses Vergleichs unterlassene Anwendung des § 98 HGB ist, wenn der Vermittler als Makler tätig ist, systemwidrig. Die Nichtanwendung dieser Handelsmaklervorschrift widerspricht der strikten Trennung zwischen Handelsvertreter- und Handelsmaklervorschriften und des Verbots der jeweiligen analogen Anwendung.

Vor der Prüfung eines Anspruchs aus der Pflichtverletzung eines Vertrages gemäß § 276, ist zunächst zu prüfen, ob der Anlagevermittler als Handelsmakler einzuordnen ist und vorrangig eine Haftung gemäß § 98 HGB gegeben ist. Weiter ist zu prüfen, ob die gegenüber dem Kunden erbrachte Leistung eine Anlageberatung darstellt. Diese Prüfung erfolgt anhand der Analyse des erkennbaren Erwartungshorizonts des Anlegers, unterstützt durch das werbliche Auftreten des Finanzdienstleisters und durch die Indizierung bestimmter beratungsmäßiger Tätigkeiten. Hierfür kommt die Vorlage eines persönlichen Berechnungsbeispiels sowie die Erörterung mehrerer Anlagealternativen in Frage. Kommt ein Vertrag über eine Anlageberatung nicht in Betracht, ist zu untersuchen, ob ein Vertrag mit dem Inhalt der Vermittlung der Finanzanlage vorliegt. Dieser kann auch gegeben sein, wenn der Finanzdienstleister nur mittelbar an der Vermittlung mitgewirkt und einzelne Beiträge erbracht hat, die geeignet und bestimmt sind, auf den Willen des Anlegers zum Vertragsabschluss einzuwirken. Erst auf Grundlage einer solchen Qualifikation der Finanzdienstleistung kann geprüft werden, welchen Inhalt die vom Finanzdienstleister zu erbringende Informationspflicht hat und ob diese verletzt wurde.

Fünftes Kapitel

Die Sorgfaltspflichten der Vermittler

Die Schadensersatzhaftung des Vermittlers nach den Grundsätzen des Verschuldens bei Vertragsschluss und aus Vertrag wird in der Rechtsprechung durch eine Verletzung von dessen Sorgfaltspflichten begründet. Wie oben festgestellt, unterscheidet die Rechtsprechung dabei zwischen der Finanzdienstleistung des Anlageberaters und der des Anlagevermittlers. Es sollen Inhalt und Umfang der den beiden Finanzdienstleistungsformen von der Rechtsprechung zugeordneten Sorgfaltspflichten untersucht werden. Bereits im letzten Kapitel ist festgestellt worden, dass für beide Finanzdienstleistungsformen die dort definierte Tätigkeit des Vermittelns bestimmend ist. Es soll daher erörtert werden, ob und inwieweit Verhaltenspflichten an diese Vermittlungstätigkeiten angeknüpft werden können. Darüber hinaus ist zu untersuchen, ob die Verhaltenspflichten in der Rechtsprechung den Pflichten widersprechen, welche den Vermittlern aufgrund ihrer vertriebsrechtlichen Qualifikation zugewiesen sind.

A. Informations-, insbesondere Auskunfts-, Aufklärungs- und Nachforschungspflicht

Wie bereits in Kapitel 4 dargelegt, hat die Rechtsprechung im Rahmen der gewohnheitsrechtlich anerkannten und nunmehr gesetzlich normierten Haftungstatbestände der culpa in contrahendo und der positiven Vertragsverletzung seit langem im Wege der Rechtsfortbildung Beratungs- und Aufklärungspflichten normiert. Der Finanzdienstleister erfüllt diese Pflichten nicht schon durch Vorlage von schriftlichen Unterlagen, wie zum Beispiel Prospekten, aus denen der Kunde die erforderlichen Erkenntnisse entnehmen kann[1]. Die Informationspflichten können in Auskunfts-, Aufklärungs- und Nachforschungspflichten unterteilt werden. Ihr Vorliegen soll zunächst jeweils für die in den Urteilen als Anlageberater und Anlagevermittler eingeordneten Finanzdienstleister untersucht werden.

1. Anlageberater

Der Anlageberater hat nach Ansicht der Rechtsprechung eine Auskunfts-, Aufklärungs- und Nachforschungspflicht[2]. Eine diesbezügliche Pflichtverletzung umfasst auch das Unterlassen gebotener Information, da in der Rechtsprechung

1 BGH WM 1993, 530; LG Paderborn, WM 1996, 1843, 1845.
2 BGH NJW 1982, 1095.

zur Prospekthaftung anerkannt ist, dass nicht nur die unrichtige Unterrichtung, sondern auch das Unterlassen gebotener Information eine Schlechterfüllung darstellt[3].

a) *Nachforschungspflicht*

Die Nachforschungspflicht[4] umfasst die eigene Unterrichtung des Finanzdienstleisters über die für die Beurteilung des Risikos wesentliche Bonität des Emittenten unter Auswertung der dazu vorhandenen Veröffentlichungen in der Wirtschaftspresse[5]. Das OLG Düsseldorf hat in seinem Urteil vom 8.7.1994 („Polly Peck-Anleihen-Fall“) die Verpflichtung zur eigenen Bonitätsprüfung bei negativen Anhaltspunkten, zum Beispiel kritischen Stimmen in der Wirtschaftspresse, angenommen. Ansonsten könne sich die Bank in ihrer Funktion als Beraterin auf Nachprüfungen anderer anerkannter Bankinstitute verlassen[6]. Durch diese Begrenzung der Nachforschungspflicht ist die Möglichkeit der Inanspruchnahme des Auskunftspflichtigen stark eingeschränkt worden. Mangels vertraglicher Beziehungen wird sich der Anleger an die Bankinstitute, auf deren Auskunft sich der Auskunftspflichtige verlassen hat, nicht wenden können. Lediglich einzelne Gerichte haben eine Verpflichtung zu eigenen Nachforschungen und zur Überprüfung von Angaben Dritter statuiert[7].

Die Nachforschungspflicht reicht im Übrigen soweit, wie auch das schutzwürdige Vertrauen des Informationsempfängers auf die Richtigkeit der Angaben reicht[8]. Begründet wird die Nachforschungspflicht durch die wirtschaftliche Bedeutung, das Verlustrisiko des Beitrittsentschlusses und durch die zumeist fehlende Überprüfungsmöglichkeit des Anlegers.

Aus der Nachforschungspflicht begründet die Rechtsprechung ferner die Pflicht des Anlageberaters, bei unzureichenden Recherchen auf eine Empfehlung zu verzichten und auf das von ihm nicht einzuschätzende Risiko hinzuweisen[9]. Auch auf das Fehlen von externen Ratings hat der Finanzdienstleister hinzuweisen[10]. Selbst wenn keine Pflicht zu einer eigenen Bonitätsprüfung besteht, ist es im Interesse der sachgerechten wirtschaftlichen Einschätzung des Kunden ge-

---

3 BGH NJW 1982, 1095.

4 BGHZ 123, 126, 131; OLG Düsseldorf, WM 1996, 1082, 1086; AG Göttingen, VuR 2002, 246, 249.

5 BGHZ 123, 126, 131; OLG Düsseldorf, WM 1996, 1082, 1086; OLG Braunschweig, WM 1996, 1484, 1485; LG München I, BKR 2002, 467, 468; OLG Celle, Urteil v. 15.8.2002, Az. 11 U 291/01.

6 OLG Düsseldorf, ZIP 1994, 1256, 1257.

7 LG Paderborn, WM 1996, 1843, 1845.

8 BGH NJW 1982, 1095.

9 BGHZ 123, 126, 131.

10 OLG Nürnberg, BB 1998, 498.

boten, dass ihm der Finanzdienstleister deutlich macht, dass er keine eigene Prüfung der Bonität angestellt hat[11].

b) *Informationspflicht*

Der Beratungsvertrag verpflichtet den Finanzdienstleister nach Rechtsprechungsansicht zur Erteilung von umfassenden Auskünften und zur umfassenden Aufklärung über die sachlichen Gesichtspunkte der Anlage, sofern der Anleger aufklärungsbedürftig ist[12]. Die Beratung, muss sachlich richtig, klar, vollständig[13] und für den Kunden verständlich sein[14]. Die Informationspflicht umfasst auch den Hinweis auf kritische Berichterstattung in der Wirtschaftspresse[15]. Sie muss dazu geeignet sein, ein Risikobewusstsein aufseiten des Anlegers herzustellen, welches eine selbstverantwortbare, seinen Wünschen entsprechende sachgerechte Entscheidung zulässt[16]. Ferner muss die Aufklärung auf die Kenntnisse und Erfahrungen des Anlegers abgestimmt sein. Das Kammergericht hat in der Entscheidung vom 25.1.1999 („Kraftfahrer-Fall") hierzu ausgeführt, dass der erkennbar unerfahrene Anleger unter Berücksichtigung von dessen Einkommens- und Vermögensverhältnissen über die steuerlichen Auswirkungen einer Beteiligung als Kommanditist aufzuklären ist. Der Anleger müsse darauf hingewiesen werden, dass unter steuerlichen Gesichtspunkten, insbesondere bei Fehlen der entsprechend hohen Einkommenssteuerprogression, kein Grund bestehe, sich an der steuersparenden Kapitalanlage zu beteiligen. Der Anleger, von Beruf Kraftfahrer eines Müllentsorgungsunternehmens, hatte anlässlich eines Anlagegesprächs einen sogenannten Analysebogen ausgefüllt und dabei Gehaltsnachweise, einen Einkommenssteuerbescheid und eine Selbstauskunft über seine Unterhaltsverpflichtung und sein Vermögen vorgelegt[17].

2. Anlagevermittler

Grundsätzlich hängt es nach Ansicht des BGH von den Umständen des Einzelfalles ab, welche Anforderungen an die Sorgfaltspflichten des Vermittlers zu

---

11 OLG Braunschweig, WM 1996, 1484, 1485.

12 OLG Koblenz, WM 1996, 1089, 1090; BGH DB 2000, 1912, 1913.

13 OLG Koblenz, WM 1996, 1089, 1090; LG Paderborn, WM 1996, 1843, 1845; OLG Braunschweig, WM 1998, 375, 376; OLG Frankfurt a.M., ZIP 1998, 1713.

14 OLG Braunschweig, WM 1998, 375, 376.

15 OLG Düsseldorf, WM 1996, 1082, 1087. Diese Hinweispflicht auf Negativberichterstattung ist in jüngster Zeit stark in die Kritik geraten. Es wird vor allem kritisiert, dass Presseorgane keine Gewähr für verlässlichen Informationen über Finanzanlagen geben können und diese Hinweise den Anleger überfordern würden (Loritz, NZG 2002, S. 890; Wagner, WM 2002, S. 1037).

16 OLG Koblenz, WM 1996, 1089, 1090.

17 KG WM 2000, 1329, 1331.

stellen sind[18], insbesondere von dessen Inanspruchnahme besonderen Vertrauens[19]. Dieses zeigt sich am Urteil des BGH vom 13.5.1993 („Filmproduktions-GmbH-Fall"). Hier hat der BGH die Sorgfaltspflichtverletzung darin gesehen, dass der Vermittler die streitige stille Beteiligung als eine sichere Kapitalanlage bei einer besonders im Trend liegenden Firma mit bestem Auftragsbestand und zu erwartenden guten Erträgen schilderte, ohne gleichzeitig zu offenbaren, dass es sich bei der Darstellung um eine subjektive Aussage handelte, die insbesondere nicht auf objektiven Informationen über den Stand des Unternehmens beruhte und die er trotz Fehlens jeglicher Kenntnisse über die wirtschaftliche und finanzielle Situation des Unternehmens abgab[20]. Hieraus ergibt sich, dass der BGH den Inhalt der Informationspflicht und weitere Nachforschungs- und Offenbarungspflichten auf die werbende Aussage des Vermittlers gründet.

a) Inhalt der Informationspflicht

Der BGH hat in seinem Urteil im Filmproduktions-GmbH-Fall, wie bereits in anderen Urteilen[21] die Ansicht vertreten, dass der Vertrag zwischen dem Anlageinteressenten und Anlagevermittler lediglich auf Auskunftserteilung abzielt. Hieraus hat er den Inhalt der Informationspflicht in verschiedenen Urteilen abgeleitet. Hinsichtlich der Informationsqualität hat der BGH die Ansicht vertreten, dass der Vermittler zu richtiger, sorgfältiger und vollständiger Information über die tatsächlichen Umstände verpflichtet ist[22]. Die übergebenen schriftlichen Informationen müssten auf Nachfrage erläutert, widersprüchliche Angaben aufgedeckt und gegebenenfalls richtig gestellt werden[23]. Ferner seien solche Informationen mitzuteilen, die für den Anlageentschluss des Interessenten von besonderer Bedeutung seien[24]. In seinem Urteil vom 14.2.2000 („Öl- und Gasförderungsprojekt-Fall") hat das HansOLG den Geschäftsführern einer Vermittlungsgesellschaft als Verwender des Prospekts und anderer Vertriebsunterlagen dementsprechend die Pflicht auferlegt, den Anleger darauf hinzuweisen, dass die von ihm aufzubringende Nettozeichnungssumme an dem vermittelten Investitionsprojekt lediglich zu 70% in das Projekt fließen[25]. Der Aufklärungspflicht würde auch nicht dadurch genügt, dass dem Anleger schriftliche Unterlagen überlassen wür-

---

18 BGHZ 74, 104, 110; BGH NJW-RR 1989, 150.

19 BGH NJW-RR 1989, 150.

20 BGH WM 1993, 1238, 1240.

21 BGH NJW 1982, 1095, 1096.

22 BGH NJW 1983, 10730, 1731; WM 1988, 95; BGHZ 123, 126, 128 f.; BGH WM 1993, 1238, 1239; OLG Braunschweig, WM 1996, 1484, 1485.

23 BGH NJW 1983, 1730; 1998, 448.

24 BGH WM 1993, 1239; NJW 1998, 302 ff.; OLG Braunschweig, WM 1996, 1484, 1485; KG WM 2000, 1329, 1331.

25 HansOLG Hamburg, NZG 2000, 1088, 1089.

den, aus denen er selbst die richtigen Schlüsse ziehen könne[26]. Zu den Informationen, die für den Kunden von besonderer Bedeutung seien, gehörten auch Informationen, die geeignet seien, den Vertragszweck zu vereiteln[27]. Die Verpflichtung, dem Kunden ein zutreffendes Bild von den Chancen und Gefahren der vermittelten Geschäfte zu verschaffen, hat die Rechtsprechung auch im Vorfeld der vertraglichen Beziehungen angenommen[28]. Darüber hinaus sei auch hierbei auf die Geschäftserfahrung und den konkreten Kenntnisstand des Anlageinteressenten abzustellen. Der BGH hat die Informationspflicht insoweit begrenzt, als dass die Information nicht mit einer Bewertung durch den Vermittler verbunden zu sein brauche[29].

b) Offenbarungspflicht

Schließlich müsse der Vermittler richtig stellen, dass seine Informationsgrundlagen nicht ausreichten, wenn er durch seine Angaben den Eindruck erwecke, seine Überzeugung von einer sicheren Kapitalanlage beruhten auf objektiven Informationen über den wirtschaftlichen Stand des Unternehmens[30]. Die Rechtsprechung hat mithin auch eine Offenbarungspflicht des Anlagevermittlers statuiert.

c) Nachforschungspflicht

Der BGH begründet das Einstehenmüssen für die dem Vermittler zur Verfügung stehenden Informationen mit einer Nachforschungspflicht. Auch der Vermittler muss die Verlässlichkeit der von ihm erteilten Informationen überprüfen und hierzu eigene Ermittlungen anstellen[31]. Dieses gilt umso mehr, wenn der Vermittler in dem zugrunde liegenden Falle dem Kunden gegenüber mehrfach betont hatte, dass das Anlageobjekt eingehend überprüft worden sei und der Prospekt Absatzerwartungen erweckt habe, für die es tatsächlich keine Anhaltspunkte gab[32]. Ebenso hat das OLG Düsseldorf in seinem Urteil vom 19.2.1999 („Immobilienfondsprospekt-Fall“) die Ansicht vertreten, dass der Vermittler nur solche Auskünfte geben dürfe, von deren Richtigkeit, Vollständigkeit und Zuverlässigkeit er sich selbst aufgrund eigener sorgfältiger Prüfung überzeugt habe[33]. Er müsse, wie auch schon für den Anlageberater festgestellt, alle ihm zugänglichen Informa-

---

26 KG WM 2000, 1329, 1331.

27 BGH WM 1971, 1096, 1097; 1974, 849, 851; KG WM 2000, 1329, 1331.

28 OLG Düsseldorf, WM 1996, 1059, 1061.

29 BGH NJW 1981, 1266; 1981, 1449; 1982, 1095; NJW-RR 1989, 150; OLG Oldenburg, WM 1987, 169.

30 BGH WM 1993, 1240.

31 BGHZ 74, 104, 112; OLG Saarbrücken, Urteil v. 6.9.2002, Az. 1 U 577/01-133.

32 BGHZ 74, 104, 112.

33 OLG Düsseldorf, NZG 1999, 609, 610.

tionen ausschöpfen, um sich und anschließend dem Kunden ein richtiges Bild über die für die Beurteilung des Risikos wesentliche Bonität des Anlageemittenten verschaffen zu können. Dabei habe er insbesondere auch die etwa vorhandenen Veröffentlichungen in der Wirtschaftspresse auszuwerten und den Kunden gegebenenfalls über dort veröffentlichte kritische Stellungnahmen zu unterrichten[34]. Hierzu gehöre auch die Überprüfung der angebotenen Kapitalanlage auf ihre Wirtschaftlichkeit[35]. Zur Nachforschungspflicht gehöre auch, dass der Vermittler sich die ihm fehlenden Informationen zur Kapitalanlage beschaffe bzw. von der Beschaffung seine Vertriebstätigkeit abhängig mache[36]. Ein vermittelndes Kreditinstitut, welches den mit der Informationsbeschaffung verbundenen Aufwand scheue, müsse auf die Empfehlung verzichten oder bei Nachfrage auf die Informationslücken hinweisen[37].

d) Begrenzung durch die Nachforschungspflicht des Kunden

Der BGH hat in seinem Ausgangsurteil zur Haftung von Anlagevermittlern vom 25.11.1981 („Anlagevermittler-Fall") die Ansicht vertreten, dass das Vertrauen des Anlegers unter besonderen Umständen nicht geschützt sei[38]. Neben Fällen der Außerachtlassung von Warnungen dritter Seite und Nichtbeachtung von differenzierenden Hinweisen seitens des Finanzdienstleisters liegt nach Ansicht des BGH ein solcher Umstand vor, wenn es für den Interessenten ohne weiteres erkennbar ist, dass der Vermittler für die kapitalsuchende Seite tätig ist. In einem solchen Fall könne der Anleger davon ausgehen, dass der Vermittler nur sein eigenes wirtschaftliches Interesse im Auge habe[39]. Daher habe der Anleger solche Angaben, die den Vertriebsinteressen entgegenstünden und daher nicht herausgehoben oder auffällig mitgeteilt würden, zumindest durch Rückfragen, wenn nicht sogar durch eigene Nachforschungen zu ermitteln[40]. Hierin besteht der wesentliche Unterschied in den Sorgfaltspflichten zwischen den von der Rechtsprechung differenzierten Anlagevermittlern und Anlageberatern.

---

34 BGH NJW 1978, 997, 1984, 355; NJW-RR 1989, 150; BGHZ 123, 126, 129; OLG Düsseldorf, WM 1996, 1082, 1086; LG Hannover, VuR 2002, 27, 29.

35 BGH NJW-RR 1988, S. 150; WM 1993, 1238, 1239.

36 BGH NJW 1979, 530.

37 BGHZ 123, 126, 131.

38 BGH NJW 1982, 1095, 1096 f.

39 Ebenda, S. 1097.

40 Zur Kritik: Assmann, NJW 1982, 1083 ff., WM 1983, 138, 143; Hoegen, S. 262 f., verteidigt das Urteil.

3. Begründung und Umfang der Informationspflicht in der Literatur

Die Literatur macht die Begründung von Informationspflichten sowohl von Voraussetzungen abhängig, die auf der Anlegerseite, als auch von solchen, die auf der Seite des Aufklärungspflichtigen bestehen.

a) Inanspruchnahme von Vertrauen auf Seiten des Aufklärungspflichtigen

Der Aufklärungspflichtige hat nach Rümker eine Informationspflicht durch die Inanspruchnahme von persönlichem Vertrauen, etwa bei einer Bank durch die Bewerbung als Spezialistin, durch die Aufnahme der Kapitalanlage in deren Anlageprogramm oder durch das Kennzeichnen der Kapitalanlage mit dem Vermerk „bankgeprüft“[41]. Hopt sieht den Haftungsgrund für die Verletzung vertragsschlussbezogener Pflichten in der besonderen Sachkunde der Kreditinstitute[42], also lediglich statusbezogen.

b) Informationsbedarf auf Seiten des Aufklärungsbedürftigen

Breidenbach nennt als Voraussetzung für die Informationspflicht den Informationsbedarf auf Seiten des Aufklärungsbedürftigen[43]. Dieses Element untergliedere sich in die subjektive Aufklärungsbedürftigkeit und die objektive Relevanz der Information, also die wesentliche Bedeutung für den Vertragsschluss[44]. Diese Bedeutung ist nach Kieningers Ansicht am größten, wenn durch die fehlende Information der Vertragszweck verfehlt würde. Hopts hingegen vertritt die Auffassung, dass der Umfang der Informationspflichten von der Intensität der gegenseitigen Beziehungen abhängig ist. Gegenüber Einmalkunden bestehe daher eine eingeschränkte Informationspflicht[45].

c) Stellungnahme

Gegen Hopt ist einzuwenden, dass die Begründung der Haftung allein durch eine besondere Sachkunde kraft Status gerade eine Haftung von schlecht ausgebildeten Vermittlern ausschließen könnte. Denn diese würden als weniger sachkundig als Banken eingeschätzt. Eine Einschränkung von Informationspflichten gegenüber Einmalkunden würde wiederum eine Privilegierung der Anlagevermittler auslösen, welche zumeist keine langfristigen Kundenkontakte anstreben, sondern kurzfristig Finanzanlagen platzieren wollen. Aber auch Kieninger ist zu widersprechen, wenn sie Sachkunde und Inanspruchnahme von persönlichem

41 Rümker, Aufklärungs- und Beratungspflichten, S. 46.

42 Hopt, FS Gernhuber, S. 177.

43 Breidenbach, S. 62 ff.

44 Ebenda, S. 63.

45 Hopt, Kapitalanlegerschutz, S. 422 ff.

Vertrauen gleichsetzt[46]. Die Begründung von Sorgfaltspflichten mit dem jeweiligen Auftreten des Finanzdienstleisters im Kundengespräch, also die Vertrauenshaftung ist eben nicht sinnvoll, um gleichmäßige Sorgfaltsanforderungen an die Vermittlung von Kapitalanlagen zu knüpfen. Vielmehr sind inhaltsgleiche Anforderungen an die einheitlich vorliegende Vermittlungstätigkeit zu stellen.

B. Nachfragepflicht hinsichtlich Informationsbedürftigkeit

In der Literatur ist es streitig, welche Vertragsseite die Abgabe von Informationen initiieren, also ob der Kunde durch seine Nachfrage den Informationsbedarf erkennbar werden lassen muss, oder ob es Aufgabe des Vermittlers ist, diesen Bedarf zu ermitteln. Im Gegensatz zum BGH[47] hält Breidenbach den Kunden für verpflichtet, den Informationsbedarf erkennbar zu machen[48]. Mit der Rechtsprechung votieren Kieninger und Hopt sowie Schwintowski[49]. Sie begründen dieses mit der speziellen Situation des Bankkunden[50], bzw. des „schutzbedürftigen Typs des wirtschaftlich ungewandten, den Geheimnissen des Börsengeschehens unwissend und hilflos gegenüberstehenden Durchschnittsanlegers“[51]. In dieser Situation sei die Aufklärungsbedürftigkeit typischerweise erkennbar, ohne dass es einer besonderen Nachfrage bedürfe[52].

1. Begrenzung der Informationspflicht

Ebenso wie in der Rechtsprechung ist in der Literatur eine Begrenzung der Informationspflicht auf die betriebliche und finanzielle Tragbarkeit vorgenommen worden[53]. Die Entlastung ist durch die Rechtsprechung jedoch nur insoweit vorgenommen worden, als dass sie der Bank Pflichten nur im Rahmen des von ihr selbst geweckten Kundenvertrauens zuweist und ansonsten auf Informationslücken hinweisen muss[54].

Auch hinsichtlich der Begrenzung der Informationspflicht durch den Schutzverzicht des Kunden herrscht in Literatur[55] und Rechtsprechung Übereinstimmung.

---

46 Kieninger, AcP 198 (1998), S. 234.
47 BGHZ 123, 126, 128 f.
48 Breidenbach, S. 63 f.
49 Schwintowski, ZBB 1999, S. 387.
50 Kieninger, AcP, 198 (1998), S. 233.
51 Hopt, Kapitalanlegerschutz, S. 418.
52 Ebenda, S. 418.
53 Hopt, Kapitalanlegerschutz, S. 425 ff.; Rümker, S. 5 8 ff.; Breidenbach, S. 70 ff.
54 BGHZ 123, 126, 131.
55 Hopt, Kapitalanlegerschutz, S. 422 ff.

Streitig ist die Informationspflicht bei Discount-Brokern, welche sich ausdrücklich nur an gut informierte und erfahrene Kunden wenden, jede Beratung ablehnen und erklärtermaßen lediglich über bestimmte Daten informieren. Die hier geführte Diskussion kann für die Bestimmung der Sorgfaltspflichten des Anlagevermittlers herangezogen werden, da beim Discount-Broking der Finanzdienstleister selbst seine Tätigkeit auf die Anlagevermittlung reduziert.

a) Vorherrschende Ansicht

Im Zusammenhang mit Wertpapiergeschäften wird überwiegend die Ansicht vertreten, Discount-Broker unterlägen deutlich reduzierten Aufklärungspflichten, welche grundsätzlich mit der Übermittlung standardisierter Informationen bei Aufnahme der Geschäftsbeziehung erfüllt werden könnten[56].

Zur Begründung wird auf den Vorbehalt nach § 31 II Nr. 2 WpHG verwiesen, wonach alle mit der Wertpapierdienstleistung im Zusammenhang stehenden zweckdienlichen Informationen nur insoweit mitgeteilt werden müssten, wie dies im Hinblick auf Art und Umfang der beabsichtigten Geschäfte erforderlich sei[57]. Der Finanzausschuss[58] habe bereits die Discount-Broker bei dieser Erforderlichkeits-Abwägung einbezogen[59]. Ferner wird argumentiert, dass entsprechend der Vertragsfreiheit im Privatrecht der Grundsatz gelte, dass der Kunde auf vertragliche Beratungspflichten verzichten könne. Dies habe grundsätzlich auch für bloße Informationen zu gelten[60]. Im Gegenzug zur reduzierten Aufklärung erhalte der Kunde die gewünschten günstigen Preise für seine Wertpapiergeschäfte[61]. Bei Wertpapierdienstleistungen könnten die Kunden ferner ohne Schwierigkeiten auf solche Wertpapierdienstleistungen mit ausreichender Anlageberatung ausweichen. Daher sei die Absenkung des Pflichtniveaus auch mit dem Anlegerschutzprinzip vereinbar[62]. Darüber hinaus sei eine Absenkung des Pflichtenstandards auch durch die vom Bundesaufsichtsamt für Wertpapierhandel gemäß § 35 II WpHG erlassene Richtlinie[63] legitimiert. Gemäß Ziff. 3.6

---

56 Kienle, in: Schimansky/Bunte/Lwowski, Bd. III, § 110 Rdnr. 48; Kümpel, Bank- und Kapitalmarktrecht, Rdnr. 16.477; Schäfer/Müller, Rdnr. 261; Heinsius, in: FS Kübler, S. 405, 432 f.; Steuer, in: FS Schimansky, 814 f.; Siol, in: FS für Schimansky, S. 784 f.

57 Schäfer/Müller, Rdnr. 261.

58 Beschlussempfehlung und Bericht des Finanzausschusses des Deutschen Bundestages, BT-Drucks. 12/7918, S. 104.

59 Kienle, in: Schimansky/Bunte/Lwowski, Bd. III, § 110 Rdnr. 48; N. Horn, ZBB 1997, 139, 151; Balzer, ZBB, S. 266.

60 N. Horn, ZBB 1997, 139, 151.

61 Steuer, in: FS Schimansky, S. 814; N. Horn, ZBB, S. 151.

62 Balzer, ZBB 1997, 260, 266; ders., DB 1997, 2311, 2316.

63 Richtlinie gemäß § 35 II des Gesetzes über den Wertpapierhandel (WpHG) zur Konkretisierung der §§ 31 und 32 WpHG für das Kommissions-, Festpreis- und Vermittlungsgeschäft der Kreditinstitute vom 26.5.1997, BAnz Nr. 98 vom 3.6.1997, S. 6586 ff.

S. 1 und 2 der Richtlinie sei das Wertpapierdienstleistungsunternehmen spätestens vor Annahme des Auftrags verpflichtet, den Kunden darauf hinzuweisen, dass allein die Ausführung von Aufträgen angeboten würde, wobei diese Aufklärung unter Zugrundelegung der Kenntnisse oder Erfahrungen und der vom Kunden beabsichtigten Geschäftsarten erfolgen solle. Ferner hätte es gemäß Ziff. 3.6 S. 4 vor der Erteilung des Auftrags grundsätzlich nur die Angaben zu Kenntnissen und Erfahrungen zu verlangen, Angaben zu den Anlagezielen seien entbehrlich[64]. Diese Absenkung des Pflichtenstandards sei schließlich durch die Wohlverhaltensrichtlinie des Bundesaufsichtsamtes in Punkt 4 gedeckt, wonach die Bank den Kunden spätestens vor Erteilung eines Auftrags grundsätzlich nur zu seinen Kenntnissen und Erfahrungen zu befragen brauche[65].

Kümpel weist dementsprechend die Banken darauf hin, dass sich bei der Entgegennahme von Effektenaufträgen keine Beratungsgespräche entwickeln sollten[66]. Er empfiehlt aber auch, die für das Discount-Geschäft vorgesehenen Wertpapiere mit Rücksicht auf die Schutzbedürftigkeit der Kunden auszuwählen und Anleger mit vergleichbarer Professionalität, Risikobereitschaft und wirtschaftlicher Leistungsfähigkeit zu Kundengruppen zusammenzufassen, denen ausgewählte Wertpapiere beratungsfrei oder allenfalls mit standardisierten Informationen angeboten werden könnten[67]. Dieses könne gemäß Nr. 3.2 I der Wohlverhaltensrichtlinie mit standardisierten Informationsbroschüren geschehen[68].

Nach Steuer kann ein Aufklärungsverzicht des Kunden darin gesehen werden, dass der Kunde seinem Discount-Broker einen ausführungsfertigen Auftrag gebe[69].

Horn erkennt in Ziff. 3.2 der Richtlinie eine weitergehende Aufklärungspflicht, wenn der Discount-Broker eine Kenntnis von der Unrichtigkeit der Angaben des Anlegers über seine fehlende Aufklärungsbedürftigkeit hat[70]. Eine weitergehende Aufklärungspflicht bestehe nach Nobbe[71] und Raeschke-Kessler[72] auch, wenn die Unkenntnis des Kunden auf grober Fahrlässigkeit beruht. Dieses sei der Fall, wenn die Unrichtigkeit der Angaben des Kunden für den Broker offensichtlich sei[73], etwa wenn ein Sozialhilfeempfänger ein erhebliches eigenes Einkommen

---

64 Balzer, ZBB 1997, S. 266.

65 Balzer, DB 1997, 2311, 2315.

66 Kümpel, Bank- und Kapitalmarktrecht, Rdnr. 16.480; nach Heinsius, FS Kübler, S. 433 müssen daher Mitarbeiter von Discount-Brokern standhafte Persönlichkeiten sein.

67 Kümpel, WM 1995, 689, 694.

68 Steuer, in: FS Schimansky, S. 815.

69 Ebenda, S. 818.

70 N. Horn, ZBB 1997, 139, 150; ders., in: FS Schimansky, 1999, S. 653, 661 f.; Balzer, DB 1997, 2311, 2316.

71 Nobbe, S. 253.

72 Raeschke-Kessler, WM 1996, 1768.

73 Nobbe, S. 253.

angebe[74]. Darüber hinaus besteht nach Horn eine Warnpflicht auch bei einem wirksamen Verzicht auf Information und Empfehlung, wenn der Dienstleister wichtige Informationen erlangt hat, die der typische Kunde mit großer Wahrscheinlichkeit noch nicht kennt[75].

b) Ansicht von Reich und Koller

Reich und Koller sind dagegen der Ansicht, dass die Aufklärungspflicht der Discount-Broker im Wertpapierbereich grundsätzlich nicht reduziert sei und die kundenfreundliche Gestaltung der Provision rechtlich ohne Belang sei. Die Aufklärungspflicht sei erst eingeschränkt, wenn sich der Anleger gegen die Bereitstellung von Informationen sperre[76]. Zur Begründung wird auf Art. 11 der EG-Wertpapierdienstleistungsrichtlinie verwiesen, wonach die Einschränkung des Kundenschutzes nur nach Maßgabe der Professionalität des Kunden erlaubt sei. Bei richtlinienkonformer Auslegung des § 31 II Nr. 2 WpHG sei der Verzicht des Kunden auf Aufklärung nur in den Fällen von Bedeutung, in denen der Kunde aufgrund seiner Professionalität die Tragweite des Verzichts zu überblicken vermöge und zur Selbstvorsorge imstande sei. Kritik wird von Reich an den Folgen der Konstruktion des Beratungsvertrages geäußert. Diese Konstruktion ließe auch zu, einen solchen Vertrag bei gezielten Kundenaufträgen zu verneinen und begründe damit die Ansicht der Direktbanken, auf Information und Aufklärung beim Geschäftstyp des „execution-only-business“ (EOB), verzichten zu können[77]. Zwar bestehe bei solchen Geschäften aufgrund fehlenden Parteiwillens kein Beratungsvertrag, Aufklärungs- und Informationspflichten bestünden jedoch unabhängig von der Disposition der Parteien und unabhängig von der Vertriebsform. Die Grundsätze einer informationsspezifischen Haftung seien daher auf alle Anlagegeschäfte zu erweitern. Hierzu gehöre zum Beispiel auch die Pflicht zur Warnung des Kunden über kritische Stimmen in der Wirtschaftspresse[78], die der BGH zunächst lediglich für Anlageberater statuiert hatte[79].

Darüber hinaus wird den Wertpapierdienstleistungsunternehmen auferlegt, die Kunden bei der Einteilung in bestimmte Klassen hinsichtlich deren Erfahrungen und Kenntnisse nicht Anreize zu geben, die eigenen Erfahrungen zu übertreiben oder Kenntnisse vorzutäuschen. Ein solcher Anreiz könne in dem Hinweis gesehen werden, dass die Anleger mit ihren Angaben selbst bestimmen könnten, in welchem Umfange sie das Angebot des Discount-Brokers selbst nutzen könnten[80].

---

74 Raeschke-Kessler, WM 1996, 1768.

75 N. Horn, ZBB 1997, 152.

76 Koller, in: Assmann/Schneider, § 31 Rdnr. 135, 136; Reich, WM 1997, 1601, 1060.

77 Reich, WM 1997, S. 1607.

78 Ebenda, S. 1607.

79 BGHZ 123, 126, 131.

80 Koller, in: Assmann/Schneider, § 31 Rdnr. 136.

2. Stellungnahme

Reich und Koller ist insbesondere für den Bereich der Anlagevermittlung zuzustimmen. Die Aufklärungspflichtbegrenzung von Anlagevermittlern, die Informationsleistungen von vornherein ausschließen, kann es grundsätzlich nicht geben. Erst wenn sich der Anleger gegen die Bereitstellung von Informationen sperrt und aufgrund seiner Professionalität die Tragweite des Verzichts zu überblicken vermag kann eine Informationspflicht verneint werden. Diese setzt aber voraus, dass sich der Finanzdienstleister über Kenntnisse und Erfahrungen des Anlegers Gewissheit verschafft. Damit besteht zumindest diesbezüglich eine Nachfragepflicht. Erhält der Vermittler hierbei Kenntnis vom Anlageziel des Kunden, entstehen auch hieraus weitergehende Beratungspflichten.

C. Pflicht zur Berücksichtigung des Wissenstands des Kunden

Zu den Umständen in der Person des Kunden zählen insbesondere sein Wissensstand über Anlagegeschäfte, die Gegenstand des Beratungsgesprächs sind[81].

1. Anlageberater

Die Pflicht zur Berücksichtigung des Wissenstands des Kunden ist Inhalt einer Beratungspflicht, die die Rechtsprechung grundsätzlich an die Finanzdienstleistung der Anlageberatung geknüpft hat.

a) Begründung der Beratungspflicht

Die Pflicht zu einer besonders differenzierten und fundierten Beratung und damit zur Gewährleistung von Vertrauensschutz ergibt sich nach Ansicht des BGH aus der Tatsache, dass das Vertrauensverhältnis zum Anlageberater stärker ausgeprägt ist[82]. Darüber hinaus wird die Beratungspflicht damit begründet, dass es deren Sinn und Zweck sei, den Anlageinteressenten gegenüber den professionellen Anbietern eine annähernd gleiche Verhandlungsstärke zu schaffen. Die Notwendigkeit dazu ergebe sich aus dem Grundsatz der Privatautonomie, welche nur gewahrt sei, wenn ein annähernd ausgewogenes Kräfteverhältnis zwischen den Partnern gegeben sei[83]. Bereits im Vorfeld der vertraglichen Beziehung bestehe eine Verpflichtung, Chancen und Risiken der Finanzanlage darzustellen, wenn dem Finanzdienstleister bereits positiv bekannt wäre, dass der An-

---

81 OLG Braunschweig, WM 1998, 375, 376.

82 BGH NJW, 1982, 1096.

83 OLG Düsseldorf, WM 1996, 1082, 1085.

leger wegen seiner mangelnden Erfahrung in spekulative Geldanlagen die Beratung in Anspruch nehme[84].

b) Begründung der Pflicht zur Berücksichtigung des Wissenstands

Die Beratung hat sich danach auszurichten, ob das beabsichtigte Anlagegeschäft der sicheren Geldanlage dienen soll oder spekulativen Charakter hat. Die empfohlene Anlage müsse daher unter Berücksichtigung dieses Ziels auf die persönlichen Verhältnisse des Kunden zugeschnitten sein[85]. Hieraus ergebe sich die Pflicht, den Wissensstand des Kunden über Anlagegeschäfte der vorgesehenen Art und dessen Risikobereitschaft zu berücksichtigen[86]. Diese Pflicht hat der BGH erstmals in seinem Urteil vom 6.7.1993[87] innerhalb des Rechtsprinzips der anleger- und objektgerechten Beratung statuiert. Dieses sogenannte „Bondurteil" des BGH ist im Zusammenhang mit der Inanspruchnahme einer Bank wegen Beratungsverschuldens ergangen[88].

c) Inhalt der Kenntnisverschaffungspflicht über die Person des Kunden

Zu den Umständen in der Person des Kunden gehören nach Ansicht der Rechtsprechung insbesondere dessen Wissensstand über Anlagegeschäfte der vorliegenden Art und dessen Risikobereitschaft[89]. Zu berücksichtigen sei vor allem, ob es sich bei dem Kunden um einen erfahrenen Anleger mit einschlägigem Fachwissen handele und welches Anlageziel er verfolge[90]. Hierüber habe sich der Anlageberater gegebenenfalls durch eine entsprechende Befragung des Kunden zu informieren[91].

d) Begrenzung durch Erkennbarkeit des Beratungsbedarfs

In der Rechtsprechung ist eine Verpflichtung zur Aufklärung und Beratung davon abhängig gemacht worden, dass eine erkennbare Geschäftsunerfahrenheit des Kunden vorliegt. Sei dem Berater aus anderen Geschäften bereits die Risikobereitschaft des Anlegers bekannt, brauche er sich weder nach dem Wissensstand, noch der Risikobereitschaft oder den Anlagewünschen des Kunden zu er-

84 OLG Düsseldorf, NJW-RR 1996, 1006.
85 BGHZ 123, 126; AG Frankfurt a.M., NJW-RR 1996, 110; OLG Düsseldorf, WM 1996, 1082, 1085.
86 OLG Düsseldorf, ZIP 1994, 1256; BGH DB 2000 1912, 1913.
87 BGH WM 1993, 1455.
88 BGHZ 123, 126, 129.
89 BGH DB 2000, 1912, 1913.
90 OLG Düsseldorf, WM 1996, 1082, 1085; BGH DB 2000, 1912, 1913.
91 OLG Düsseldorf, WM 1996, 1082, 1085; OLG Koblenz, WM 1996, 1089, 1090.

kundigen[92]. Der Finanzdienstleister brauche den Wissensstand eines Kunden dann nicht zu erfragen, wenn dieser durch einen Vermögensberater betreut würde und bereits deutliche Vorstellungen von dem gewünschten Anlagegeschäft habe[93]. Hier genüge die Bank ihren Beratungspflichten, wenn sie den Kunden über die von ihm in Betracht gezogenen Anlagemöglichkeiten richtig und vollständig informiere und auf die Gefahren und Risiken der Anlage hinweise[94]. Ein Belehrungsbedürfnis hinsichtlich eines Kursrisikos der Finanzanlage hat zum Beispiel das OLG Hamm bei Kunden aus Akademikerkreisen verneint[95] Ferner hat das OLG Nürnberg einer Bankkauffrau das Wissen um das Insolvenzrisiko des Darlehensnehmers bei einer Anleihe unterstellt[96].

Das OLG München vertritt die Ansicht, dass bei steuersparenden Investitionen in Immobilienprojekte der Anleger sich grundsätzlich selbst oder unter Hinzuziehung von Fachleuten über die Wirtschaftlichkeit eines Anteilserwerbs unterrichten müsse[97]. Eine Aufklärungspflicht bestehe nicht, da bei solchen steuersparenden Modellen davon auszugehen sei, dass die Interessenten selbst über die notwendigen Kenntnisse oder Erfahrungen verfügten oder sich der Hilfe von Fachleuten bedienten[98]. Das Kammergericht hat hierzu jedoch eingewendet, dass eine solche Rechtsprechung in Fällen nicht gelten könne, in denen sich der den Anleger werbende Gesellschafter über Vermittler an unerfahrene Personen wende[99].

2. Anlagevermittler

Wie oben gezeigt, hat die Rechtsprechung auch für Anlagevermittler eine die Kenntnisse und Erfahrungen des Kunden einbeziehende Informationspflicht statuiert. Die Pflicht zur Berücksichtigung des Wissenstands des Kunden wird in der Literatur unterschiedlich begründet.

a) Ansicht Schwintowskis und Hopts

Schwintowski[100] und Hopt[101] sind der Auffassung, dass die Unterscheidung zwischen Anlageberatung und Anlagevermittlung hinfällig geworden und die Anlagevermittlung in der Anlageberatung aufgegangen sei. Der BGH habe in sei-

92 BGH DB 2000, 1912, 1913; OLG Koblenz, WM 2002, 1224, 1227.
93 BGH BB 1996, 923.
94 BGH BB 1996, 923, 924.
95 BGH WM 1996, 1812, 1814.
96 OLG Nürnberg, BB 1998, 498.
97 OLG München, WM 1992, 901, 902; WM 1999, 1818, 1820.
98 OLG München, WM 1992, 901, 902.
99 KG WM 2000, 1329, 1332.
100 Schwintowski, VuR 1997, S. 83.
101 Hopt, Beiträge zum Bankenrecht, 1987, 143.

nem Bond-Urteil als Kriterium für den Abschluss eines Beratungsvertrages die Möglichkeit des Kunden angesehen, zwischen mehreren Alternativen eines Anlageprogramms wählen zu können. Dieses treffe auch auf das Discount-Broking zu. Ferner spreche hierfür, dass die §§ 31 ff. WpHG keine Unterscheidung zwischen diesen Tätigkeiten träfen, sondern ausnahmslos auf beide Formen anzuwenden seien[102]. Nach dieser Ansicht wären grundsätzlich alle Vermittlungs- als Beratungstätigkeiten zu qualifizieren und unterlägen den von der Rechtsprechung hierzu entwickelten Sorgfaltspflichten.

b) Stellungnahme

Zwar ist, wie in Kapitel 4 festgestellt, vom BGH und anderen Gerichten in jüngster Zeit immer weniger die Annahme eines Beratungsvertrages mit Indizien aus dem Tatbestand begründet worden und damit eine gewisse Unschärfe in der Rechtsprechung zu erkennen, jedoch hat die Rechtsprechung in ihren Entscheidungen stets differenziert und das Rechtsverhältnis zwischen den Parteien als Beratungsvertrag und nicht als Vermittlungsvertrag qualifiziert und damit an ihrer Unterscheidung zwischen Anlagevermittler und Anlageberater festgehalten. Tatsächlich lag in den „Beratungs-Fällen" und insbesondere im „Bond-Anleihen-Fall" auch keine lediglich vermittelnde Tätigkeit vor. Dem „Bond-Urteil" lag der Fall zugrunde, dass eine Anlageempfehlung in Form einer Liste von Angeboten dem Kunden im Rahmen eines Beratungsgesprächs vorgelegt wurde. Die Qualifizierung als Beratungsvertrag ergab sich hier aus der Art bzw. dem Anlass des Kundengesprächs, dass anlässlich der Fälligkeit eines Sparvertrags stattfand. Aus dem hierdurch indizierten Beratungsvertrag hat der BGH dann auf die einzelnen Sorgfaltspflichten geschlossen.

Ferner hatte der BGH die Ansicht vertreten, dass Stellung und Aufgaben eines Anlagevermittlers und Anlageberaters unterschiedlich sind und sich deren Pflichtenkreise nicht decken[103]. Es findet sich auch im Bond-Urteil kein Hinweis, dass es nicht darauf ankomme, ob sich aus dem Gespräch mit dem Kunden ein Vermittlungs- oder Beratungsvertrag ergebe. Die in dem Urteil entwickelten Sorgfaltspflichten bezieht das Gericht ausnahmslos auf den mit der Bank zustande gekommenen Beratungsvertrag[104].

Wie in Kapitel 4 dargestellt, zeichnet sich die Beratungstätigkeit dadurch aus, dass sie auf den Anlagezielen des Kunden aufbaut, während sich Informationen, die im Rahmen von „reinen" Vermittlungsleistungen gegeben werden sich grundsätzlich nicht am Anlageziel orientieren. Die Beratung schließt zwar zumeist die Anlagevermittlung, also eine Empfehlung ein. Indem die Anlagevermittlung

---

102 Schwintowski, VuR 1997, S. 83.

103 BGH WM 1993, S. 1239.

104 BGH WM 1993, S. 1456 f.

aber auch isoliert als Dienstleistung erbracht werden kann, decken sich die Finanzdienstleistungen nicht, sondern erzeugen lediglich teilweise identische Informationspflichten. Diese bestehen in der von den jeweiligen Kundenkenntnissen und -erfahrungen abhängigen (anlegerbezogenen) Pflicht, die Funktionsweise und die Risiken der Finanzanlage darzustellen (anlagebezogene Pflicht).

c) *Herleitung einer Erkundigungspflicht aus dem „Filmproduktions-GmbH-Fall“*

Eine Erkundigungspflicht für den Vermittler ist insbesondere dem Urteil des BGH vom 13.5.1993 („Filmproduktions-GmbH-Fall“) herzuleiten. Der BGH vertrat hier die Ansicht, es bestehe eine vertragliche Verpflichtung des Vermittlers zur Informationserteilung hinsichtlich solcher Eigenschaften des angebotenen Produktes, welche für den Anlageentschluss des Interessenten von besonderer Bedeutung seien[105]. Insofern stellte der BGH einen Bezug zum jeweiligen Anleger her und nicht nur auf das konkrete Anlageobjekt ab. Der BGH hat hierzu konkreter ausgeführt, dass die Informationspflicht von den Umständen des Einzelfalles abhängig und hierbei auf die Geschäftserfahrung und den konkreten Kenntnisstand des Anlageinteressenten abzustellen ist[106]. Die Aufklärungspflicht bezog der BGH zwar lediglich auf Informationen über den wirtschaftlichen Stand des Unternehmens, es lässt sich hieraus jedoch grundsätzlich eine Erkundigungspflicht des Vermittlers hinsichtlich der persönlichen Kenntnisse und Erfahrungen des Kunden schließen. Allerdings kann diese Pflicht nur in dem Umfang gelten, wie sie zur Erlangung von Angaben des Kunden im Hinblick auf dessen Fähigkeit zur Beurteilung des zu vermittelnden Anlageobjektes dienlich ist. Damit gilt die Formel der anlegergerechten Informationserteilung des „Bond-Urteils“ auch für Anlagevermittler.

D. Pflicht zur Informationsbewertung und zum Informationsvergleich

Im Unterschied zur Vermittlung tritt bei der Beratung nach Rechtsprechungsansicht die Informationsbewertung hinzu und der auf das konkrete Geschäft bezogene Vorschlag des Beraters[107].

1. Anlageberater

Auch die Maxime der objektgerechten Beratung ist erstmalig im Bondurteil vom 6.7.1993 zur Haftung einer Bank zu finden[108].

---

105 BGH WM 1993, 1238.

106 BGH WM 1993, S. 1240.

107 BGH WM 1993, 1238, 1239; Möllers/Leisch, JZ 2000, 1090.

108 BGHZ 123, 126, 129.

a) Gegenstand der Beratung

Die Beratung hat sich nach dem Bondurteil auf diejenigen Eigenschaften und Risiken zu beziehen, die für die jeweilige Anlageentscheidung wesentliche Bedeutung haben oder haben können[109]. Diese Risiken bestünden in allgemeinen volkswirtschaftlichen Risiken und in den speziellen Risiken des Anlageobjekts[110].

b) Inhalt der Beratung

Die Beratung der Bank müsse richtig, sorgfältig und dabei für den Kunden verständlich sein. Die Bank müsse den Kunden zeitnah über alle Umstände unterrichten, die für das Anlagegeschäft von Bedeutung seien. Fehlten ihr derartige Kenntnisse, so habe sie das dem Kunden mitzuteilen und offen zu legen[111].

c) Berücksichtigung des Anlegerinteresses

Der BGH hat in seinem Urteil vom 9.5.2000 („Industrie-Anleihen-Fall") zur Beurteilung der Beratung hinsichtlich einer DM-Auslands-Industrieanleihe angemerkt, dass sich die Beurteilung der Risikoeinschätzung einer Bank nach der Risikobereitschaft des Anlegers ausrichten könne. Er hat wörtlich hierzu ausgeführt:

> „Bei ... (der) allgemein verbreiteten Einschätzung war es vertretbar, gegenüber einem renditeorientierten und damit begrenzt risikobereiten Anlageinteressenten wie dem Kläger im Oktober 1993 das Risiko als 'tragbar' zu bezeichnen."[112]

Beurteilungsmaßstab für das Element der objektgerechten Beratung ist damit das Anlegerprofil und damit auch das Anlageziel.

2. Vergleich zu den Pflichten des Anlagevermittlers

Der Inhalt der objektgerechten Beratung unterscheidet sich nicht vom Inhalt der sowohl für Anlagevermittler als auch für Anlageberater geltenden Informationspflicht, da sie hinsichtlich des vermittelten Anlageobjekts die Pflicht zur Erteilung aller objektbezogenen Informationen unter Zugrundelegung des Anlegerprofils begründet. Der Beratungsgegenstand wird in der Rechtsprechung zwar differenzierter behandelt, indem die verschiedenen Risiken unterschieden werden. Solche Risiken sind jedoch innerhalb der Informationserteilung durch den Vermittler auch zu berücksichtigen.

---

108 BGHZ 123, 126, 129.

109 BGH WM 1987, 531, 532.

110 OLG Düsseldorf, WM 1996, 1082, 1085; LG Paderborn, WM 1996, 1843, 1845; OLG Braunschweig, WM 1998, 375; BGH DB 2000, 1912, 1913.

111 BGHZ 123, 126, 130.

112 BGH WM 2000, 1912, 1913.

Hauptcharakteristikum der Beratung ist vielmehr die Darstellung von verschiedenen Handlungsalternativen in Bezug auf ein geäußertes Anlageziel. Die Beratung als Finanzdienstleistung verpflichtet damit den Finanzdienstleister, gegenüber dem Kunden Vergleichskriterien darzustellen, um diesem ein Entscheidungsinstrumentarium zu geben. Die Beratung bildet je nach Gewichtung entweder ein selbstständiges Element der Vermittlung, oder sie stellt eine zusätzliche eigenständige Leistung dar. Indiz für die Gewichtung ist beispielsweise die Entgeltlichkeit der Dienstleistung oder die Organisation des Vertriebs derart, dass mehrere Gespräche unterschiedlichen Inhalts mit dem Kunden geführt werden.

Da die Beratung ein eigenständiges Element der Finanzdienstleistung und grundsätzlich ein „Mehr" zur Vermittlung darstellt, kann sie nur solche Pflichten erzeugen, welche die Vermittlungstätigkeit nicht begründet. Dieses ist von der Rechtsprechung in den bisherigen Entscheidungen nicht ausreichend berücksichtigt worden, da die Differenzierung von Beratungs- und Vermittlungspflichten aufgrund einer vorab vorgenommenen Qualifizierung des Finanzdienstleisters als Anlagevermittler oder Anlageberater erfolgt ist. Diese Entweder-Oder-Qualifizierung versperrt jedoch die Möglichkeit, am Tatbestand sowohl den Umfang von Vermittlungs- als auch von Beratungspflichten herauszuarbeiten und verwischt die Konturen von Vermittlungs- und Beratungspflichten.

E. Vergleich der Sorgfaltspflichten von Handelsmaklern und Anlagevermittlern

Bereits in Kapitel 4 ist festgestellt worden, dass sich der Begriff der Vermittlung des Handelsvertreter- und Maklerrechts inhaltlich mit dem des Kapitalanlagerechts deckt. Das Maklerrecht liefert mit § 98 HGB, wonach der Handelsmakler beiden Parteien für den durch sein Verschulden entstehenden Schaden haftet, eine spezialgesetzliche Haftungsgrundlage für die sorgfaltswidrige Vermittlung. Eine Haftung erfolgt mithin auch der Partei gegenüber, die den Makler nicht mit der Vermittlung beauftragt hat[113]. Die Verhaltenspflichten, welche der Handelsmakler gegenüber seinem Auftraggeber hat, gelten gegenüber der anderen Partei entsprechend[114]. Dabei ist Haftungsmaßstab die Sorgfalt eines ordentlichen Kaufmanns gemäß § 347 HGB[115].

Ebenso wie die Pflichten der Anlagevermittlers ergeben sich die Pflichten des Maklers aus dem Treueverhältnis zum Auftraggeber, innerhalb dessen er sein

---

113 Ensthaler/Achilles, in: GK-HGB, § 98 Rdnr. 1.

114 Hopt, HGB, § 98 Rdnr. 1.

115 Hopt, HGB, § 98 Rdnr. 1; Ensthaler/Achilles, in: GK-HGB, § 93 Rdnr. 2.

Interessenvertreter ist[116]. Das OLG München qualifiziert dieses Verhältnis als vertragsähnliches Geschäfts- und Vertrauensverhältnis[117]. Hieraus folgt die Verpflichtung zur Herbeiführung eines fairen Interessenausgleichs[118], mit welcher Schutz- und Rücksichtspflichten korrespondieren[119]. Eine Einschränkung solcher Pflichten soll jedoch in solchen Fällen bestehen, in denen der Makler erkennbar nur für eine Seite tätig werden soll und nach seinem Auftreten gegenüber der anderen Seite kein Zweifel an einer derart einseitigen Interessenwahrnehmung bestehen kann[120].

Da somit auch im Maklerrecht Sorgfaltspflichten an die Vermittlungstätigkeit geknüpft werden, sollen Makler- und Anlagevermittlerpflichten miteinander verglichen werden, um festzustellen, ob sich Widersprüche zwischen den Sorgfaltspflichten des Vermittlers im Makler- und im Kapitalanlagerecht bei einer Anwendung der Haftungsgrundlage des § 98 HGB ergeben und ob sich eine Erweiterung der durch die Rechtsprechung statuierten Sorgfaltspflichten begründen lässt.

1. Aufklärungs- und Informationspflicht

Als Nebenpflicht des Maklervertrages ergibt sich nach vorwiegender Ansicht eine Aufklärungspflicht[121] mit dem Inhalt, dem Auftraggeber alle ihm bekannten Umstände, die für seine Entscheidung von Bedeutung sein können, mitzuteilen[122], um ihn vor Schaden zu bewahren[123]. Der Umfang der Aufklärungspflicht hinsichtlich des vermittelten Objektes bestimme sich unter Berücksichtigung der Umstände des Einzelfalls nach Treu und Glauben und der Verkehrssitte[124]. Der BGH hat mit Urteil vom 6.11.1967 eine Schadensersatzpflicht eines Maklers erörtert, welcher bei der Vermittlung eines im Aufbau befindlichen Hausgrundstücks nicht über die Unzuverlässigkeit des bauleitenden Architekten aufgeklärt hatte[125]. Die Pflicht zur Aufklärung geht nach der vom BGH im Urteil vom 14.5.1969 vertretenen Ansicht soweit, dass der Makler von einer Vertragsvermittlung absehen muss, wenn er Kenntnis von Umständen hat, welche auf

---

116 Ensthaler/Achilles, in: GK-HGB, § 93 Rdnr. 7, § 98 Rdnr. 1; Schwerdtner, S. 109 Rdnr. 308; Hopt, HGB, § 93 Rdnr. 23; BGH NJW 1981, 2685.

117 OLG München, NJW 1970, 1924, 1925.

118 Enstahler/Achilles, in: GK-HGB, § 93 Rdnr. 8.

119 Hopt, HGB, § 93 Rdnr. 24.

120 Ensthaler/Achilles, in: GK-HGB, § 98 Rdnr. 1.

121 Hopt, HGB, § 93 Rdnr. 27; BGH NJW 1982, 1147.

122 BGH MDR 1968, 234; 1970, 28; DB 1970, 2214; NJW 1981, 2685, 2686; Ensthaler/ Achilles, in: GK-HGB, § 93 Rdnr. 8; § 98 Rdnr. 2.

123 Bremer, ZGR 1973, S. 417.

124 Schwerdtner, S. 113 Rdnr. 321.

125 BGH MDR 1968, S. 234.

den Entschluss des Auftraggebers den Vertrag zu schließen Einfluss hat und der Makler gleichzeitig zur Verschwiegenheit hierüber verpflichtet ist[126].

Den Umfang der Informationspflichten bestimmt Bremer danach, ob der Makler seinen Auftraggeber ausdrücklich berät, eine bestimmte risikoreiche Anlage vorzunehmen[127]. Inhalt der Informationspflicht des Handelsmaklers bei der Vermittlung von Nebenkapitalmarktprodukten ist nach Gallandi etwa der Hinweis auf überhöhte Innenprovisionen bei Bauherrenmodellen[128]. Lutter sieht pflichtwidrige Fehlinformation bei unterbliebener Mitteilung von Finanzierungslücken oder von ungewöhnlichen Risiken bei der Gestaltung und Abwicklung des Vorhabens[129].

Ebenso wie in der Rechtsprechung zur vertraglichen und quasivertraglichen Haftung kommt es nach Ansicht der Literatur[130] und des BGH auf die Aufklärungsbedürftigkeit des Auftraggebers und deren Erkennbarkeit an[131]. In seinem Urteil vom 8.7.1981 hat der BGH die Ansicht vertreten, es bestehe eine Hinweispflicht des Maklers dann, wenn die Bedeutung, die der fragliche Umstand für den Entschluss des Auftraggebers habe, für den Makler erkennbar sei und wenn der Auftraggeber gerade hinsichtlich dieses Umstandes offenbar belehrungsbedürftig sei[132]. Nach Schwerdtner muss der Makler, welcher mit steuerrechtlichen Vorteilen wirbt, sich vergewissern, ob die Voraussetzungen hierfür gegeben sind[133].

2. Nachforschungspflicht

Über die Verpflichtung hinaus, den Auftraggeber über die ihm bekannten Umstände aufzuklären, besteht nach Ansicht der Rechtsprechung grundsätzlich keine Nachforschungspflicht des Maklers[134]. Zur Begründung wird ausgeführt, aufgrund der kapitalmarktrechtlichen Risikoverteilung würde kein persönliches, sondern nur anonym – berufliches Vertrauen in die fachkundige Sachwalterstellung hervorgerufen. Der Anleger solle schon nach den allgemeinen Grundsätzen der c.i.c.-Sachwalterhaftung und nach § 823 II BGB selbstständig das Risiko zutreffender Einschätzung von Kapitalmarktrisiken tragen oder einen besonderen

126 BGH MDR 1970, S. 28.
127 Bremer, ZGR 1973, S. 417.
128 Gallandi, WM 2000, 279.?
129 Lutter, FS Bärmann, S. 616.
130 Schwerdtner, S. 111 Rdnr. 311.
131 BGH NJW 1981, 2685.
132 BGH NJW 1981, 2685.
133 Schwerdtner, S. 113 Rdnr. 321.
134 BGHZ 36, 328; BGH WM 1970, 1270, 1271.

Berater beauftragen[135]. Die überwiegende Rechtsprechung hat eine Nachforschungspflicht lediglich in drei Fällen bejaht, nämlich wenn der Makler die Einholung entsprechender Auskünfte übernommen hatte[136], wenn es sich um besonders risikoreiche Geschäfte handelte und der Auftraggeber offensichtlich geschäftlich unerfahren war[137] oder wenn der Makler durch seine Werbung den Eindruck der Überprüfung vermittelt hatte[138]. Im letzten Fall vertrat das OLG München hierzu die Ansicht, es sei Verpflichtung des Maklers, sich vor dem Abschluss des von ihm vermittelten Vertrages auf Überlassung von erst im Bau befindlichen Räumen über die Eigentums- und Finanzierungsverhältnisse des Bauvorhabens zu erkundigen und den Auftraggeber hiervon in Kenntnis zu setzen[139]. Der Umfang der Nachforschungspflicht ergebe sich im vorliegenden Fall auch aus dem Umstand, dass die Auftraggeber nicht über die Erfahrungen und die Möglichkeiten verfügten, entsprechende Nachforschungen anzustellen.

Auch in der Literatur werden Nachforschungspflichten überwiegend im Grundsatz abgelehnt[140]. Der Makler sei lediglich Wissensvertreter und schulde seinem Auftraggeber grundsätzlich keine Ermittlungen[141].

Eine Nachforschungspflicht des Maklers besteht damit im Gegensatz zum Anlagevermittler grundsätzlich nicht. Für letzteren ergibt sich, wie oben festgestellt, eine Informationsverschaffungs- und Überprüfungspflicht hinsichtlich der zu vermittelnden Kapitalanlage.

3. Beratungspflicht

Darüber hinaus hat der Handelsmakler nach Ansicht des BGH keine Pflicht zur sachkundigen Beratung des Auftraggebers[142]. In seinem Urteil vom 10.10.1973 bejaht der BGH Beratungspflichten des Maklers lediglich im Rahmen der Erreichung eines für seinen Auftraggeber vorteilhaften Vertragsschlusses und der Erzielung eines möglichst günstigen Kaufpreises[143]. Eine Beratungspflicht, deren Bedeutung sich mit dem oben definierten Inhalt, also der Darlegung von Entscheidungsalternativen und der Lieferung eines Entscheidungsinstrumentariums

---

135 BGH AG 1986, 76, 77 und 78 f.; WM 1987, 41, 43.

136 BGH NJW 1982, 1147.

137 OLG Köln, MDR 1959, 210.

138 OLG München, NJW 1956, 1760.

139 OLG München, NJW 1956, 1760.

140 Ensthaler/Achilles, in: GK-HGB, § 93 Rdnr. 8; Schwerdtner, S. 111 Rdnr. 317; Ernst Heymann/Herrmann, HGB, § 93 Rdnr. 10; MünchKomm/Schwerdtner, § 652 Rdnr. 80; Lutter, FS Bärmann, S. 618.

141 Schwerdtner, S. 111 Rdnr. 317.

142 BGHZ 36, 323, 328.

143 BGH WM 1970, 1382, 1383.

deckt, ist weder in der Rechtsprechung noch in der Literatur für den Handelsmakler statuiert worden.

F. Zwischenergebnis

Sowohl Anlageberater als auch Anlagevermittler haben eine Auskunfts-, Aufklärungs- und Nachforschungspflicht. Die Nachforschungspflicht ist durch die wirtschaftliche Bedeutung, das Verlustrisiko des Beitrittsentschlusses und durch die zumeist fehlende Überprüfungsmöglichkeit des Anlegers gerechtfertigt. Beratung und Vermittlung verpflichten den Finanzdienstleister nach zur Erteilung von umfassenden Auskünften und zur umfassenden Aufklärung über die sachlichen Gesichtspunkte der Anlage, sofern der Anleger aufklärungsbedürftig ist. Die übergebenen schriftlichen Informationen müssten auf Nachfrage erläutert, widersprüchliche Angaben aufgedeckt und gegebenenfalls richtig gestellt werden. Der BGH hat die Informationspflicht des Vermittlers nur insoweit begrenzt, als dass die Information nicht mit einer Bewertung verbunden zu sein braucht. Vermittler und Berater haben ferner eine Offenbarungspflicht, indem sie stellen müssen, dass ihre Informationsgrundlagen nicht ausreichen. Begrenzt wird die Pflicht zur Erteilung von Informationen zur Anlage durch die Nachforschungspflicht des Kunden, wenn für diesen die Vermittlereigenschaft erkennbar ist. Die Literatur begründet die Informationspflichten durch die Inanspruchnahme von persönlichem Vertrauen auf Seiten des Aufklärungspflichtigen und den Informationsbedarf des Aufklärungsbedürftigen.

Eine Nachfragepflicht des Finanzdienstleisters hinsichtlich der Informationsbedürftigkeit ist zu bejahen, da grundsätzlich von einer Informationsasymmetrie zwischen Anbieter- und Nachfragerseite insbesondere auf dem Nebenkapitalmarkt auszugehen ist. Auch eine Pflicht zur Erfragung und Berücksichtigung des Kenntnisstands und der Erfahrungen des Kunden bei Anlagevermittlung und Anlageberatung gleichermaßen. Auch für die Anlagevermittlung besteht nach der gegenwärtigen Rechtsprechung die von den Kenntnissen des Anlegers in ihrem Umfang abhängige (anlegerbezogene) Pflicht, die Funktionsweise und die Risiken der Finanzanlage (anlagebezogene Pflichten) darzustellen. Im Unterschied zur Vermittlung tritt bei der Beratung nach Rechtsprechungsansicht die Informationsbewertung hinzu. Der Inhalt der objektgerechten Beratung unterscheidet sich nicht vom Inhalt der sowohl für Anlagevermittler als auch für Anlageberater geltenden Informationspflicht, da sie hinsichtlich des vermittelten Anlageobjekts die Pflicht zur Erteilung aller objektbezogenen Informationen unter Zugrundelegung des Anlegerprofils begründet. Hauptcharakteristikum der Beratung ist vielmehr die Darstellung von verschiedenen Handlungsalternativen in Bezug auf ein geäußertes Anlageziel. Auch im Maklerrecht sind Sorgfaltspflichten an die Vermittlungstätigkeit geknüpft. Es bestehen hier Aufklärungs- und Informationspflichten, jedoch keine Nachforschungspflichten. Insbesondere besteht keine Beratungspflicht des Kunden. Ist der Finanzdienstleister als Makler einzuordnen ist vorrangig zu prüfen, ob eine Haftung gemäß § 98 HGB aus der Verletzung von Informationspflichten gegeben ist. Erst dann ist zu prüfen, ob zusätzlich ein Beratungsvertrag mit dem Kunden besteht und die sich hieraus ergebenden Pflichten verletzt worden sind.

Sechstes Kapitel

Die Beweislast im Anlegerschutzprozess

Die Realisierung eines Schadensersatzanspruchs ist für den geschädigten Anleger sowohl durch das Insolvenzrisiko des Vermittlers und des Initiators[1] auch durch solche Risiken gefährdet, welche in der Beweisführung zu finden sind. Dieses ist unter anderem darauf zurückzuführen, dass es die Rechtsprechung zumeist vermieden hat, einheitliche Grundsätze für die Beweislastverteilung bei Schadensersatzansprüchen aus p.V.V. aufzustellen[2] und auch nach der Regelung von solchen Vertragspflichtverletzungen in § 280 I BGB bisher (noch) keine Entwicklungstendenzen zu einer einheitlichen Beweislastverteilung festgestellt werden können. Die Beweislastverteilung beantwortet die Frage danach, welche Partei eine streitige rechtlich erhebliche Sachverhaltsbehauptung durch eigenes Tätigwerden beweisen muss[3], und ist damit zum Beispiel auch dafür maßgebend, welche Partei den Kostenvorschuss für ein Sachverständigengutachten zu zahlen hat[4]. Sie nimmt somit Einfluss auf die Entscheidung der Anleger, überhaupt Prozesse anzustrengen. Auch vor diesem Hintergrund müssen die ausgewerteten veröffentlichten Urteile in diesem Kapitel zur Beantwortung der Frage herangezogen werden, ob die bestehende Beweislastverteilung eine prozessuale Geltendmachung von Schäden verhindert oder unverhältnismäßig erschwert. Sofern dieses zutrifft, soll die Frage, welche Möglichkeiten einer Beweiserleichterung bestehen, erörtert werden.

A. Begriff der Beweislast in Abgrenzung zur Beweisführungslast

Für den Anlegerschutzprozess gilt grundsätzlich die allgemeine Regel des Beweisrechts, nach der jede Partei die Tatsachen notfalls zu beweisen hat, die ihr Vorbringen tragen[5], für den Anspruchsteller die Tatsachen zur Anspruchsbegründung, für den Gegner die Tatsachen zu Einwendungen und Einreden.

Die Beweislast stellt das Risiko einer Prozesspartei dar, im Falle der Unklarheit eines Tatbestandsmerkmals nach Abschluss des Beweisverfahrens zu unterliegen[6]. Im Gegensatz hierzu beinhaltet die Beweisführungslast oder subjektive Be-

---

1 Spickhoff/Petershagen, BB 1999, S. 165.

2 Baumgärtel, Bd. I, Anh. zu § 282 Rdnr. 1 f

3 Prütting, S. 6, S. 23 ff.; AlternativkommentarZPO, Vor § 284 Rdnr. 6.

4 Baumgärtel, Bd. I, Anh. zu § 282 Rdnr. 2

5 Baumbach/Lauterbach/Hartmann, Anh. § 286 Rdnr. 2; Rosenberg/Schwab, ZPR, S. 716 ff.; Larenz, SchR I, S. 371.

6 Prütting, S. 6 f.; Baumbach/Lauterbach/Hartmann, Anh. § 286 Rdnr. 1.

weislast die Obliegenheit einer Prozesspartei, für bestimmte Tatsachenbehauptungen dem Richter Beweismittel anzubieten und den Beweis zu führen, um den Prozessverlust zu vermeiden[7]. Sie lässt sich zum Beispiel § 445 I ZPO entnehmen, wonach der Beweisantrag auf Vernehmung einer Partei nur zulässig ist, wenn die Antragstellerin den ihr obliegenden Beweis sonst nicht vollständig geführt hat[8]. Auch im Anlegerschutzprozess trägt somit der Anleger das Risiko der Unaufklärbarkeit klagebegründender Tatsachen, der Finanzdienstleister dagegen das Risiko der Unaufklärbarkeit der einwendungs- oder einredebegründenden Tatsachen[9]. Zur Beantwortung der Frage, welchen Schwierigkeiten der Anleger bei der Geltendmachung seines Schadensersatzanspruchs aus der Verletzung von Informationspflichten des Finanzdienstleisters gegenübersteht, ist mithin für jedes Tatbestandsmerkmal der p.V.V. eines Vermittlungsvertrages zu prüfen, ob der Anleger neben der Beweislast auch die Beweisführungslast trägt.

B. Tatbestandsvoraussetzungen einer p.V.V. eines Vermittlungsvertrags

Zunächst soll der Frage nachgegangen werden, welche Tatbestandsvoraussetzungen durch den Anleger darzulegen und zu beweisen sind. Darüber hinaus ist zu prüfen, in welchem Umfang er vorzutragen und Beweis zu erbringen hat, wenn er es unternimmt, einen Schadensersatzanspruch aus der p.V.V. eines Vermittlungsvertrags geltend zu machen. Die p.V.V. setzt das Vorliegen einer objektiven Pflichtwidrigkeit, den Eintritt eines Schadens, den Ursachenzusammenhang zwischen der festgestellten Pflichtwidrigkeit und dem eingetretenen Schaden und das Verschulden des Schädigers voraus[10].

1. Zustandekommen eines Vermittlungsvertrags

Wie oben[11] dargelegt, begründet die Vermittlung von Finanzanlagen vertragliche Bindungen zwischen Anlegern und Finanzdienstleistern, welche informatorische Nebenpflichten bei der Erbringung der vertraglichen Leistung begründen. Diese Informationspflichten sind in ihrem Inhalt davon abhängig, ob sich die Tätigkeit des Finanzdienstleisters auf die Vermittlung beschränkt oder ob er zusätzlich eine Beratungsleistung schuldet. Letztere begründet einen Beratungsvertrag, der neben dem Vermittlungsvertrag vorliegen kann. Es besteht daher eine

7 Prütting, S. 23 ff.

8 Prütting, S. 6.

9 Stürner, S. 4.

10 Baumgärtel, Bd. I, Anh. zu § 282 Rdnr. 18 ff.; Esser/Schmidt, § 29 III, S. 153 ff.; Larenz, SchR I, S. 338 ff.; Fikentscher, § 47 Rdnr. 387 ff.

11 Siehe 6. Kapitel.

Beweisbedürftigkeit für die Behauptung, es sei über die im Zusammenhang mit der Anlageempfehlung zu erteilenden anleger- und objektbezogenen Informationen hinaus eine Beratungsleistung zu erbringen. Darüber hinaus ist durch den Anleger darzulegen und zu beweisen, dass die jeweiligen Informationspflichten durch den Finanzdienstleister verletzt wurden.

a) Voraussetzungen des konkludenten Vermittlungsvertrags

Der Anleger hat den Abschluss eines Vertrages mit dem Inhalt der Vermittlung der Finanzanlage sowie den Abschluss eines zusätzlichen Beratungsvertrags als Grundlage seines Informationsanspruchs zu beweisen, da er aus diesen Verträgen Rechte herleitet[12]. Für das Vorliegen eines konkludenten Vermittlungsvertrags sind dessen oben[13] dargelegten Voraussetzungen, also die erkennbare Auskunftsbedürftigkeit des Kunden, das wirtschaftliche Interesse des Finanzdienstleisters am Zustandekommen des Vertrages verbunden mit dessen persönlichem Engagement und die Inanspruchnahme von dessen besonderen Verbindungen und Kenntnissen durch den Kunden[14] vorzutragen und im Bestreitensfalle zu beweisen.

(1) Gegenstand des Vermittlungsvertrags

Bestreitet der Finanzdienstleister, dass die vom Kunden erworbene Finanzanlage Gegenstand des Vermittlungsgesprächs war, und behauptet er, dass der Anleger das Anlageprodukt direkt oder über andere Vermittler von dem Produktanbieter erworben habe, muss der Anleger nachweisen, dass die Finanzanlage Gegenstand des Kundengesprächs war. Zumeist erhält der Anleger jedoch eine Bestätigung seines Erwerbsauftrags, der den Finanzdienstleister als Vermittler der Finanzanlage ausweist.

(2) Erkennbare Auskunftsbedürftigkeit

Das Vorliegen von Auskunftsbedürftigkeit ist durch die Inanspruchnahme der Kenntnisse des Vermittlers indiziert. Der BGH hat dieses mehrfach bejaht, wenn der Kunde an einen Anlagevermittler nach dessen Angebot von sich aus herangetreten war und deutlich gemacht hatte, dass er auf eine Anlageentscheidung bezogen die besonderen Kenntnisse und Verbindungen des Vermittlers in Anspruch nehmen wollte[15]. Auch der Einwand des Finanzdienstleisters, der Anleger hätte anlässlich eines Kundengesprächs einen gezielten Erwerbsauftrag hin-

---

12 Baumgärtel, § 154 Rdnr. 3.

13 Siehe 4. Kapitel D. 1. d).

14 Ebenda D. 1. d).

15 BGH WM 1983, 263 (2.2.83); BGH WM 1984, 1075 (27.6.84); LG Stuttgart, VuR 2001, 372 374.

sichtlich einer nicht empfohlenen Finanzanlage gegeben und keine Aufklärung gewünscht, führt, wie auch in dem hierzu ergangenen „Auftrags-Fall“ vom 26.3.2001 entschieden, nicht zu einer das Ende des Vermittlungsgesprächs begründenden Zäsur, da dieses eine künstlich erscheinende Aufspaltung eines Lebensvorgangs darstellen würde[16]. Der Anleger trägt jedoch die Beweislast für die Auskunftsbedürftigkeit, wenn der Finanzdienstleister behauptet, einen gezielten Erwerbsauftrag erhalten zu haben.

(3) Wirtschaftliches Interesse des Auskunftgebers

Weiteres Indiz für einen Anlagevermittlungsvertrag ist das wirtschaftliche Interesse des Finanzdienstleisters am Vertragsabschluss mit dem Kunden[17]. Schwierigkeiten bei der Beweisführung können sich hierbei ergeben, wenn, wie insbesondere bei Strukturvertrieben üblich, der Finanzdienstleister im Bekanntenkreis akquiriert und die Gespräche in privatem Kontext geführt werden. Hier könnte der Finanzdienstleister sein wirtschaftliches Interesse am Vertragsschluss bestreiten, wenn er seine Vertriebstätigkeit nicht offengelegt hat. Im Streitfall muss der Anleger das wirtschaftliche Interesse des anderen Teils beweisen, wenn er sich auf dieses Indiz für einen Vertragsabschluss beruft.

(4) Persönliches Engagement des Finanzdienstleisters

Ferner hat der BGH den Abschluss eines konkludenten Vertrages bejaht, wenn ein besonderes persönliches Engagement des Auskunftgebers vorlag und wenn der Anlass für die Zuziehung zu Verhandlungen hierfür sprach[18]. Auch hierfür trägt der Anleger die Beweislast.

b) Zusätzliche Beratungsleistung

Bereits oben wurde dargelegt, dass aus Vermittlungsverträgen je nach Art des Gegenstands der Finanzanlage und dem Informationsbedürfnis des Kunden informatorische Nebenpflichten resultieren, die produktbezogen sind. Darüber hinaus können weitere Informationspflichten bestehen, welche aus einem zusätzlichen ausdrücklichen oder konkludenten Beratungsvertrag geschuldet sind und das vermittelte Produkt in Relation zu anderen Finanzanlagen setzen[19]. Hinsichtlich der Verletzung solcher Nebenpflichten ist somit für den Kunden zu beweisen, es sei im Rahmen des Vermittlungsgesprächs eine Beratungsleistung mit den korrespondierenden zusätzlichen Informationspflichten angeboten worden. Dass der Kunde mehr als die durch den Vermittlungsvertrag begründeten an-

---

16 LG Regensburg, VuR 2001, 215, 216.

17 WM 1992, 1031, 1034.

18 BGH NJW 1992, 2080.

19 5. Kapitel.

leger- und objektbezogenen Informationen über das Produkt erhalten wollte, nämlich einen Entscheidungsmaßstab und eine Vergleichsmöglichkeit mit anderen Produkten, wird er im Bestreitensfalle regelmäßig nur durch Nachweis der Zahlung eines Beratungshonorars, durch Vorlage eines Gesprächsprotokolls oder durch Zeugenaussagen darlegen können, die seinen Beratungswunsch oder das Beratungsangebot des Finanzdienstleisters dokumentieren.

Die Maßgeblichkeit der Zeugenaussage für den strittigen Gesprächsinhalt zeigt sich exemplarisch an einer Entscheidung des LG Frankfurt a.M. vom 23.6.2000 und an einer Entscheidung des OLG Frankfurt a.M. vom 7.7.1997. In seiner Entscheidung vom 23.6.2000 („Rentenaufbesserungsfall")[20] hatte das LG Frankfurt a.M. zum Inhalt des Gesprächs zwischen der klagenden Anlegerin und der für den beklagten Strukturvertrieb tätigen Handelsvertreterin Stellung zu nehmen. Es hatte dabei die Handelsvertreterin als Zeugin gehört. Diese hatte ausgesagt, dass es der Anlegerin darum gegangen sei, einen geerbten Vermögensbetrag zu erhalten und mit der erzielten Rendite ihre Rente aufzubessern. Diese Anfrage hat das Gericht als Beratungswunsch qualifiziert. Hier war der Anleger mithin auf die Zeugenaussage eines in der Sphäre des beklagten Vertriebs stehenden Finanzdienstleisters angewiesen.

Für seine Entscheidung vom 7.7.1997 („Steuernachzahlungsfall") hat das OLG Frankfurt a.M. zum Inhalt des Kundengesprächs die dabei anwesende Frau des Klägers als Zeugin gehört und sie aufgrund ihrer detailreichen, plastischen und widerspruchsfreien Schilderungen als glaubwürdig bezeichnet[21]. Ferner hat das Gericht den Anlageberater als Zeugen gehört. Dieser konnte sich aufgrund der Vielzahl von Anlagegesprächen nicht mehr an die Einzelheiten des Kundengesprächs, insbesondere an den Hinweis des Klägers auf die zu erwartende Steuernachzahlung und damit auf den anstehenden Liquiditätsbedarf erinnern. Das Gericht nahm daher auf der Basis der Aussage der Zeugin eine Verletzung der Informationspflichten eines Vermittlungsvertrages an[22].

Findet das Kundengespräch „unter vier Augen" statt, bleibt der Kunde auf die Zeugenaussage des zumeist als Erfüllungsgehilfen tätigen Finanzdienstleisters angewiesen. Kann sich der Kunde auf die Aussage eines von ihm mitgebrachten dritten Teilnehmers am Gespräch berufen, besteht für die Beweisbarkeit seiner Behauptung eine größere Chance, birgt jedoch auch die Gefahr, dass der Glaubwürdigkeit des Zeugen kritische Bedenken aufgrund dessen Parteilichkeit entgegengebracht werden. Eine zuverlässige Bewertungsgrundlage stellt lediglich ein ausführliches Protokoll des Kundengesprächs dar. Auf ein solches Protokoll in Gestalt eines ausgefüllten Wertpapierhandelsbogens hat sich das LG Regens-

---

20 LG Frankfurt a.M., VuR 2001, 150, 152.

21 OLG Frankfurt a.M., Urteil v. 7.7.1997, Az. 16 U 132/96.

22 OLG Frankfurt a.M., Urteil v. 7.7.1997, Az. 16 U 132/96.

burg in seinem Urteil vom 26.3.2001 („Protokoll-Fall“) bei der Feststellung von Beratungspflichtverletzungen bezogen[23]. Es hat hierzu ausgeführt, dass die Klägerin auf die dortige Frage „Wann benötigen sie ihr Geld wieder?“ mit „In zwei Jahren“ geantwortet habe. Ausgehend von diesem Anlageziel stellte es nach Ansicht des Gerichts eine objektiv fehlerhafte Beratung durch den für die beklagte Bank tätigen Anlageberater dar, wenn dieser nicht darauf hingewiesen hatte, dass die Rückzahlung der Anleihe an die Kursentwicklung im Verhältnis des US-Dollars zum russischen Rubel gekoppelt war[24]. Hierdurch bestand das Risiko, dass die Rückzahlung der Anleihe im Einzelfall gemäß der Anleihebedingungen um zwei Jahre verschoben werden und unter bestimmten Voraussetzungen die Rückzahlung auch ganz entfallen konnte[25]. Der Behauptung der Beklagten, die Klägerin habe keine Vorgaben hinsichtlich der Laufzeit der Finanzanlage gemacht, hat das Gericht die Angaben im Wertpapierhandelsbogen entgegengehalten[26].

2. Bestehen von einzelnen Informationspflichten

Stellt das Gericht das Vorliegen eines Vermittlungsvertrages zwischen Anleger und Finanzdienstleister fest, so hat es des weiteren über das Bestehen von solchen Informationspflichten zu erkennen, welche der Anleger bei der Geltendmachung seines Anspruchs als verletzt ansieht. Bestreitet der Finanzdienstleister die Aufklärungsbedürftigkeit des Anlegers hinsichtlich einer solchen Information und damit das Bestehen einer diesbezüglichen Informationspflicht, so hat der Finanzdienstleister hierfür Beweis zu erbringen.

Einer hierzu ergangenen BGH-Entscheidung vom 7.11.1991 („Vertriebsmitarbeiter-Fall“)[27] lag der Sachverhalt zugrunde, dass der klagende Anleger selbst freier Vertriebsmitarbeiter war und eine Aufklärungspflichtverletzung hinsichtlich des Renditerisikos durch die beklagte Treuhand- und Vermögensverwaltungsgesellschaft behauptete, die auch als Wirtschaftsprüfungs- und Steuerberatungsgesellschaft firmierte. Die Beklagte hatte unter Beweisantritt vorgetragen, dass dem Kläger als selbstständigem Gebietsdirektor der mit dem Vertrieb der Anlage allein beauftragten Firma alle das streitige Projekt betreffenden Unterlagen und Verträge zur Verfügung standen und dass der Kläger insbesondere auch den Prospektprüfungsbericht kannte, bevor er sich zum Erwerb der Finanzanlage entschloss. Dieses Vorbringen hatte der Kläger bestritten. Der BGH war der Ansicht, dass das Berufungsgericht zu seinem Kenntnisstand und zu seinen

---

23 LG Regensburg, VuR 2001, 215, 216 f.

24 LG Regensburg, VuR 2001, 217.

25 Ebenda, S. 216.

26 Ebenda, S. 217.

27 BGH WM 1992, 432, 434.

Informationsmöglichkeiten hätte Beweis erheben müssen, ehe es den Anspruch des geschädigten Vertriebsmitarbeiters für begründet hielt[28]. Hier hat der BGH nicht bereits aus der Tatsache, dass es zum Beruf des Klägers gehörte, solche Finanzanlagen zu vermitteln und dabei solche Anlagekonzepte auf ihre Plausibilität zu prüfen, auf dessen Sachkunde geschlossen. Eine Aufklärungsbedürftigkeit hinsichtlich des Renditerisikos hat der BGH daher nicht verneint, sondern gefordert, über die Aufklärungsbedürftigkeit hinsichtlich der erworbene Anlage Beweis zu erheben[29].

Das OLG Hamm hingegen hat in seiner Entscheidung vom 3.6.1996 („Akademiker-Fall") die Aufklärungsbedürftigkeit hinsichtlich bestimmter Informationen aufgrund der Zugehörigkeit zu einem bestimmten Bildungstand verneint und hinsichtlich der Frage, ob bestimmte Informationen anlässlich des Kundengesprächs erteilt wurden, keinen Beweis erhoben. Gegenstand der Entscheidung war die Geltendmachung eines Schadens aufgrund des Wertverlusts von erworbenen Fondsanteilen an einer Investmentgesellschaft in Luxemburg, die die klagende Anlegerin durch Vermittlung der Beklagten erworben hatte. In dem Rechtsstreit behauptete die Anlegerin, sie habe anlässlich des Verkaufsgesprächs dem als Zeugen auftretenden Bankmitarbeiter erklärt, sie wünsche eine kurzfristige und sichere Anlage. Sie habe daher mehrfach gefragt, ob bei der Investition ein Substanzverlust eintreten könne. Das habe der Bankmitarbeiter verneint und ihr darüber hinaus zugesichert, dass sie sich jederzeit von der Anlage trennen könne[30]. Die Behauptungen der beklagten Bank zur Frage der Aufklärungsbedürftigkeit der Anlegerin bezogen sich insbesondere auf deren bisherige Erfahrungen hinsichtlich eines Warentermingeschäfts und auf den von ihr im Gespräch gezeigten Sachverstand. Unstreitig zwischen den Parteien war lediglich, dass die Anlegerin eine Anlage im Dollarbereich wünschte, die nicht der Zinsabschlagsteuer unterfallen und jederzeit verfügbar sein sollte. Über die Aufklärungsbedürftigkeit der Anlegerin hinsichtlich des Fremdwährungsrisikos hat das OLG Hamm keinen Beweis erhoben.

Zur Begründung hat das Gericht hier ausgeführt, die Klägerin stamme aus Akademikerkreisen, in denen die Kenntnis eines solchen Risikos vorausgesetzt werden könne. Die Beweisführungslast hat das OLG Hamm der Klägerin auferlegt, da die Aufklärungspflicht an besondere Umstände in der Sphäre des Kunden anknüpfe. Die Forderung nach dem Ausschluss des Substanzverlustes bei Anlagen in fremden Währungen sei atypisch. Mit der gleichen Begründung hat das Gericht der Anlegerin die Beweisführungslast für die Behauptung auferlegt, die Anlage habe nur für etwa ein Jahr erfolgen sollen. Eine Umkehr der Beweislast aus Gründen einer Dokumentationspflichtverletzung hat das Gericht mit der Begründung

---

28 BGH WM 1992, 432, 434.

29 BGH WM 1992, 432, 434.

30 OLG Hamm, WM 1996, 1812, 1813.

verworfen, dass es in dem maßgeblichen Jahr 1994 noch keine Pflicht zur Dokumentation des Wertpapiergeschäfts gegeben habe. Die Umkehr der Beweislast lasse sich auch nicht mit dem Gedanken rechtfertigen, dass die Anlegerin von konservativen auf risikobehaftete Anlagen übergegangen sei, da die Finanzanlagen nicht als ausgesprochene Risikoanlagen eingestuft werden könnten[31]. Nach dem OLG Hamm begründet mithin bereits der allgemeine Bildungsstand des Anlegers die Entbehrlichkeit bestimmter Informationen über die Anlage, wohingegen nach dem BGH selbst von der Tatsache, dass der Anleger die Finanzanlage selbst vermittelte, nicht auf dessen fehlende Aufklärungsbedürftigkeit geschlossen werden konnte.

Wie bereits oben[32] dargelegt, ist dieser Verweis auf die Zugehörigkeit zu Akademikerkreisen als Begründung für fehlende Aufklärungsbedürftigkeit undifferenziert, weil sie der unterschiedlichen fachlichen Ausbildung und Spezialisierung dieser Personengruppe nicht gerecht wird. Dem OLG Hamm ist insoweit zuzustimmen, als die Klägerin das Risiko eines Substanzverlustes aufgrund des Fremdwährungsrisikos kennen konnte. Das Gericht hat jedoch den Umfang der Informationspflichten unzureichend definiert, weil es lediglich eine Verpflichtung zur Erteilung einzelner anlagebezogener Informationen festgestellt hat. Wie oben[33] dargelegt, hat der Finanzdienstleister beim Kundengespräch die unterschiedlichen Informationen zur Anlage auch in eine Beziehung zum Anlageziel des Kunden zu setzen. Die Veräußerbarkeit der Finanzanlage war im vorliegenden Fall zwar jederzeit gegeben, aufgrund des Fremdwährungsrisikos konnte jedoch ein Substanzverlust zum Zeitpunkt der Veräußerung eintreten, der dem Ziel der kurzfristigen Verfügbarkeit der gesamten Anlagesumme widersprach. Die Frage der Aufklärungsbedürftigkeit hinsichtlich der Folgen eines Kursverlustes für die mittelfristig angestrebte Liquidität der Anlegerin, also hinsichtlich des Zusammenhangs anlagebezogener Informationen hat das OLG Hamm dementsprechend nicht geprüft, obwohl es einen Beratungsvertrag zwischen Anleger und Bank bejaht hat. Es hat die Frage der Vollständigkeit der anleger- und objektbezogenen Informationen lediglich isoliert für jede Einzelinformation geprüft. Im Kundengespräch hätte der Finanzdienstleister auf das Risiko hinweisen müssen, dass ein Kursverlust zu einer Substanzverringerung im Zeitpunkt des Liquiditätsbedarfs führen konnte. Wie oben[34] dargelegt, hat die Erteilung der Information das Ziel zu verfolgen, das Instrumentarium für die eigenverantwortliche Anlageentscheidung zu liefern. Mithin sind die Informationen durch den beratenden Finanzdienstleister interpretierend in eine Beziehung zu setzen, welche dem Kunden die Konsequenzen seiner Entscheidung deutlich macht. Das

31 OLG Hamm, WM 1996, 1812, 1814.

32 Siehe 5. Kapitel.

33 Ebenda.

34 Siehe 5. Kapitel.

Gericht hätte daher zu prüfen gehabt, ob von dem Finanzdienstleister auch Informationen erteilt worden sind, die dem Anleger die Folgen bestimmter Eigenschaften der Finanzanlage auf sein Anlageziel deutlich machten. Darüber hinaus besteht bei vielen Kundengesprächen, bei denen die Bewerbung der Finanzanlage und nicht die umfängliche Beratung im Vordergrund steht, die Gefahr, dass das primäre Anlageziel der Liquidität aus den Augen verloren wird, insbesondere wenn die Wertsteigerungen der Finanzanlage angepriesen werden. Gerade bei den zumeist provisionsorientierten Vermittlungstätigkeiten bilden Informationen, die den Zusammenhang zwischen den Einzelinformationen hinsichtlich der Anlage herstellen und im Bezug auf das Anlageziel erteilt werden, dass Korrektiv zum Beratungsdefizit und zur Verkaufsrhetorik bei solchen Gesprächen. Allein durch die Erteilung vollständiger aber zusammenhangsloser Informationen zur Anlage kann das Hauptziel, Anlegerschutz durch den Ausgleich des Informationsgefälles zwischen Anbieter und Nachfrager auf dem Kapitalmarkt zu erreichen, nicht gewährleistet werden.

Erst bei einer Prüfung der Aufklärungsbedürftigkeit des Zusammenhangs von Kursverlust und angestrebter Liquidität hätte das Gericht die Frage zu erörtern gehabt, ob der Bildungsstand der Anlegerin die Kenntnis der Folgen des Kursverlustes für die Substanz der Investition und damit auf die angestrebte Liquidität begründete. Zumindest bei Anlegerkreisen mit geringem spezifischen Bildungsgrad hätte das Gericht dann bei der Prüfung der Aufklärungsbedürftigkeit auch hinsichtlich deren Kenntnis dieses Zusammenhangs Beweis erheben müssen.

3. Verletzung der Informationspflichten

Gelingt dem Anleger der Beweis des Vorliegens eines Vermittlungsvertrages und der fallweise daraus erwachsenden Nebenpflichten, obliegt ihm des Weiteren der Beweis einer Verletzung durch den vermittelnden Finanzdienstleister. Nach allgemeiner Meinung trägt bei einem Schadensersatzanspruch aus p.V.V. grundsätzlich der Anspruchsteller die Beweislast dafür, dass der Anspruchsgegner objektiv eine ihm obliegende Pflicht verletzt hat[35].

a) Unterlassen von Informationserteilung und Beratung

Diese Beweislastverteilung zulasten des Anlegers gilt nach Literatur und ständiger Rechtsprechung selbst bei dem Unterlassen von Aufklärung oder Beratung[36]. In einer Entscheidung vom 27.6.2000 („Prospektvorenthaltungsfall")

---

35 BGH WM 1990, 1977, 1978; 1994, 1076, 1077; 1996, 1082, 1086; 2000, 426; OLG München, Urteil v. 13.12.2001, Az. 19 U 4293/01; MünchKomm/Emmerich, Rdnr. 208 vor § 275.

36 Palandt/Heinrichs, § 282 Rdnr. 11; Baumgärtel, Bd. 1, Anh. zu § 282 BGB Rdnr. 23, 62; BGH WM 1987, 590, 591; 1990, 75, 76 f.; 1990, 1977, 1978; 1992, 701, 705.

hat der BGH dementsprechend die Ansicht vertreten, die Bank brauche nicht zu beweisen, dass der Emissionsprospekt bei der Beratung durch die Kreditvermittler vorgelegt und übergeben worden sei. Vielmehr hätten die Anleger die Darlegungs- und Beweislast dafür, dass die Bank Aufklärungspflichten träfen und dass sie diese auch verletzt habe[37]. Zwar werde dem Anspruchsteller hierdurch der Beweis einer negativen Tatsache aufgebürdet, die Schwierigkeiten des Negativbeweises sind nach Ansicht des BGH jedoch insofern überwunden, als der Anspruchsgegner nach Lage des Falles die Behauptung substantiiert bestreiten und der Anspruchsteller die Unrichtigkeit der Gegendarstellung beweisen muss[38]. Eine solche sekundäre Darlegungslast der an sich nicht darlegungs- und beweisbelasteten Partei sei als Ausnahme insbesondere dann anzunehmen, wenn der Geschädigte außerhalb des von ihm darzulegenden Geschehensablaufs stehe und keine Kenntnis der maßgebenden Tatsachen besitze, während der Schädiger sie habe und ihm nähere Angaben zumutbar seien. Dem Geschädigten sei vielfach nicht zuzumuten, einen Beweis über Dinge zu führen, die seinem Gefahrenbereich und seiner Kenntnis entzogen seien. Daher müsse sich der Anspruchsgegner entlasten, wenn sich aus der Sachlage zunächst der Schluss rechtfertige, dass er die ihm obliegende Sorgfaltspflicht verletzt habe und die Schadensursache aus einem Gefahrenbereich hervorgegangen sei, für den er im Zweifel verantwortlich sei[39]. Mithin wird von dem Finanzdienstleister verlangt, dass er die Behauptung des Anlegers, eine ordnungsgemäße Aufklärung sei nicht erfolgt, substantiiert bestreitet und konkret darlegt, wann, wo und wie er die gebotene Aufklärung und Beratung vorgenommen oder veranlasst hat[40].

In der hierzu ergangenen Entscheidung des OLG Düsseldorf vom 24.8.1995 („Pressebericht I-Fall") hat das Gericht die Behauptung, es sei keine Aufklärung des Kunden über die negativen Presseberichte erfolgt, als negative Tatsache gewertet und daher dem Finanzdienstleister auferlegt, die Behauptung des Anlegers substantiiert zu bestreiten und in diesem Zusammenhang konkret darzulegen, wann, wo und wie die gebotene Aufklärung und Beratung durch den für sie tätigen Handelsvertreter vorgenommen worden sein soll. Der Finanzdienstleister hätte mithin den genauen Zeitpunkt der Gespräche mitteilen und ausführen müssen, in welcher Weise und in welchem Umfang die Unterrichtung über die negative Presseberichterstattung stattgefunden habe. Dabei hat sich das OLG Düsseldorf auf den Inhalt der Hinweispflicht des Anlageberaters berufen, welche darin bestehe, die Berichterstattung darzulegen und sich mit ihr aus-

37 BGH WM 2000, 1685, 1686.

38 BGH WM 1987, 590, 591; 1987, 902, 903; 1987, 957, 958; 1990, 75, 76 f.; 1990, 1977, 1978; NJW-RR 1993, 746, 747.

39 BGH WM 1976, 1056, 1058; 1990, 1977, 1978.

40 OLG Düsseldorf, WM 1996, 1082, 1086; Siol, Bd. 1, § 43 Rdnr. 42.

einander zu setzen, auch wenn er diese nicht für zutreffend halte[41]. Da der Finanzdienstleister sowohl in Bezug auf Zeit und Ort als auch in Bezug auf den Inhalt der angeblichen Beratungsgespräche seiner sekundären Darlegungslast nicht nachgekommen sei, sei es dementsprechend gemäß § 138 II und III ZPO als unstreitig anzusehen, dass die erforderliche Aufklärung über die negative Presseberichterstattung entweder gar nicht oder jedenfalls nicht in hinreichendem Umfang und in sachgerechter Weise erfolgt sei. Mangels konkreter Darlegungen des Finanzdienstleisters zu der Frage, in welcher Weise und mit welchem Inhalt die gebotene Aufklärung durch den für sie tätigen Handelsvertreter erfolgt sein soll, fehle es auch an einem geeigneten Tatsachenvortrag, der einer Beweisaufnahme zugänglich sei. Eine Beweisaufnahme zu diesem Punkt sei nicht zulässig, da ihre Durchführung der Erhebung eines Ausforschungsbeweises gleich käme[42].

Hätte der Finanzdienstleister jedoch zum Beispiel behauptet, er habe den Kunden an einem bestimmten Ort zu einer bestimmten Zeit über kritische Stimmen in der Wirtschaftspresse informiert und jener habe sich gleichwohl zum Erwerb der Anlage entschlossen, hätte letzterer wiederum die Unrichtigkeit dieser Aussage des Finanzdienstleisters beweisen müssen. Ein solcher Fall liegt der Entscheidung des OLG Frankfurt a.M. vom 30.8.2000 („Pressebericht II-Fall") zugrunde[43]. Der klagende Anleger wies hier auf negative Presseberichte hin, die der beklagte Finanzdienstleister bei dem Kundengespräch nicht erwähnt hatte. Das Gericht wertete diese Presseberichte als inhaltlich unergiebig und verneinte dementsprechend eine Hinweispflicht[44]. Der Anleger wird somit zusätzlich der Unsicherheit ausgesetzt, ob das Gericht die vorgelegten negativen Presseberichte als inhaltlich ergiebig werten und damit die Informationspflicht auf diese erstrecken wird.

b) Zurechnung von Informationspflichtverletzungen durch Vertriebsbeauftragte

Die p.V.V. wird regelmäßig nicht durch den Schuldner selbst, sondern durch seinen Erfüllungsgehilfen begangen, soweit dieser im Rahmen des Schuldverhältnisses liegende Verpflichtungen des Schuldners wahrnimmt[45]. Kann die Informationspflichtverletzung eines Bankangestellten, wie im obigen „Protokoll-Fall", zumeist ohne weiteres der Bank zugerechnet werden, ergeben sich insbesondere für die Einschaltung von Vertriebsunternehmen durch Banken Beweisschwierigkeiten für den Anleger. Die Inanspruchnahme von Banken aus Vermittlungsverträgen scheitert zumeist am Nachweis des Bestehens von Ver-

---

41 OLG Düsseldorf, WM 1996, 1082, 1087.

42 OLG Düsseldorf, WM 1996, 1082, 1087.

43 OLG Frankfurt a.M., NJW-RR 2001, 479.

44 Ebenda, S. 480.

45 Larenz, SchuldR I, S. 301.

trägen zwischen Bank und Anleger sowie an dem Nachweis der Erfüllungsgehilfeneigenschaft der mit dem Vertrieb beauftragten Finanzdienstleister im Verhältnis zur Bank.

(1) Vermittlungsvertrag zwischen Bank und Anleger

Das Bestehen eines Vertrages zwischen dem Geschädigten und der Bank mit dem Inhalt der Vermittlung von Finanzanlagen ist, wie oben dargelegt[46], in allen Fällen zu bejahen, in denen diese mit dem Kunden direkt in Kontakt getreten ist und zielgerichtet auf dessen Anlageentscheidung eingewirkt hat. Wird ein externer Finanzdienstleister mit dem Abschluss von Vermittlungsverträgen über Finanzanlagen beauftragt, so ist durch den Geschädigten darzulegen und zu beweisen, dass ein diesbezüglicher Auftrag der Bank vorliegt. Kann lediglich nachgewiesen werden, dass der Finanzdienstleister ermächtigt war, für die Bank Kredite zu vermitteln, scheitert eine Inanspruchnahme aus der p.V.V. eines Vermittlungsvertrages hinsichtlich der Finanzanlage. Das OLG München hat dementsprechend in einer Entscheidung vom 4.9.2000 („Wissensvorsprungs-Fall")[47] zunächst für eine Zurechnung der Pflichtverletzung des Vermittlers nach § 166 I BGB das Zustandekommens eines Vertrages zwischen Bank und Anleger geprüft und aufgrund der fehlenden Ermächtigung des Vermittlers zum Vertragsabschluss durch die beklagte Bank verneint[48]. Es bedarf mithin eines Beweises hinsichtlich der Ermächtigung des Vertriebsmitarbeiters durch die Bank, die Finanzanlage zu vermitteln, um einen Vermittlungsvertrag zwischen Bank und Anleger nachzuweisen. Dieser ist für den Anleger schwer zu erbringen, da er von der Zusammenarbeit zwischen Bank und Vermittler auch nach der Kontaktaufnahme mit dem Finanzdienstleister keine Kenntnis erlangt.

(2) Erfüllungsgehilfeneigenschaft des Vermittlers

Ist ein Vertrag zwischen Bank oder Vertriebsunternehmen und dem Kunden festgestellt worden oder unstreitig, so ist die Erfüllungsgehilfeneigenschaft des Anlagevermittlers und damit die Zurechenbarkeit von dessen Pflichtverletzungen zu prüfen. Eine Erfüllungsgehilfeneigenschaft des Vermittlers kommt gemäß § 278 BGB nur in Frage, wenn die Bank gegenüber dem Kunden eine Verbindlichkeit hat, zu deren Erfüllung sie sich des Anlagevermittlers bedient. Das OLG München hat im „Wissensvorsprungs-Fall" hierzu die Ansicht vertreten, der Geschädigte müsse substantiiert vortragen, welche Tätigkeiten im Pflichtenkreis der Bank vom Vermittler übernommen worden seien und inwieweit der Finanzdienstleister seine Vermittlerrolle überschritten habe und Erfüllungsgehilfe des

---

46 4. Kapitel.

47 OLG München, WM 2001, 252.

48 OLG München, WM 2001, 252, 255.

Beklagten gewesen sein soll. Selbst wenn der Vermittler Erfüllungsgehilfe der Bank gewesen wäre, lagen nach Ansicht des OLG im konkreten Fall alle seine Angaben zur Anbahnung des Kaufvertrages nicht im Pflichtenkreis der Bank und könnten ihr schon deshalb nicht zugerechnet werden[49]. Auch das LG Frankfurt a.M. hat in einer Entscheidung vom 8.6.2000 („Pflichtenkreis-Fall")[50] die Erfüllungsgehilfeneigenschaft mit der Begründung verneint, dass die kreditgebende Bank für das Verhalten des Kreditvermittlers nur insoweit einzustehen habe, als dieser mit ihrem Wissen und Wollen Aufgaben wahrnehme, die typischerweise zum Pflichtenkreis der finanzierenden Bank gehörten.

Mithin muss der Anleger zum Nachweis der Erfüllungsgehilfeneigenschaft beweisen, dass die Bank Verbindlichkeiten gegenüber dem Kunden auf den Vermittler übertragen hat. Dieses gestaltet sich bei Einschaltung externer Vertriebe als schwierig, da der Kunde auch hier zumeist keine Kenntnis von der Qualität der Zusammenarbeit zwischen Bank und Vertriebsorganisation erlangen kann. Darüber hinaus hat die Rechtsprechung eine Haftung von Banken nur in wenigen Ausnahmefällen bejaht[51]. Im „Pflichtenkreis-Fall" hat das Gericht unmissverständlich zum Ausdruck gebracht, dass ein haftungsbegründender Wissensvorsprung der Bank beispielsweise dann vorliege, wenn die Bank im Besitz eines Gutachtens sei, aus welchem sich ergebe, dass die finanzierte Immobilie versteckte Mängel aufweise, und welches darüber hinaus dem Kunden nicht zugänglich sei[52]. Wenn mithin eine Tatbestandsvoraussetzung für die Haftung der Bank in der Unkenntnis von Informationen besteht, die dem Anspruchsteller regelmäßig weder vor noch nach dem Erwerb der Anlage zugänglich sind, stellt sich die Frage nach der Richtigkeit dieser Beweislastverteilung.

Jedoch hat der 11. Senat des BGH hat in seiner „Erfüllungsgehilfenentscheidung"[53] vom 24.9.1996 ausdrücklich formuliert:

> „Die Beweiserhebung über die von den Klägern behaupteten Vereinbarungen zwischen ... und der Firma ... durfte das Berufungsgericht nicht mit der Begründung ablehnen, es handele sich um reine Vermutungen. Eine Partei hat das Recht, im Zivilprozess Tatsachen zu behaupten, über die sie keine genauen Kenntnisse haben kann, die sie aber nach Lage der Dinge für wahrscheinlich hält ... Rechtsmissbräuchlich und daher unzulässig ist ein solches Vorgehen nur dort, wo die Partei willkürlich Behauptungen, an deren Richtigkeit sie selbst nicht glaubt, aufs Geratewohl oder ins Blaue hinein aufstellt; bei der Bejahung dieser Voraussetzungen ist ... Zurückhaltung geboten; die Annahme von Willkür ist nur bei Fehlen jeglicher tatsächlicher Anhaltspunkte gerechtfertigt."[54]

---

49 OLG München, WM 2001, 252, 256.

50 LG Frankfurt a.M., WM 2001, 257.

51 OLG Frankfurt a.M., WM 2002, 549, 552; BGH, WM 2003, 201.

52 LG Frankfurt a.M., WM 2001, 257.

53 BGH WM 1996, 2105 ff.

54 BGH WM 1996, 2106 f.

Der BGH hat mithin die Beweiserhebung für Fälle, in denen der Anleger beweisen muss, dass die Bank ihre Verbindlichkeiten gegenüber dem Kunden auf den Vermittler übertragen hat, erleichtert.

4. Kausalität der mangelhaften oder unterlassenen Aufklärung für den eingetretenen Schaden

Grundsätzlich hat der Geschädigte zu beweisen, dass sein Schaden ursächlich auf dem Verhalten des Schädigers oder seiner Erfüllungsgehilfen beruht[55]. Die Rechtsprechung hat jedoch eine Beweislastverteilung nach Gefahrenbereichen zugunsten des Geschädigten vorgenommen. Hiernach trifft den Schädiger die Beweislast, wenn sich aus der Sachlage zunächst der Schluss rechtfertigt, dass er die ihm obliegende Sorgfaltspflicht verletzt hat und die Schadensursache aus seinem Gefahrenkreis hervorgegangen ist[56]. Zur Begründung wird ausgeführt, dass hier der Schädiger in der Lage ist, vorsorgliche Maßnahmen zur Schadensverhütung sowie zur Möglichkeit der Aufklärung zu treffen, und er die Verantwortung für seinen Herrschafts- und Organisationsbereich trägt[57]. Darüber hinaus begründen Rechtsprechung und Literatur bei der Nichterfüllung von Aufklärungs-, Warn- oder Beratungspflichten die Umkehr der Beweislast mit deren Schutzzweck[58].

Der Einwand des Schädigers, auch bei seinem pflichtgemäßen Alternativverhalten sei der Schaden entstanden, ist beachtlich [59] und bestimmt sich nach den allgemeinen schadensersatzrechtlichen Grundsätzen über die Berücksichtigung sogenannter Reserveursachen[60]. Der Finanzdienstleister darf daher geltend machen, die Anlageentscheidung sei auch bei ausreichender Informationserteilung erfolgt. Der Nachweis der Kausalität der schuldhaften Pflichtverletzung für den Abschluss der mit der Anlageentscheidung zusammenhängenden Verträge und damit der Nachweis für den Eintritt des Schadens erweist sich jedoch grundsätzlich als unproblematisch[61], da die hypothetische Frage, ob der Käufer den Vertrag bei zutreffender Unterrichtung geschlossen hätte, meist nicht mit einem Beweis, sondern aufgrund eines Wahrscheinlichkeitsurteils beantwortet werden kann. Für die richterliche Überzeugungsbildung genügt die Gewissheit, dass die

---

55 Palandt/Thomas, § 676 Rdnr. 7a; Larenz, SchR I, S. 303 f.; Esser/Schmidt, § 29 III 5. b); Staudinger/Löwisch, § 282 Rdnr. 21; Ewers, DStR 1999, S. 421.

56 BGHZ 8, 239; 23, 288.

57 Larenz, SchR I, S. 307.

58 BGH NJW 1971, 241, 242; WM 1971, 1271; BGHZ 61, 118, 122; BGH NJW-RR 1992, 1115; Baumgärtel, S. 319.

59 BGHZ 90, 103, 111; 120, 281, 286; BGH NJW 2000, 661, 663; Palandt/Heinrichs, Vor § 249 Rdnr. 107; MünchKomm/Grunsky, § 249 Rdnr. 90; Esser/Schmidt, § 33 III 2.

60 Staudinger/Löwisch, § 282 Rdnr. 23; Baumgärtel, S. 320.

61 Ewers, DStR 1999, S. 423.

hypothetische Ursache den Schaden herbeigeführt hätte[62]. Verbleiben Unsicherheiten, ob es zu einem Vertragsschluss gekommen wäre, so gehen diese grundsätzlich zu Lasten derjenigen Vertragspartei, die nicht oder unrichtig aufgeklärt hat[63]. Der Schädiger trägt mithin die Beweislast dafür, dass der Schaden auch bei einem pflichtgemäßen Verhalten eingetreten wäre[64].

a) Rechtsprechung im Bereich des Kapitalanlagerechts

Die Rechtsprechung zur Beweislastverteilung bei Aufklärungspflichtverletzungen im Kapitalanlagerecht ist von den Fällen der Aufklärungspflichtverletzungen bei Börsentermingeschäften ausgegangen. Hier ist die Verpflichtung des Finanzdienstleisters statuiert worden, darzulegen und zu beweisen, dass die fehlerhafte Aufklärung nicht kausal für die Anlageentscheidung war, der Anleger also auch bei zutreffender Aufklärung die Anlage erworben hätte[65]. Diese Beweislastverteilung findet sich in sämtlichen Entscheidungen zu Informationspflichtverletzungen hinsichtlich von Finanzanlagen[66]. Grundsätzlich müsse zwar, sagt der BGH, im Falle der p.V.V. der Geschädigte die Ursächlichkeit der objektiven Pflichtverletzung für den eingetretenen Schaden auch bei einem Unterlassen des Schädigers (gegebenenfalls unter Inanspruchnahme der Beweiserleichterungen gemäß § 287 ZPO) beweisen, bei der Verletzung einer vertraglichen Aufklärungs- und Beratungspflicht sei jedoch eine Umkehr der Beweislast anzunehmen[67].

(1) Lehre von der sekundären Darlegungslast

Zur Begründung beruft sich die Rechtsprechung auf die Lehre von der sekundären Darlegungslast. Sie beinhaltet, dass die Rechtsfolge einer verweigerten Darlegung Beweiserleichterungen zu Gunsten der darlegungs- und beweis(führungs)belasteten Partei auslöst und mithin sekundär neben der darlegungs- und beweis(führungs)belasteten Partei besteht[68]. Der BGH hat in Fällen unterlassener Aufklärung bei Anwaltsberatungsverträgen grundsätzlich die Lehre von der sekundären Beweislast mit der Begründung zugunsten des Mandanten angewen-

---

62 BGH LM Nr. 19 zu § 249 (Ba).

63 BGHZ 111, 75, 81; BGH WM 1988, 48, 50.

64 Palandt/Heinrichs, Vor § 249 Rdnr. 107; BGHZ 29, 176, 187; 61, 118, 123; 120, 281, 287; OLG Köln, NJW-RR 1997, 542, 543.

65 BGHZ 124, 151, 160 f.; BGH WM 1993, 1457, 1458; WM 1996, 1214, 1216.

66 BGH NJW 2001, 2021, 2022; OLG Nürnberg, Az. 12 U 2130/97, S. 10; OLG Braunschweig, WM 1998, 375, 377; OLG Nürnberg, WM 1998, 378, 380; BGH WM 1997, 811, 813; OLG Düsseldorf, WM 1996, 1082, 1088; Palandt/Heinrichs, 57. Aufl., § 282 Rdnr. 15; Raeschke-Kessler, WM 1993, 1830, 1837.

67 BGHZ 94, 356, 362; Baumgärtel, Bd. 1, Anh. § 282 BGB Rdnr. 27.

68 BGH NJW 1990, 3151.

det, dass für diesen ein Negativbeweis schwer zu führen ist[69]. Der Rechtsanwalt habe einen besonders substantiierten Gegenvortrag zu erbringen, dessen Unrichtigkeit wiederum der Mandant zu beweisen habe. Inhalt des Gegenvortrags seien konkrete Angaben über die erteilten Ratschläge und Belehrungen sowie die Reaktion des Mandanten hierauf. Auch in Arzthaftungsprozessen hat der BGH die Lehre von der sekundären Darlegungslast, hier zulasten des Geschädigten, angewendet, wenn der Arzt den Einwand des rechtmäßigen Alternativverhaltens erhoben hatte und hierfür primär darlegungs- und beweis(führungs)belastet war. Da er für seine Behauptung, der Patient hätte bei ordnungsgemäßer Aufklärung den Eingriff nicht abgelehnt, den hypothetischen Willensentschluss des Patienten hätte nachweisen müssen, trug der BGH der Informationsnot des Arztes dadurch Rechnung, dass er vom Patienten eine besonders substantiierte Darlegung verlangte, warum er sich bei einer ordnungsgemäßen Aufklärung anders verhalten hätte[70].

Rechtsprechung und Literatur haben ferner mit dem Zweck von Aufklärungspflichten argumentiert. Diese seien dazu bestimmt, den Vertragsgegner zu einer eigenen Entscheidung über Maßnahmen zu bewegen, durch die ihm möglicherweise Schaden drohe, und ihn dementsprechend auch von einer Maßnahme abzuhalten[71]. Des Weiteren bestehe ihr Schutzzweck darin, die geschützten Personen vor den Folgen prozessualer Beweisnot zu schützen[72]. Dieser Schutzzweck sei nur durch die Umkehr der Beweislast zu gewährleisten, da ansonsten der Aufklärungspflichtige stets behaupten könne, der Aufklärungsbedürftige hätte auch bei seinem Hinweis die Maßnahme ergriffen, und dieser Umstand zumeist unaufklärbar sei[73].

(2) Ausnahme von der Beweiserleichterung

In seiner Entscheidung vom 30.9.1993 hat der BGH diese Rechtsprechung, beschränkt auf Verträge mit rechtlichen Beratern, modifiziert. Die Vermutung, der Mandant habe sich beratungsgemäß verhalten, bewirke keine Beweislastumkehr, sondern sei ein Anwendungsfall des Anscheinsbeweises. Die auf die Typizität eines bestimmten Geschehensablaufs gegründete Beweisregel rechtfertige keine volle Beweislastumkehr, sondern beruhe in solchen Fällen auf Erfahrungssätzen, welche im Einzelfall erschüttert werden könnten, wenn die konkrete Möglichkeit eines anderen Kausalverlaufs dargetan und bewiesen werde[74]. Die Beweiserleichterung setze also einen Tatbestand voraus, bei dem der Ursachenzusam-

69 BGH WM 1986, 486, 487.

70 BGHZ 90, 103, 111 ff.; BGH NJW 1982, 700.

71 BGH NJW 1988, 200, 203; OLG Saarbrücken, NJW 1989, 2758, 2759.

72 Stoll, FS v. Hippel, S. 550 f., 559.

73 BGHZ 61, 118, 122; Hofmann, NJW 1974, 1643.

74 BGHZ 123, 311.

menhang zwischen der Pflichtverletzung des Beraters und einem bestimmten Verhalten seines Mandanten typischerweise gegeben sei[75].

Diese Ausnahme gelte, wie der BGH in seinem Urteil vom 16.11.1993 ausführt[76], aber nicht für Aufklärungspflichten, welche dazu bestimmt seien, dem Partner eine sachgerechte Entscheidung über den Abschluss bestimmter Geschäfte zu ermöglichen. Hier sei der Zweck solcher Pflichten nur erreicht, wenn Unklarheiten, die durch den Aufklärungspflichtigen bedingt sind, zu Lasten des Aufklärungspflichtigen gingen, dieser also die Nichtursächlichkeit seiner Pflichtverletzung zu beweisen habe[77]. Der Anleger war danach nicht gehalten, Anhaltspunkte dafür vorzutragen, dass er bei ausreichender Information vom Erwerb der Finanzanlage abgesehen hätte. Dem Einwand des Vermittlers, er befinde sich in einem Beweisnotstand, welcher die sekundäre Darlegungslast des Anlegers auslöse, hat der BGH entgegengehalten, dass auf Seiten des Anlegers kein echter Entscheidungskonflikt bei ausreichender Aufklärung vorgelegen hätte. In Fällen, in denen nur eine bestimmte Möglichkeit aufklärungsrichtigen Verhaltens bestehe, also nicht ernsthaft zweifelhaft sein könne, wie ein Vertragspartner nach zutreffender Beratung und Aufklärung vernünftigerweise reagiert hätte, müsse weiterhin der seine Pflicht Verletzende beweisen, dass sich der Geschädigte über den Rat oder Hinweis hinweggesetzt hätte[78]. Nur wenn mehrere Möglichkeiten der Reaktion des Geschädigten auf eine sachgemäße Beratung oder Aufklärung bestanden, bleibe dieser verpflichtet, den vollen Kausalitätsbeweis zu erbringen[79]. Ausschlaggebend ist dabei die Überlegung des BGH, dass es das Vertrauensverhältnis zwischen dem Berater und dem Mandanten erheblich beeinträchtigen würde, wenn jener gezwungen wäre, sich bei jedem Beratungsgespräch Beweisunterlagen über den Inhalt der Unterredung zu verschaffen. Der BGH unterlegt dieses Argument mit der Annahme, dass es ansonsten als Beweissicherungsmaßnahme notwendig sei, beispielsweise Tonbänder bei Beratungsgesprächen mitlaufen zu lassen[80].

(3) Kritik an der Ausnahme-Rechtsprechung

Zwar hat der BGH auch im Anwalts- und Steuerberatervertragsrecht die Regel entwickelt, bei Verstößen gegen die Beratungspflicht spreche zugunsten des Mandanten die Vermutung, dieser hätte sich bei vertragsgerechtem Verhalten beratungsgemäß verhalten, jedoch kommt dieser Grundsatz auch hier nur zur Anwendung, wenn im Hinblick auf die Interessenlage oder auf andere objektiven Umstände eine

75 Ebenda, S. 315.

76 BGHZ 124, 151 ff.

77 BGHZ 124, 151, 160.

78 BGHZ 61, 118, 121 f.; 64, 46; 124, 151, 159; BGH WM 1991, 1993; 1994, 1466, 1467.

79 BGH NJW 1989, 2320, 2321 (Arzthaftung); NJW-RR 1990, 918, 920 (Steuerberater); WM 1994, 1466, 1467; a.A. Roth, ZHR 154 (1990), 513, 528 ff.

80 BGH WM 1986, 486, 487.

bestimmte Entschließung des zutreffend informierten Mandanten mit Wahrscheinlichkeit zu erwarten gewesen wäre[81]. Der BGH hat in einer Entscheidung vom 30.9.1993[82] unter Bezug auf Verträge mit rechtlichen Beratern die Ansicht vertreten, dass die Vermutung, der Mandant habe beratungsgemäß gehandelt, keine Beweislastumkehr bewirke, sondern einen Anwendungsfall des Anscheinsbeweises bilde. Zur Begründung hat er ausgeführt, dass die Beweiserleichterung hier auf Erfahrungssätzen beruhe, die im Einzelfall erschüttert werden könnten, wenn die konkrete Möglichkeit eines anderen Kausalverlaufs dargetan und bewiesen werde. Die Beweiserleichterung setze also einen Tatbestand voraus, bei dem der Ursachenzusammenhang zwischen der Pflichtverletzung des Beraters und einem bestimmten Verhalten seines Mandanten typischerweise gegeben sei[83].

Die Beweislast muss somit nach der Formel des BGH in Anwendung auf den Bereich der Haftung des Finanzdienstleisters zumindest für solche Kundengespräche durch den Anleger getragen werden, die nicht in eine einzige Empfehlung münden, sondern dem Kunden die Entscheidung zwischen mehreren Anlagearten überlassen. Wie bereits oben dargestellt[84], sind anleger- und objektbezogene Informationspflichten aus produktwerbender Vermittlungstätigkeit von der Pflicht zur Präsentation und zum Vergleich von Anlagealternativen zu unterscheiden. Eine so weitgehende Informationspflicht wird begründet, wenn es der Vermittler zusätzlich vertraglich übernimmt, Beratungsleistungen zu erbringen. Da hier durch den Finanzdienstleister allgemeine Informationen zur Vorbereitung einer vom Kunden zu treffenden Entscheidung geschuldet sind, Anlagealternativen vorgestellt werden und daher offen ist, wie ein „vernünftiger" Mensch[85] aufgrund eines solchen Informationskomplexes reagiert hätte, liegt kein Tatbestand vor, bei dem der Ursachenzusammenhang zwischen der Pflichtverletzung des Finanzdienstleisters und einem bestimmten Verhalten seines Kunden typischerweise gegeben ist. Die Voraussetzungen für eine Beweiserleichterung sind mithin bei Beratungsverträgen typischerweise nicht gegeben[86].

Auch bei Vermittlungsverträgen, welche lediglich die Empfehlung einer bestimmten Finanzanlage betreffen, kann unaufklärbar sein, wie sich der Kunde bei pflichtgemäßer Information entschieden hätte. So ist es, wenn die zu erteilenden Informationen nicht geeignet sind, eine Anlageentscheidung vorhersehbar zu machen. Gerade zu den Finanzanlagen des Nebenkapitalmarktes ist eine Vielzahl von anlegerbezogenen und objektbezogenen Informationen zu erteilen, die dem Kunden eine Entscheidung erschweren und damit eine nachträgliche

81 BGHZ 123, 311, 314.

82 BGHZ 123, 311.

83 Ebenda, S. 315.

84 5. Kapitel.

85 Siol, in: Schimansky/Bunte/Lwowski, Bd. 1, § 43 Rdnr. 45.

86 Ebenda, Rdnr. 45.

Prognose der bei vollständiger Informationserteilung zu erwartenden Anlageentscheidung unmöglich machen. Es besteht weiterhin die Möglichkeit, dass sich der Kunde auch bei äußerst nachteiligen Informationen für den Erwerb einer Finanzanlage entscheidet, etwa weil er das Risiko eines Substanzverlusts einer Versteuerung seines zu anzulegenden Einkommens vorzieht. Ein Entscheidungskonflikt ist auch dann anzunehmen, wenn der Kunde zwischen einer in Aussicht gestellten hohen Rendite und einem erhöhten Währungsrisiko abzuwägen hat. Erteilt der Finanzdienstleister hinsichtlich dieses Risikos keine Information, so müsste die Beweislast zwischen Kausalität und Schaden beim Anleger bleiben.

Klarheit besteht lediglich in Fällen, in denen der Finanzdienstleister dem Kunden eine einzige Entscheidung vorgegeben hat, also den Erwerb der Finanzanlage als ein „Muss" darstellt. Hier hätte der Finanzdienstleister eindeutig zu beweisen, dass sich der Kunde bei pflichtgemäßer Informationserteilung über seine Empfehlung hinweggesetzt hätte. Diese Situation ist in der Mehrzahl der Fälle gegeben, in der Anleger durch die Vermittlung von Strukturvertrieben geschädigt wurden. Denn hier hatten die Finanzdienstleister unter Nutzung ihrer rhetorischen Fähigkeiten auf den Anleger eingewirkt und ihn zum Erwerb der Finanzanlage überredet. Ein Entscheidungskonflikt des Anlegers wird vielmehr in solchen Fällen vorliegen, in denen eine umfangreiche Informationserteilung durch den Finanzdienstleister stattgefunden hat. Jedoch bleibt es auch hier fraglich, ob es dem Geschädigten zumutbar ist, die Beweislast für die Kausalität zwischen Pflichtverletzung und Schaden zu tragen.

Eine klare Prognose hinsichtlich des Anlegerverhaltens wird sich bei Nichterteilung solcher Informationen stellen lassen, die geeignet sind, den Kunden von einer Investition abzuhalten. In seiner Entscheidung vom 6.4.2001 („Tilgungsfall")[87] hat der BGH zum Beispiel eine Kausalität bejaht, als der Vertriebsbeauftragte den Anleger nicht über Belastungen informiert hatte, die über die Tilgungsleistungen hinausgingen, und es daher dem Anleger aufgrund seines geringen Einkommens nicht möglich war, mehr als die Tilgungsleistungen zu erbringen. Auch hier hat der BGH die Kausalitätsvermutung bejaht, da es für den Geschädigten vernünftigerweise nur eine einzige Möglichkeit der Reaktion auf die Aufklärung gab und die Möglichkeit eines Entscheidungskonflikts auszuscheiden war[88].

Im Widerspruch hierzu steht die Entscheidung des BGH vom 13.1.2000 („Plausibilitätsfall")[89]. Hier führte er aus, dass der Anleger nicht habe vortragen müssen, dass er von der Beteiligung Abstand genommen hätte, wenn der Finanzdienstleister ihn auf das Ausstehen einer Plausibilitätsprüfung hingewiesen hätte. Zwar ist dem BGH zuzustimmen, dass eine solche Plausibilitätsprüfung des Anlagekon-

87 BGH NJW 2001, 2021, 2022.
88 BGH NJW 2001, 2021, 2022.
89 BGH WM 2000, 426, 429.

zepts geeignet ist, die Sicherheitsbedenken des Anlegers zurückzustellen, der Hinweis auf die fehlende Plausibilitätsprüfung wäre aber kein Ausschlusskriterium für die Anlageentscheidung gewesen. Der Anleger könnte hier gleichwohl zu dem Entschluss gelangen, das Sicherheitsrisiko einzugehen, wenn er bereits auf die Ausführungen des Prospektes hinreichend vertraut. Es kommen mithin auch bei Erteilung des Hinweises auf die nicht erfolgte Plausibilitätsprüfung mehrere Entscheidungen des Kunden in Betracht. Der BGH hätte vielmehr zusätzlich zur Frage, ob es der Finanzdienstleister unterlassen hat, auf die Gefahren einer fehlenden Plausibilitätsprüfung hinzuweisen, zu prüfen gehabt, ob im Zusammenhang mit den weiteren etwaigen positiven oder „schönfärberischen" Informationen zur Finanzanlage ein Entscheidungskonflikt des Anlegers gar nicht erst hervorgerufen werden konnte.

5. Verschulden des Schädigers und Mitverschuldens des Geschädigten

Nach § 282 BGB hat der auf Schadensersatz in Anspruch genommene Schuldner darzulegen und zu beweisen, dass ihn und seine Erfüllungsgehilfen kein Verschulden trifft[90]. Zur Begründung wird ausgeführt, dass die Schadensursache aus dem Gefahrenkreis des Schuldners hervorgegangen sei und zumeist nur er einen Einblick in die Umstände habe, welche mitzuteilen er unterlassen habe oder welche er fehlerhaft anlässlich der Vermittlung oder Beratung gegeben hätte[91]. Bei der Verwendung und dem Sich-zu-eigen-Machen von Prospektangaben müsse der Finanzdienstleister darlegen und beweisen, dass er sich Gewissheit über die Richtigkeit und Vollständigkeit der Angaben im Prospekt verschafft habe[92]. Auch die Beweislast hinsichtlich des Mitverschuldens des Anlegers liegt beim Schädiger. Dieses gilt sowohl für dessen Grund als auch für dessen Gewicht[93].

Ein Mitverschuldenseinwand wird zum Beispiel in einem solchen Fall zu bejahen sein, in dem der Anleger sich selbst bei der Vermittlung einer steuerbegünstigten Finanzanlage wahrheitswidrig als einkommensstark geriert. Zwar verletzt der Finanzdienstleister eine anlegerbezogene Informationspflicht, wenn er den ansonsten aufklärungsbedürftigen Kunden nicht darüber informiert, dass dieser ein Mindesteinkommen beziehen muss, um Steuerrückzahlungen durch die Geltendmachung von Werbungskosten zu erhalten, er kann in diesem Falle jedoch dem Anleger entgegenhalten, ein Aufklärungsbedarf sei für ihn aufgrund des ihm vor-

90 BGH NJW 1972, 1200, 1201.

91 Siol, in: Schimansky/Bunte/Lwowski, Bd. 1, § 43 Rdnr. 46; Baumgärtel, Anh. § 282 Rdnr. 67; MünchKomm/Emmerich, Rdnr. 208 vor § 275; Spickhoff/Petershagen, BB 1999, 165, 166; BGHZ 23, 288, 290 f.; 28, 251, 254.

92 Horst, S. 139.

93 MünchKomm/Grunsky, § 254 Rdnr. 90; Baumgärtel, § 254 Rdnr. 1 ff.

gespiegelten Anlegerprofils nicht erkennbar gewesen. Ein Mitverschulden liegt auch vor, wenn der Kunde über die mit seiner Anlageentscheidung zusammenhängenden Risiken bereits von dritter Seite ausreichend informiert worden ist und sich gleichwohl zum Erwerb der Finanzanlage entschlossen hat[94].

In seinem hinsichtlich der Trennung von Vermittlungs- und Beratungstätigkeit richtungweisenden Urteil vom 25.11.1981 („Anlagevermittler-Fall“) hat der BGH ein Mitverschulden des Anlegers darin gesehen, dass dieser, obwohl er das einseitige Tätigwerden des Anlagevermittlers für die kapitalsuchende Gesellschaft und damit dessen wirtschaftliches Interesse am Vertragsabschluss erkennen konnte, das Informationsmaterial nicht näher geprüft oder sich durch Rückfragen oder Nachforschungen keine weitergehende Informationen beschafft hatte[95]. Hiernach müsste also der Finanzdienstleister vortragen und im Bestreitensfalle beweisen, dass seine werbende Tätigkeit für den Anleger erkennbar war und dieser keine weiteren Informationen über die Finanzanlagen eingeholt hat. Bereits oben[96] wurde dargelegt, dass dieser Einwand nicht das Mitverschulden des Anlegers betrifft, sondern dass der Finanzdienstleister durch diesen Einwand den Abschluss eines Beratungsvertrages abstreitet. Zwar wurde bereits oben[97] dargelegt, dass der BGH in späteren Urteilen den Umfang von Informationspflichten aus einem Vermittlungsvertrag weiter bemessen hat, als er sie seinen Erwägungen zum Mitverschulden des Anlegers im „Anlagevermittler-Fall“ zugrundegelegt hat. Der BGH und die aktuelle Rechtsprechung begünstigen aber, wie im „Anlagevermittler-Fall“ dargestellt[98], durch die fehlende Differenzierung zwischen Vermittlungs- und Beratungsvertrag einen weitgefassten Mitverschuldensbegriff. Dieser begünstigt wiederum die Werbemethoden bestimmter Finanzdienstleister, welche durch eine geschulte Verkaufsrhetorik und durch die Provisionssysteme der Vertriebsunternehmen geprägt sind und Beratungsleistungen gezielt ausschließen. Für den Anleger, welcher bereits dargelegt und bewiesen hat, dass eine Informationspflichtverletzung vorliegt, welche kausal für den erlittenen Schaden ist, bedeutet dieser weitgefasste Mitverschuldensbegriff eine weitere Unsicherheit bei der Geltendmachung seines Anspruchs.

Ein weiterer Anhaltspunkt für das Vorliegen von Mitverschulden ist nach Ansicht des BGH auch das Versprechen einer selbst für Unkundige auffällig hohen Rendite[99]. Das LG Hanau hat in seinem Urteil vom 19.11.1996 bereits ein Mitverschulden bejaht, wenn der geschädigte Anleger sich nicht darüber vergewissert hat, worauf die Einschätzung des Anlagevermittlers, es handle sich um eine si-

---

94 Raeschke-Kessler, WM 1993, 1837.

95 BGH NJW 1982, 1095, 1096.

96 Siehe 4. Kapitel.

97 Siehe 5. Kapitel.

98 Siehe 5. Kapitel.

99 BGH NJW-RR 2000, 998, 1000.

chere Finanzanlage, beruht. Nach Ansicht des LG hätte der Anleger weitere Fragen stellen und sich den Ablauf des Anlageverfahrens erklären lassen müssen[100]. Auch hier bejahte das Gericht fehlerhaft ein Mitverschulden. Der Finanzdienstleister haftet für Schäden des Anlegers, die aufgrund seiner Informationspflichtverletzung eintreten. Hat das Gericht eine schädliche Verletzung von Informationspflichten festgestellt, ist es widersprüchlich, durch die Bejahung einer Nachforschungspflicht des Anlegers und damit durch die „Hintertür" des Mitverschuldens den Umfang der zu erteilenden Informationen wieder in Frage zu stellen. Informationspflichten sind zwar anlegerbezogen, sie stehen aber nicht in Abhängigkeit von den eigenen Nachforschungen des Anlegers. Es zeigt sich, dass der Anleger durch die bisherige Behandlung des Mitverschuldenseinwands weiteren Unsicherheiten bei der Geltendmachung seines Anspruchs ausgesetzt ist.

6. Zwischenergebnis

Der Anleger trägt die Beweislast für die Verletzung der vertragsbezogenen Informationspflichten durch den Finanzdienstleister. Er hat dabei darzulegen, ob er Informationen hinsichtlich einer ihm empfohlenen Finanzanlage (Vermittlungssituation) oder ob er Informationen hinsichtlich der Anlage seines Vermögens (Beratungssituation) erhalten wollte. Der Abschluss eines neben dem Vermittlungsvertrag bestehenden Beratungsvertrags ist für den Anleger schwerer zu beweisen als der eines „reinen" Vermittlungsvertrages, da für letzteren bereits der Anschein spricht, wenn der Finanzdienstleister mit dem Anleger zwecks Empfehlung einer Finanzanlage in Kontakt getreten ist. Das Bestehen eines Beratungsbedürfnisses und die damit verbundene Nachfrage nach abstrakten Anlagealternativen, welche einer Empfehlung und damit einer Vermittlungssituation vorausgeht, muss der Anleger hingegen anhand der Darlegung des Kundengesprächs beweisen, wenn der Finanzdienstleister nicht bereits durch seine Bewerbung als Anlageberater oder ähnliche Berufsbezeichnung konkludent ein Beratungsangebot abgegeben hat. Der Anleger bleibt hierbei den Risiken der Beweiswürdigung ausgesetzt, da der als Zeuge aussagende Bankangestellte oder Vertriebsmitarbeiter zumeist in der Sphäre des Schädigers steht. Daher zeigt die Auswertung der Rechtsprechung, dass als geeignete Grundlage einer Beweiswürdigung hier insbesondere ein Gesprächsprotokoll oder ein Kundenfragebogen, der den Beratungswunsch dokumentiert, in Betracht kommt.

Bislang wird dem Anleger der Nachweis einer Zusammenarbeit zwischen Bank und Vertriebsmitarbeiter oder Vertriebsunternehmen aufgebürdet, den er mangels Einsicht in deren interne Absprachen regelmäßig nicht zu erbringen vermag.

Die fehlende Informationsbedürftigkeit des Kunden ist zwar durch den Finanzdienstleister zu beweisen. Der Inhalt der zu erteilenden Informationen ist aber

100 LG Hanau, Urteil v. 19.11.1996, Az. 7 O 1019/96.

nicht auf das individuelle Bedürfnis nach zusammenhängender und anlagezielorientierter Information des Kunden abgestimmt. Gespräche, in denen Finanzanlagen beworben werden, können eine Fehlbeurteilung erteilter Informationen befördern, obwohl diese faktisch vollständig sind, sich also an den Anlegerkenntnissen und den Eigenschaften der Anlage orientieren. Die sekundäre Darlegungslast ist zwar geeignet, die Schwierigkeit der detaillierten Darlegung auf den Finanzdienstleister zu übertragen. Dieser kann ihr aber anhand nicht konsentierter Gesprächsprotokolle des Finanzdienstleisters genügen. Die Beweislast bleibt dann bei der substantiierten Darlegung des Gesprächs beim Anleger. Ferner ist die sekundäre Darlegungslast nicht geeignet, eine zeitnahe, detailreiche und objektive Dokumentation des Kundengesprächs zu sichern, sondern sie wird nur allzu leicht im Rahmen der subjektiven Interessen des Finanzdienstleisters angefertigt. Hinsichtlich der Kausalität der mangelhaften oder unterlassenen Informationserteilung für den eingetretenen Schaden ist der Rechtsprechung zuzustimmen, die den Anleger die Beweislast für die Kausalität tragen lässt, wenn dieser sich bei ausreichender Aufklärung in einem echten Entscheidungskonflikt befunden hätte. Ein Entscheidungskonflikt liegt nicht vor bei „schönfärberischen" Verkaufsgesprächen, also bei Erteilung von Informationen, die in ihrer gesamtheitlichen Bewertung geeignet sind, dem Kunden zu einem Erwerb der Finanzanlagen Veranlassung zu geben. Insbesondere liegt ein Entscheidungskonflikt nicht bei Anlageempfehlungen vor, da hier dem Anleger die Entscheidung vorgegeben wird. Ein Entscheidungskonflikt liegt mithin grundsätzlich vor, wenn der Anleger auf die Gefahren seiner Entscheidung hingewiesen wird. In einem solchen Fall ist dem Anleger zuzumuten, den Kausalitätsbeweis zu erbringen.

Die Beweislast für den Mitverschuldenseinwand trägt hingegen der Finanzdienstleister. Hier wird jedoch vereinzelt dem Anleger zugemutet, sich hinsichtlich der Angaben des Vermittlers durch Nachfragen zu vergewissern. Hierdurch wird der Umfang von dessen Informationspflichten nachträglich „nach unten korrigiert". Auch wenn der Umfang der vertraglichen Informationspflichten erweitert wurde, gilt nach wie vor der Ansatz der „Anlagevermittler-Entscheidung", dass den Anleger ein Mitverschulden trifft, wenn er bei seiner Anlageentscheidung davon ausgeht, dass ihn der lediglich vermittelnde Finanzdienstleister umfassend beraten hat.

Der Anleger trägt mithin vor dem Hintergrund eines zwar ständig wachsenden, aber den neuen Finanzanlagen notwendig anzupassenden Informationsstandards die Beweislast für die vertraglichen Grundlagen der Finanzdienstleistung und die Verletzung von Informationspflichten. Daher bleibt er den Unsicherheiten der nachträglichen Beweisermittlung ausgesetzt, die auch im Rahmen des Mitverschuldens zum Tragen kommt. Diese Unsicherheiten sind geeignet, den Anleger von der Verfolgung seiner Ansprüche abzuhalten. Damit kann auch das Verhalten der Vermittler nicht gesteuert und eine qualitative Verbesserung der Finanzdienstleistungen, insbesondere auf dem Nebenkapitalmarkt nicht herbeigeführt werden.

C. Die Verpflichtung zur Vorlage einer Dokumentation im Arzthaftungsrecht

Finanzdienstleister sind im Rahmen von Kundengesprächen insbesondere bei der Vermittlung von Finanzanlagen des Nebenkapitalmarktes zur Erteilung einer Fülle von Informationen verpflichtet, die nicht nur anlage-, sondern auch anlegerspezifisch sind. Aufgrund der Vielzahl von Kundengespräche kann grundsätzlich nicht davon ausgegangen werden, dass der Anlagevermittler den Verlauf jedes Kundengesprächs im Prozess substantiiert nachzeichnen kann. Anderes gilt zum Beispiel für Rechtsanwälte, die für ihre Mandanten in sämtlichen Angelegenheiten Akten anlegen. Bei deren späterer Auswertung der Akte werden sich daher im Regelfall ausreichend Gedächtnisstützen für den Verlauf der einzelnen Beratungsgespräche finden lassen. Hier kann daher grundsätzlich davon ausgegangen werden, dass die Darlegungen im Prozess sich auf lückenlose Erinnerungen stützen. Anlagevermittler können jedoch regelmäßig nur auf die Informationsunterlagen der Produktanbieter zu den vermittelten Finanzanlagen oder auf die Kopien von Erwerbsaufträgen der Kunden zurückgreifen. Im Gegensatz zum Anlageberater, der die langfristige Kundenbindung sucht und daher zumeist als Grundlage für weitere Gespräche Dokumentationen und Bedarfsanalysen anfertigt, ist bei Anlagevermittlern zumeist im Rahmen werbender Tätigkeit für ein bestimmtes Produkt ein einmaliger Kundenkontakt üblich. Für Anlagevermittler gilt daher, dass ihre Fähigkeit, den Gesprächsverlauf nachzuzeichnen und insbesondere die ausreichende Informationserteilung im Prozess substantiiert darzulegen, grundsätzlich bezweifelt werden muss. Dieses spiegelt sich in der Rechtsprechung jedoch nicht wieder. Es finden sich ganz überwiegend Fälle, in denen sich der Vermittler nicht mehr ausreichend erinnern konnte. Sofern Anlagevermittler aus ihrer Erinnerung doch einmal im einzelnen darlegen, wie sich der Gesprächsverlauf abgespielt haben soll, haben die Gerichte diese Darstellung oft trotz greifbarer Einwände akzeptiert[101].

---

101 Im Urteil des KG Berlin vom 5.2.2002 finden sich nun die Mängel hinsichtlich der sekundären Darlegungslast deutlich bestätigt. Dort heißt es: „Der substantiierten Darlegung hat die Beklagte Rechnung getragen, indem sie im Einzelnen unter Benennung der einzelnen Sachbearbeiter dargelegt hat, wann eine Grundberatung der Klägerin (...) durch die Zeugen (...) stattgefunden hat (...) Nach der Aussage der Zeugin (...) kann jedenfalls nicht die Behauptung der Klägerin als bewiesen angesehen werden, sie sei vor dem Erwerb (...) nicht beraten worden. Ob und inwieweit durchgreifende Bedenken hinsichtlich der Glaubhaftigkeit der Zeugin bestehen, kann hier dahinstehen. Die Klägerin wäre auch dann beweisfällig, wenn der Aussage der Zeugin kein Glauben geschenkt werden könnte, (...). Der Zeuge konnte zudem zweifelsfrei ausschließen, dass er den Vermerk über die Beratung der Klägerin erst nachträglich im Zusammenhang mit dem bisherigen Rechtsstreit angefertigt hat. Soweit er im Beratervermerk als Datum den 15.3.1997 eingetragen hat, was nicht zutreffen kann, weil der Tag auf einen Samstag fiel, hat er diese Ungereimtheit plausibel erklären können. Der Zeuge hat dies damit erklärt, dass er die Beratungsvermerke wegen anderer Termine nicht

Damit zeigt sich, dass die Zuweisung der substantiierten Darlegung an die Anlagevermittler allein nicht geeignet ist, den Sachverhalt zu klären und die Beweisnot des Anlegers zu beseitigen. Der Sinn der Informationspflichten, den Anleger zu einer eigenverantwortlichen Entscheidung auf einem für ihn unbekannten Gebiet zu verhelfen, wird damit auch trotz der sekundären Darlegungslast der Vermittler für die prozessuale Geltendmachung konterkariert.

Auch im Bereich der Arzthaftung wird die sekundäre Darlegungslast als für den Patienten bei der Darlegung des Haftungsmerkmals „Sorgfaltswidrigkeit“ als ungenügend angesehen. Unter anderem wird hierfür angeführt, dass der Patient aus fachlichen Gründen zu einer differenzierten Beobachtung des Behandlungsgeschehens in einer für seine Prozessführung erforderlichen Detailgenauigkeit nicht in der Lage und prozessual ein Außenstehender ist, der sich in derselben Position wie die jeweils darlegungs- und beweis(führungs)belastete Partei befindet.

1. Analyse der Rechtsprechung zu Informationspflichtverletzungen

Die Frage, ob und in welchen Fällen Beweiserleichterungen adäquat sind, lässt sich nicht allgemein, sondern nur im Hinblick auf die besondere Art der jeweils verletzten Pflicht, das Anlageziel sowie im Hinblick darauf beantworten, ob ein besonderer „Beweisnotstand“ des Geschädigten vorliegt[102]. Nachfolgend sollen die Begründungslinien der Begründung für Beweiserleichterungen vorgestellt werden, um ihre Übertragbarkeit auf die Vermittlerhaftung prüfen zu können.

Die Rechtsprechung hat sowohl in Fällen von Informationspflichtverletzungen bei Ausübung von beratenden Berufen als auch im Arzthaftungsrecht Beweiserleichterungen bis hin zur Beweislastumkehr vorgenommen. Demgemäss sollen zunächst Urteile wegen Verletzung von Aufklärungspflichten, welche nicht berufsbezogen sind, untersucht werden, bevor eine Analyse der Rechtsprechung zu den beratenden Berufen und zur Arzthaftung vorgenommen werden soll. Es überwiegen Urteile, in denen sich der BGH mit der Frage der Beweislast für die Kausalität zwischen Informationspflichtverletzung und Vertragsabschluss auseinandergesetzt hat. Auch bei den Arzthaftungsfällen handelte es sich zumeist um die Frage des Nachweises der Kausalität zwischen Behandlungsfehler und Schadenseintritt. Erörterungen zu der Frage von Beweiserleichterungen bei strittigen Informationspflichtverletzungen oder strittigen Behandlungsfehlern liegen in nur

---

immer im unmittelbaren Anschluss an das Beratungsgespräch fertig stellen könne. Hier sei hinzugekommen, dass die Klägerin, woran er sich ebenfalls noch genau erinnern könne, ohne vorherige Terminabsprache bei ihm erschienen sei. Den Beratervermerk habe er dann jedenfalls zeitnah gefertigt, wobei es zu dem versehentlich falsch eingetragenen Datum gekommen sein müsse. Der Senat hat auch unter Berücksichtigung des Umstands, dass der Zeuge bei der Beklagten angestellt ist, keine durchgreifenden Zweifel an dessen Glaubwürdigkeit.“ (WM 2002, 746, 749)

102 Larenz, S. 371; Dubischar, JuS 1971, 385.

wenigen Entscheidungen vor. Es ist daher im Anschluss an die Darstellung und Analyse der Rechtsprechung zu prüfen, ob die Rechtsgrundsätze des BGH zur Beweislastverteilung bei der Kausalitätsprüfung auch für die Beantwortung der Frage herangezogen werden können, ob Beweiserleichterungen bis hin zur Beweislastumkehr zu bejahen sind, wenn der informationspflichtige Anlagevermittler bestreitet, die ihm obliegende Pflicht zur anleger- und anlagegerechten Information verletzt zu haben.

a) *Voraussetzungen für Ausnahmen von der Beweislastverteilung außerhalb des Arzthaftungsrechts*

Der BGH hat grundsätzliche Überlegungen angestellt, ob Ausnahmen von der Beweislastverteilung auch außerhalb des Arzthaftungsrechts gelten können. Im Bastelwettbewerb-Fall[103] unterließ es die klagende Werbeagentur, die beklagte Fabrikantin einer Selbstklebefolie davon zu unterrichten, dass die durchgeführte Bewerbung des Produkts mit einem Bastelwettbewerb einen wettbewerbswidrigen Kaufzwang darstellte. Die Durchführung der Werbemaßnahme wurde gerichtlich verboten. Die beklagte Fabrikantin rechnete daher gegen die ihr gegenüber geltend gemachten Honoraransprüche der Werbeagentur mit einem von ihr erhobenen Schadensersatzanspruch wegen Verletzung der Aufklärungspflicht bezüglich der Wettbewerbswidrigkeit auf. Der BGH war der Ansicht, dass die Besonderheiten, die die Rechtsprechung insbesondere in den Arzthaftungsfällen dazu bewogen haben, von der normalen Beweislastverteilung abzugehen, hier nicht gegeben seien, da Zweifel beständen, ob die Pflichtverletzung mit einem groben Behandlungsfehler gleichzusetzen sei. Ferner fehle es an einem Verstoß gegen eine dem Schutz vor Gesundheitsgefahren dienenden Berufspflicht. Darüber hinaus bejahte der BGH jedoch insoweit eine Vergleichbarkeit mit den Fällen der ärztlichen Behandlungsfehler, als es sich um die Verletzung von Aufklärungspflichten handele, die dazu bestimmt seien, den Vertragsgegner zu einer eigenen Entscheidung über Maßnahmen zu bewegen, durch die ihm möglicherweise Schaden drohe. Der Zweck solcher Pflichten bestehe darin, Klarheit darüber zu schaffen, ob der Vertragsgegner, wenn ihm das jeweilige Risiko in seiner ganzen Tragweite bewusst gemacht werde, trotzdem an der ins Auge gefassten Maßnahme festhalten oder ob er von ihr Abstand nehmen wolle. Gerade der in den Fällen dieser Art häufig auftretenden Beweisnot solle die Aufklärung vorbeugen. Diese Beweisnot bestehe darin, dass sich nachträglich nur schwer mit der erforderlichen Zuverlässigkeit beurteilen lasse, wie der Betroffene bei rechtzeitiger Kenntnis von etwaigen schadendrohenden Umständen gehandelt hätte[104]. Der BGH schloss daraus, dass derjenige welcher die Informationspflicht verletze, das Risiko der Unaufklärbarkeit des Ursachenzusammenhangs zumin-

[103] BGHZ 61, 118 ff.

[104] BGHZ 61, 121 f.

dest insoweit trage, als in Frage stehe, wie der andere Teil gehandelt hätte, wenn er pflichtgemäß ins Bild gesetzt worden wäre.

Auch im „Haartonicum-Fall“[105] prüfte der BGH den Zweck der Aufklärungspflicht. Die Aufklärung sollte dem Informationsbedürftigen Klarheit über die ihm unter Umständen drohende Gefahr – hier einer Hautallergie – verschaffen und ihn in die Lage versetzen, rechtzeitig vor Verwendung des Mittels davon Abstand zu nehmen oder der Gefahr soweit wie möglich entgegenzuwirken. Der BGH berief sich hierbei auf die „Bastelwettbewerb-Entscheidung“ und führte aus, dass der Zweck derartiger Aufklärungspflichten darin bestehe, Klarheit darüber zu schaffen, ob der Vertragsgegner, wenn ihm das jeweilige Risiko in seiner ganzen Tragweite bewusst gemacht werde, trotzdem an der ins Auge gefassten Maßnahme festhalten oder von ihr Abstand nehmen wolle[106].

Ebenso prüfte der BGH im „Abwasser-Fall“[107] die Frage der Beweislast für die Verletzung einer Aufklärungspflicht. Hier hatte der Kläger der Beklagten, welche die Förderung und Aufbereitung von Erdöl betrieb, das Recht eingeräumt, ihre Abwässer auf seinem Grundstück mittels eines Sickerbrunnens in etwa 80 Meter Tiefe zu leiten. Auf dem Grundstück der Klägerin traten hierdurch Schäden durch Verunreinigung der Wassergräben auf, auf die die Beklagte nicht hingewiesen hatte. Der BGH führte aus, dass der schuldhaft seine Aufklärungspflicht Verletzende das Risiko der Unaufklärbarkeit tragen müsse, wenn sich nicht mehr sicher feststellen lasse, ob der Informationsbedürftige auf wahrheitsgemäße Aufklärung vom Vertrag Abstand genommen hätte. Das gebiete sein besonderes Interesse an der Aufklärung über die für seine Entschließung maßgebenden Umstände[108].

b) *Die Rechtsprechung zur Berufshaftung*

Der BGH hat auf seine grundlegenden Ausführungen zur Beweislastumkehr im Bastelwettbewerb-Fall ausdrücklich auch in seiner Rechtsprechung zur Berufshaftung Bezug genommen. Im „Verjährungsfall“[109] hatten die beklagten Rechtsanwälte es unterlassen, den Kläger auf die drohende Verjährung hinzuweisen, wenn kein Beweissicherungsantrag gestellt würde. Der BGH führte auch hierzu aus, die Rechtsanwälte treffe die Beweislast dafür, dass der Kläger die Durchführung eines Beweissicherungsverfahrens zur Abwendung der Verjährung abgelehnt hätte[110]. Im „Schiedsgerichtsfall“[111] zur Haftung eines Anwalts wegen

105 BGHZ 64, 46 ff.
106 BGHZ 64, 51 ff.
107 BGH NJW 1978, S. 41 ff.
108 Ebenda, S. 42.
109 BGH VersR 1981, 982.
110 Ebenda, S. 985.
111 BGH WM 1990, 1301 ff.

unterlassener Belehrungspflicht bezog der BGH sogar die Argumentation des Berufungsgerichts zur Übertragbarkeit der Grundsätze im Arzthaftungsrecht in seine Überlegungen ein, ließ aber die Frage letztlich offen. Auch für Steuerberater („KG-Umwandlungs-Fall"[112]) und Versicherungsmakler („Warenlager-Fall")[113] hat der BGH eine Beweispflicht des Informationspflichtigen dafür bejaht, dass der Geschädigte auch bei ausreichender Information an seiner Entscheidung festgehalten hätte.

c) *Voraussetzungen der beweisrechtlichen Privilegierung im Arzthaftungsrecht*

Die Analyse der Rechtsprechung zu Beweiserleichterungen für Patienten durch ärztliche Versäumnisse hat sich der Frage zu widmen, unter welchen Voraussetzungen im Arzthaftungsrecht eine Umkehr der Beweislast durch die Rechtsprechung angenommen wird.

(1) Schwerer und grober Behandlungsfehler

Der BGH setzt zum einen für die Annahme von Beweiserleichterungen bis hin zur Beweislastumkehr im Arzthaftungsrecht einen schweren und groben Behandlungsfehler voraus. Der BGH hat den groben Behandlungsfehler definiert als einen Fehler, der aus objektiver ärztlicher Sicht bei Anlegung des für einen Arzt geltenden Ausbildungs- und Wissensmaßstabs nicht mehr verständlich und verantwortbar erscheint, weil ein solcher Fehler dem behandelnden Arzt aus dieser Sicht schlechterdings nicht unterlaufen darf[114]. Im „Blinddarmoperation-Fall"[115] hatte die behandelnde Chirurgin keine therapeutischen Konsequenzen aus dem auf eine schwere Entzündung hindeutenden Harnzustand gezogen, sondern eine Blinddarmoperation vorgenommen. Diesen Behandlungsfehler hat der BGH als grob eingestuft und sich mit der Ansicht, dass sich hierdurch die Beweislast bis zur Umkehr verschiebe, auf die ständige Rechtsprechung verwiesen. Mithin ist nach seiner Ansicht ein schwerer und grober Behandlungsfehler geeignet, eine Beweislastumkehr zu begründen. Zur Begründung hat der BGH ausgeführt, dass der Arzt durch seinen groben Behandlungsfehler eine Lage geschaffen habe, die nicht mehr erkennen lasse, ob sein Versagen oder eine andere Ursache den schädigenden Erfolg herbeigeführt hat[116]. Die dogmatische Rechtfertigung für die Rechtsprechung, die bei groben Behandlungsfehlern Beweiserleichterungen bis hin zur Beweislastumkehr vornimmt, ist umstritten. Letztlich stellt die Figur der Beweislast-

---

112 BGH VersR 1985, 265.

113 BGHZ 94, 356, 363.

114 BGH NJW 1983, 2080, 2081; NJW 1999, 862; OLG Köln, VersR 1993, 190, 191.

115 BGHZ 72, S. 132 ff.

116 BGH VersR 1956, 499, 500.

umkehr bei groben Behandlungsfehlern ein Möglichkeit des Gerichts dar, ein nach Lage des konkreten Falls ihm angemessenes Ergebnis zu erzielen und damit eine grobe ärztliche Fehlleistung zu sanktionieren[117].

(2) Unterlassen einer Dokumentation und Unzumutbarkeit der Beweislast für den Patienten

Eine Beweislastumkehr kann nach Ansicht des BGH auch bei Verletzung der dem Arzt obliegenden Pflicht zur Führung ordnungsgemäßer Krankenunterlagen geboten sein[118]. Zur Begründung führte der BGH im Blinddarmoperation-Fall aus, dass die Dokumentation eine therapeutische Pflicht gegenüber dem Patienten sei, da die weitere Behandlung durch denselben oder einen anderen Arzt aufgrund einer unzulässigen Dokumentation erschwert werden könne[119]. Bemerkenswert ist das Argument des BGH, dass die Dokumentationspflicht dem Arzt auch außerprozessual aufzuerlegen sei.

Der BGH führt hierzu aus:

> „Übrigens unterliegt es keinem Bedenken, diese Pflicht zur Dokumentation wenigstens in dem Umfang, in dem sie sich auch aus der allgemeinen therapeutischen Erwägung anbietet, dem Arzt auch außerprozessual als eine Art Rechenschaftspflicht aufzuerlegen, ähnlich der, die bei der Verwaltung fremden Vermögens seit langem selbstverständlich ist.“[120]

Ein Vergleich der Interessenlagen könne hier mindestens nicht zu einer verminderten Aufzeichnungspflicht des Arztes im Vergleich zum Vermögensverwalter

---

117 Deutsch, Medizinrecht, Rdnr. 314; NJW 1993, 1506, 1510; Gross, FS Geiß, S. 429, 430 f.; Müller, DRiZ 2000, 259, 266 im Einzelnen dazu Wendt, S. 176 f.: Die Beweisfigur sollte daher solange beibehalten werden, wie Rechtsprechung und Lehre kein dogmatisch überzeugenderes Instrument entwickelt haben, um ausgewogene Ergebnisse zu erzielen.

118 BGH VersR 1963, 168; JZ 1963, 369; VersR 1978, 542.

119 BGHZ 72, 132, 138.

120 BGH NJW 1978, 2337, 2339. Der BGH zieht mithin in seiner Entscheidung die Rechenschaftspflicht des Beauftragten als Grundlage der Dokumentationspflicht heran. Diese Rechenschaftspflicht des Vermögensverwalters bestimmt sich nach § 675 i.V. § 666 BGB. Gemäß § 666 BGB ist der Beauftragte verpflichtet, dem Auftraggeber die erforderlichen Nachrichten zu geben, auf Verlangen über den Stand des Geschäfts Auskunft zu erteilen und nach der Ausführung des Auftrags Rechenschaft abzulegen. Sie ist ferner auf Geschäftsbesorgungsverträge gemäß § 675 I, Vereinsvorstände gemäß § 27 III, geschäftsführende Gesellschafter gemäß § 713 und Testamentsvollstrecker gemäß § 2218 BGB entsprechend anwendbar. Die Rechtsprechung hat demgemäß den Rechtsgrundsatz statuiert, dass immer dann Rechenschaftsablegung verlangt werden kann, wenn jemand fremde Angelegenheiten oder Angelegenheiten besorgt, die zugleich fremde und eigene sind. Auch Köndgen vertritt die Auffassung, der Anlagevermittlungsvertrag enthielte bei Verschaffung von Anlagemöglichkeiten Geschäftsbesorgungselemente (Köndgen, AG 1983, S. 120, 123).

führen[121]. Der BGH zog aus unzulänglicher ärztlicher Dokumentation besondere beweisrechtliche Konsequenzen. Diese grenzte der BGH in seinem Grundsatzurteil klar von den beweisrechtlichen Konsequenzen ab, die sich aus einem groben Behandlungsfehler ergeben. Sie müssten vielmehr eigenen Grundsätzen folgen. Diese hat der BGH mit dem Inhalt definiert, dass Beweiserleichterungen bis hin zu Beweislastumkehr die Folge sein können, wenn dem Patienten die volle Beweislast für einen Arztfehler angesichts der vom Arzt verschuldeten Aufklärungshindernisse billigerweise nicht mehr zugemutet werden kann. Um eine fehlende oder unzulängliche Dokumentation handele es sich, wenn die Originalaufzeichnungen später „ins Reine geschrieben" worden und nicht aufbewahrt worden seien[122].

In späteren Urteilen wurde die Formel des BGH auch auf die Feststellung der Sorgfaltpflichtverletzungen angewendet. Das OLG Celle schloss aus dem Fehlen entscheidender Punkte im Operationsbericht, dass nicht der Patient die Unterlassungen, sondern die beklagten Ärzte deren Fehlen beweisen müssten[123]. Auch im „Arsen-Fall"[124], in dem die Dokumentation keine Anhaltspunkte für die Behandlung des Patienten mit einem arsenhaltigen Medikament ergab, wies der BGH auf die Bedeutung eines Krankenblattes hin und gab zu erkennen, dass dessen Mängel dazu führen können, den Patienten von der ihn sonst treffenden Beweislast zu befreien. Dieses sei gerechtfertigt, wenn die gewählte Behandlungsart wegen der damit verbundenen Gefahren für den Patienten eine genaue und gewissenhafte Diagnose erfordere, das Krankenblatt weder diese genaue Diagnose noch die für deren Beurteilung erforderlichen Angaben enthalte[125]. Auch das OLG Düsseldorf bejahte eine Sorgfaltspflichtverletzung mit der Begründung, dass der „spärliche Inhalt des Operationsberichts" nichts ergebe, was die Annahme einer schon vor der Operation unfallbedingt vorhandenen weitergehenden Knochenschädigung rechtfertigen könnte. Obwohl es geboten gewesen sei, entsprechende Auffälligkeiten im Operationsbericht zu dokumentieren, habe der Arzt keine Auffälligkeiten vermerkt[126].

Die Unrichtigkeit oder Unzulänglichkeit einer solchen medizinischen Dokumentation über die für die Diagnose und Therapie wesentlichen medizinischen Fakten wird als Pflichtverletzung gewertet, da hierdurch der Arzt die dem Patienten normalerweise obliegende Beweisführung schuldhaft vereitelt[127]. Sie begründet nach dem BGH die Vermutung, dass der Arzt die nichtdokumentierte Maß-

[121] Ebenda, S. 138.

[122] Ebenda, S. 139.

[123] OLG Celle, VersR 1978, 924, 925.

[124] BGH NJW 1972, 1520 ff.

[125] Ebenda, S. 1520 mit Verweis auf BGH VersR 1956, 449; 1956, 577; 1961, 421; 1963, 168.

[126] OLG Düsseldorf, VersR 1991, 1176, 1177.

[127] Giesen, Rdnr. 420.

nahme auch nicht getroffen hat[128]. Nach der Rechtsprechung des BGH lässt ein Verstoß des Arztes gegen diese Pflicht im Wege der Beweiserleichterung für den Patienten zwar zunächst nur auf ein positives Befundergebnis schließen, wenn ein solches hinreichend wahrscheinlich war. Ein solcher Verstoß kann aber darüber hinaus auch für die Kausalitätsfrage beweiserleichternd Bedeutung gewinnen, nämlich dann, wenn im Einzelfall zugleich auf einen groben Behandlungsfehler zu schließen ist, weil sich bei unterlassener Abklärung mit hinreichender Wahrscheinlichkeit ein so deutlicher und gravierender Befund ergeben hätte, dass sich dessen Verkennung als fundamental oder die Nichtreaktion auf ihn als grob fehlerhaft darstellen muss[129].

d) *Folgen der Nichtdokumentation im Arzthaftungsrecht*

Grundsätzlich besteht, wie der BGH in seinem Urteil vom 22.1.1980[130] feststellt, im Bereich des typischen ärztlichen Handelns kein Raum für die Anwendung des § 282 BGB. Die Beweislastverteilung im Arzthaftungsprozess dürfe nicht außer acht lassen, dass es Beweisnöte auf beiden Seiten gebe. Die Beweisnot des Patienten bestehe darin, einen Behandlungsfehler zu beweisen und dabei einen nur begrenzten oder aufgrund der Narkotisierung gar keinen Einblick in das Tun des Arztes zu haben. Auf der anderen Seite stehe der Arzt vor der Schwierigkeit, dass Zwischenfälle, die in der Regel auf ärztliches Fehlverhalten hindeuteten, ausnahmsweise auch infolge der Unberechenbarkeit des lebenden Organismus auftreten könnten[131]. Die ungünstige Beweislage für den Patienten rechtfertige sich aus der Erwägung, dass krankheitsbedingte Eingriffsrisiko zunächst aus seiner Sphäre komme.

Ein beweisrechtliches Gleichgewicht wird jedoch durch den BGH durch das Aufstellen von hohen Anforderungen an die Dokumentationspflicht angestrebt. Raum für Beweiserleichterungen bei Dokumentationsverletzungen besteht damit nur im Rahmen der Notwendigkeit eines Ausgleichs für die durch die Verletzung der Dokumentationspflicht eingetretenen Schwierigkeiten, einen Behandlungsfehler nachzuweisen. Der BGH hat in seiner Entscheidung vom 3.2.1987[132] die Pflicht zur Dokumentation der ärztlichen Befunde als Rechenschaftspflicht über den Gang der ärztlichen Behandlung qualifiziert. Sie habe zwar keinen unmittelbaren Sicherungszweck im Hinblick auf künftige Haftpflichtprozesse, könne aber in einem etwaigen späteren Prozess nicht außer Betracht bleiben. Die beweisbelastete Partei könne dem zur Sicherung der Aufklärung Verpflichteten entgegen-

128 BGH NJW 1999, 3408.
129 Ebenda, S. 3408.
130 BGH NJW 1980, 1333.
131 Ebenda, S. 1333.
132 BGHZ 99, 391, 397.

halten, dass er schuldhaft die Beweislage im Prozess verschlechtert oder vereitelt habe. Die Dokumentationspflicht sei mithin prozessbezogen.

2. Übertragbarkeit auf die Beweislastverteilung im Bereich der Vermittlerhaftung

Aus Vorstehendem ergibt sich, dass die Voraussetzungen für Beweiserleichterungen bis hin zur Beweislastumkehr mit Ausnahme der Fallgruppe des groben Behandlungsfehlers nicht ihren alleinigen Ursprung im Arzthaftungsrecht finden. Sie gelten im Rahmen des Kausalitätsnachweises allgemein für Informationspflichtverletzungen und haben Eingang in die Rechtsprechung des BGH zur Berufshaftung gefunden. Zu prüfen ist nun, ob im Finanzdienstleistungsbereich Konstellationen denkbar sind, in denen eine Beweislastmodifikation aufgrund einer fehlenden Dokumentation eintreten kann.

a) Entwicklung der Rechtsprechung

Die Beweisfigur der Beweislasterleichterung bis hin zur Beweislastumkehr ist nicht auf den Bereich der Arzthaftung begrenzt. Die Rechtsprechung hat, wie oben dargestellt, sowohl in nicht berufsbezogenen Fällen als auch in Fällen von Informationspflichtverletzungen bei Ausübung von beratenden Berufen Beweiserleichterungen bis hin zur Beweislastumkehr vorgenommen. Es hat sich gezeigt, das diese Beweislast im Arzthaftungsrecht sogar ihren Ursprung in diesen Urteilen hatte. Daher prüfte der BGH auch in Fällen von Informationspflichtverletzungen außerhalb des Arzthaftungsrechts, ob die Besonderheiten, die ihn insbesondere in den Arzthaftungsfällen dazu bewogen haben, von der normalen Beweislastverteilung abzugehen, ebenfalls gegeben waren.

b) Zweck der Beweiserleichterungen

Wie bereits dargestellt, hat der BGH auch insoweit eine Vergleichbarkeit mit den Fällen der ärztlichen Behandlungsfehler angenommen, als es sich um die Verletzung von Aufklärungspflichten handelte, die dazu bestimmt waren, den Vertragsgegner zu einer eigenen Entscheidung über Maßnahmen zu bewegen, durch die ihm möglicherweise Schaden drohte. Der Zweck von Beweiserleichterungen besteht jeweils darin, dem Informationsbedürftigen im Prozess die Beweisnot zu nehmen, die darin besteht, dass sich nachträglich nur schwer mit der erforderlichen Zuverlässigkeit beurteilen lässt, wie der Betroffene bei rechtzeitiger Kenntnis von etwaigen schadensträchtigen Umständen gehandelt hätte.

c) Beweiserleichterungen für Informationspflichtverletzungen

Zu prüfen ist, ob die Ausführungen des BGH zur Beweislast des Informationspflichtigen für die Feststellung von Informationspflichtverletzungen Gültigkeit haben. Für Beweiserleichterungen ist, wie oben festgestellt, nach Ansicht des BGH ausschlaggebend, ob solche Informationspflichten verletzt werden, deren Schutzzweck mit einer beim Aufklärungsbedürftigen liegenden Beweislast konterkariert wird. Dem Schutzzweck der anleger- und anlagebezogenen Informationspflichten, den Anleger zu einer eigenverantwortlichen Anlageentscheidung zu verhelfen, würde es aber zuwiderlaufen, wenn der Anleger beweisen müsste, dass ihm Informationen nicht oder fehlerhaft erteilt worden sind. Im Kern geht es dem BGH darum, dass der Informationsbedürftige nicht das Risiko der Unaufklärbarkeit tragen soll, da er ein besonderes Interesse an der Aufklärung über die für seine Entschließung maßgebenden Umstände hat. Liegen, wie bei Vermittlungsgesprächen üblich, keine Unterlagen zum Gesprächsverlauf vor, lassen sich Anhaltspunkte nur aus den übereinstimmenden Aussagen der Parteien gewinnen. Diese sind jedoch in aller Regel nicht in der Lage, sich nach längerer Zeit an die Details eines mündlichen Austauschs über Zahlen, Kalkulationen, Risiken und Anlageziele zu erinnern. Dieses gilt in besonderem Maße für Finanzanlagen des Nebenkapitalmarktes, da sich hier anlage- und anlegerspezifische Risiken aus den komplizierten Ausgestaltungen der Anlageformen ergeben, die zunächst erklärt werden müssen. Bei einer Vielzahl von Gesprächen, in denen das Hauptaugenmerk des Vermittlers bei der Bewerbung der Finanzanlage auf die Darstellung der positiven Eigenschaften der Anlage gerichtet ist, werden ohnehin die kritischen Gesichtspunkte des Anlageerwerbs eher ausgeblendet oder unterbewertet werden. Die Tendenz zur Verdrängung und Abwertung kritischer Gesichtspunkte führt notwendigerweise in eine „anlagegerechte“ Wahrnehmung der Kundenbedürfnisse und kann in Verbindung mit den spezifischen mnemotechnischen Rekonstruktionsproblemen des Vermittlungssektors, d.h. dem typischen Erinnerungsdefiziten einer Kommunikation über einer Vielzahl kohärenter Daten zu einem außergewöhnlichen Dilemma für den Vermittlungspartner, dass eine Dokumentationspflicht als gerechtfertigt erscheinen lässt.

Zweck der Dokumentation des Arztes und des Finanzdienstleisters ist die verlässliche Wiedergabe eines Gesprächs, dessen Inhalt Grundlage dieser eigenverantwortlichen Entscheidung war. Die Dokumentationspflicht des Arztes wird maßgeblich aus einer Rechenschaftspflicht abgeleitet, die wiederum aus der Betreuung von Vermögen hergeleitet worden ist. Auch der Finanzdienstleister nimmt die Vermögensinteressen des Kunden wahr, indem er für dessen liquide Mittel eine geeignete Anlageform nachweist und den Vertragsschluss über die Finanzanlage fördert. Hierbei wirkt er auf den Anlageentschluss des Kunden entscheidend ein und ordnet dessen Vermögen im Rahmen der Beratung einer abstrakten und im Rahmen der Empfehlung einer konkreten Anlageart zu. In Abgrenzung zur Vermögensverwaltung, für die eine Dokumentations- und Rechenschaftspflicht statuiert ist, übernimmt der Finanzdienstleister jedoch keine Vermögensbetreuung. Darüber hinaus kann eine Rechenschaftspflicht nicht, wie im Arzthaftungsrecht, aus dem gemäß Art. 2 I i.V.m. Art. 1 I GG geschützten Persönlichkeitsrecht des Patienten hergeleitet werden[133], das auch strafrechtlich geschützt ist.

Gleichwohl kann in besonderen Konstellationen der Vermittlerhaftung der Dokumentation eine Bedeutung ähnlich wie bei der Arzthaftung zukommen, nämlich wenn die Finanzdienstleistung für den Kunden existentielle Bedeutung hat, also wenn eine existentielle Angewiesenheitslage hinsichtlich des investierten Kapitals besteht. Diese ist insbesondere anzunehmen, wenn die langfristige Anlage des Einkommens oder Vermögens Gegenstand einer umfassenden Beratung sein müsste. Eine solche Beratung hat, wie oben festgestellt[134], das bisherige Anlageverhalten des Kunden einzubeziehen, um Deckungslücken bei der Altersvorsorge oder anderer Ziele des notwendigen Vermögensaufbaus zu ermitteln.

Eine Informationspflichtverletzung im Bereich der Vermittlerhaftung kann ebenfalls schwerwiegende und weitreichende Folgen für den Anleger haben, wenn Informationen über Risiken der Finanzanlagen nicht erteilt werden, welche für die Vermögensinteressen des Anlegers besonders weitreichende Folgen hinsichtlich seiner zukünftigen Existenzsicherung haben. Die Investition des Anlegers in Nebenkapitalmarktanlagen bewirkt aufgrund deren stark eingeschränkter Fungibilität eine langfristige Bindung der Liquidität. Die Anlageziele, die gewöhnlich mit der langfristigen Liquiditätsbindung korrespondieren, sind neben der Finanzierung von Immobilien und ähnlichen hochwertigen Gütern die Bereithaltung ausreichender Kapitalsubstanz als Vorsorge für Zeiträume, in denen keiner Erwerbstätigkeit nachgegangen wird oder nachgegangen werden kann. Verletzt der Anlagevermittler eine Informationspflicht und erleidet der Kunde hierdurch einen Vermögensschaden, so steht dessen Kapital nicht für solche Vorsorgeaufwendungen zur Verfügung.

Der Rückgang der staatlichen Versorgungsleistungen und die gewachsene Eigenverantwortung des Einzelnen für die Maßnahmen der Absicherung seiner Lebensrisiken führen damit zu einem Wandel der Bedeutung von Anlageentscheidungen und damit der ihnen zugrundeliegenden Kundengespräche.

Der Finanzdienstleister als sachverständiger Mittler zwischen Anbieter- und Nachfragerseite hat damit eine weitreichende Verantwortung für die zukünftige Existenzsicherung des Kunden erhalten. Es ist mithin vorab für die Begründung einer Dokumentationspflicht zu prüfen, ob im Hinblick auf eine existentielle Angewiesenheitslage Beratungsbedarf besteht und ob die Vermittlungsleistung die dafür notwendigen Informationen umfasst hat.

---

133 Brüggemeier, Deliktsrecht, Rdnr. 673 (S. 406); Francke/Hart, Verantwortung, S. 83.

134 Siehe 6. Kapitel.

(1) Konstellationen existentieller Angewiesenheitslagen

(a) Konstellation 1: Beteiligung an einem geschlossenen Fonds zur Absicherung im Rentenalter[135]

Der Anleger möchte durch die Anlage eines geerbten Betrags eine Absicherung für außerordentliche Belastungen im Rentenalter erzielen und dementsprechend den Vermögensbetrag erhalten. Ferner muss die Anlagesumme ab Erreichen des Rentenalters oder/und im Risikofall verfügbar sein. Teilt der Anlagevermittler dem Anleger bei seiner Empfehlung des Erwerbs eines Anteils an einem geschlossenen Immobilienfonds nicht mit, dass der Verkauf des Fondsanteils nicht zum geeigneten Zeitpunkt gesichert, dieser möglicherweise unverkäuflich ist oder unter Umständen der volle Erwerbspreis nicht erzielt werden kann, hat dieses weitreichende Folgen für den Anleger. Im Bedarfsfall kann er bei Unverkäuflichkeit den Fondsanteil nicht veräußern, und ihm steht damit keine Liquidität zur Verfügung, um für seinen Lebensunterhalt aufkommen. Hier kann sogar eine grobe Informationspflichtverletzung vorliegen, wenn die vom Anleger eingegangenen Risiken in krassem Missverhältnis zu seinem Anlageziel stehen und darüber hinaus weitreichende Folgen für die Versorgung im Alter zu befürchten sind. Hat der Anleger bis zum Zeitpunkt der Vermittlung keine ausreichende Vorsorge für das Altersrisiko getroffen und ist der Bezug der Anlage auf dieses Risiko greifbar, so ist eine Dokumentation über die Vermittlerleistung erforderlich, aus der sich ergibt, dass der Anleger trotz einer Versorgungslücke und der Aufklärung über die Risiken der Anlage sowie trotz des Hinweises auf andere Anlagealternativen den Erwerb des Fondsanteils gewünscht hat. Fehlt es daran, so muss die Dokumentationspflichtverletzung zu Beweiserleichterungen für den Kunden bis zur Umkehr der Beweislast führen.

(b) Konstellation 2: Finanzierung der Ausbildung der Kinder

Der Anleger kann auch das Ziel verfolgen, die Ausbildung seiner Kinder zu finanzieren. Dieses Ziel kann schon nach den zeitlichen Rahmendaten und der Familienstruktur greifbar sein. Danach können bestimmte Anlageformen ausscheiden, wie hier anhand eines Filmfonds exemplarisch zu erörtern ist.

Medienbeteiligungen wie ein Filmfonds, sind mit sehr hohen Risiken ausgestattet. Zwar kann der maximale Kapitalverlust durch hohe Verlustzuweisungen und Verwertungsgarantien zum Teil erheblich begrenzt werden, die Beteiligungen sind jedoch nicht geeignet, um mittel- oder langfristig dem Vermögenserhalt oder der Vermögensmehrung zu dienen. Kurzfristige Gewinne müssten in langfristig orientierte Anlagen umgelenkt werden. Es wird empfohlen, diese Beteiligungen in sehr kleinem Rahmen als hochspekulatives Element bei der Vermögenspla-

---

135 Nach LG Frankfurt a.M., VuR 2001, 150 (für spekulativen Aktienfonds); VuR 2002, 27.

nung zur Abdeckung von Steuerspitzen oder steuerlichen Sonderfällen (z. B. Vermögensübertragungen) beizumischen[136].

Dementsprechend konterkariert die Vermittlung einer solchen Anlage das Anlageziel der Ausbildungssicherung, wenn der Vermittler nicht ausdrücklich auf den spekulativen Charakter und die Notwendigkeit der Umlenkung von Erträgen auf langfristig orientierte Anlagen hinweist. Denn auch hier besteht zu einem bestimmten Zeitpunkt, nämlich dem Beginn der Ausbildung, Liquiditätsbedarf, welcher nur durch eine vorausgehende Veräußerung des Fondsanteils gedeckt werden kann. Verletzt der Vermittler trotz der greifbaren Angewiesenheitslage des Kunden hier seine Dokumentationspflicht, so müssen dem Kunden gleichfalls Beweiserleichterungen für die Feststellung der Informationspflichtverletzung zugute kommen.

(c) Konstellation 3: Erwerb von Wohnungseigentum und dessen vollständige Finanzierung durch Kreditaufnahme[137]

Dem Anleger wird eine Wirtschaftlichkeitsberechnung, welche auf seine persönlichen Verhältnisse zugeschnitten ist, unterbreitet. In ihr werden die Auswirkungen der Geltendmachung von Werbungskosten, Abschreibungen und Finanzierungskosten auf die Steuerbelastung des Anlegers beschrieben. Die Wirtschaftlichkeitsberechnung ist Grundlage der Entscheidung des Anlegers, eine Eigentumswohnung zu erwerben und zu deren Finanzierung Kredite aufzunehmen.

Bei diesen Erwerbermodellen besteht das Risiko einer Überschuldung des Anlegers, wenn die Rückführung der Kredite ausschließlich über Mieterträge aus der Immobilie sowie über Steuereinsparungen erfolgt. Soweit auch hier zur Rückführung der Kredite, wenn überhaupt möglich, über Einkommen verfügt werden muss, das ansonsten für Vorsorgeaufwendungen eingesetzt werden müsste, kann auch hier eine Informationspflichtverletzung hinsichtlich der Vermittlungstätigkeit vorliegen [138]. Eine schwerwiegende Informationspflichtverletzung liegt insbesondere vor, wenn der Anleger Geringverdiener ist und die Finanzanlage in überschaubarer Zeit lediglich mit dem pfändungsfreien Einkommen bedienbar ist. Ist also bei Geringverdienern ohne ausreichende Absicherung der grundlegenden Lebensrisiken die Angewiesenheit auf eine vom Überschuldungsrisiko wegen kompletter Fremdfinanzierung freie Anlage greifbar, so besteht gleichfalls eine Dokumentationspflicht mit beweisrechtlichen Konsequenzen.

---

136 Duchardt/Gillitzer, DStR 2001, 1628.

137 Nach BGH NJW 2000, 3275; 2001, 358 (zusätzlich Abschluss eines Bausparvertrags).

138 In BGH NJW 2001, 358 wurde darüber hinaus den hochverschuldeten Anlegern bei Erwerb dieser Finanzanlage ein Kleinkredit versprochen, der ihnen versagt worden war.

(2) Folgen der Nichtvorlage einer Dokumentation im Bereich der Vermittlerhaftung

Die Dokumentation dient im Prozess als Beweismittel und kommt sowohl für den Augenscheinsbeweis als auch für den Urkundenbeweis in Frage[139]. Sie dient damit in der Funktion des Beweismittels der Beweissicherung, also der Herstellung und Sicherung von Beweismitteln für den noch ungewissen Haftungsprozess[140]. Der Zweck der Anfertigung einer Dokumentation ist wie im Arzthaftungsrecht ferner in der Kompensation der begrenzten menschlichen Gedächtniskapazitäten zu sehen. Hieraus ergibt sich die Notwendigkeit der zeitnahen Dokumentation, wie sie im Arzthaftungsrecht anerkannt ist[141]. Auch der Vermittler hat den Gesprächsverlauf im Prozess nachzeichnen und kann dieses nur unter Zuhilfenahme einer Dokumentation erreichen.

Beweiserleichterungen bis hin zu Beweislastumkehr können mithin die Folge sein, wenn dem Anleger die volle Beweislast für eine Informationspflichtverletzung angesichts der vom Finanzdienstleister verschuldeten Aufklärungshindernisse billigerweise nicht mehr zugemutet werden kann. Maßgeblich ist das Informationsdefizit der beweisbelasteten Partei. Die fehlende Dokumentation zur Vermittlerleistung bei existentieller Angewiesenheitslage des Kunden führt dazu, dass dieser von der Beweisführung zur Informationspflichtverletzung zu entlasten ist, soweit er durch das schuldhafte Verhalten des Dokumentationspflichtigen in Beweisnot kommen müsste[142]. Auch in der Literatur wird die Ansicht vertreten, dass die objektive Beweisnot der beweisbelasteten Partei Billigkeitskriterium zu Lasten der beweisvereitelnden Partei ist und das Ergebnis der Beweiswürdigung des Richters beeinflussen darf, da das Gericht die Beweisvereitelung in freier Würdigung zu beurteilen habe[143].

d) Zwischenergebnis

Grundsätzlich ist davon auszugehen, dass Anlagevermittler den Erfordernissen einer substantiierten Darlegung ihrer Informationserteilung in Kundengesprächen weitgehend nicht nachkommen können, da sie eine Vielzahl von Gesprächen führen müssen, anlässlich derer sie insbesondere bei Finanzanlagen des Nebenkapitalmarktes eine Fülle von Informationen zu den angebotenen Produkten zu erbringen haben, die darüber hinaus in ihrer Art und ihrem Umfang anlegerspezifisch sind. Gedächtnisstützen, wie sie in beratenden Berufen üblich sind, fehlen bislang. Die sekundäre Darlegungslast ist daher grundsätzlich nicht ge-

---

139 Wendt, S. 114.

140 BGH NJW 1993, 2676; NJW-RR 1995, 1502, 1503.

141 Wendt, S. 114.

142 BGH DB 1985, 1020.

143 Gottwald, Jura 1980, 303, 304; Stürner, Aufklärungspflicht, S. 249 ff.

eignet, die Schwierigkeiten des Nachweises einer Informationspflichtverletzung zu beheben. Die Voraussetzungen für Beweiserleichterungen bis hin zur Beweislastumkehr haben ihren Ursprung nicht nur im Arzthaftungsrecht. Sie gelten vielmehr im Rahmen des Kausalitätsnachweises allgemein für Informationspflichtverletzungen und haben Eingang in die Rechtsprechung des BGH zur Berufshaftung gefunden. Entscheidend für die Annahme von Beweiserleichterungen ist, dass dem Informationsbedürftigen aufgrund von Dokumentationsversäumnissen des Informationspflichtigen der Nachweis von entscheidungserheblichen Tatsachen nicht möglich ist. Die Pflicht zur Vorlage einer Dokumentation besteht für Anlagevermittler in den Konstellationen, in denen eine existentielle Angewiesenheitslage des Anlegers hinsichtlich der zu erteilenden Informationen greifbar ist. Eine existentielle Angewiesenheitslage ist anzunehmen, wenn der langfristige Vermögensaufbau für Anlageziele wie Altersvorsorge, Absicherung vor sozialen Härten oder Finanzierung der Ausbildung der Kinder gefährdet ist. Eine existentielle Angewiesenheitslage kann ferner für Geringverdiener ohne ausreichende soziale Sicherung bei kompletter Fremdfinanzierung eines Immobilienobjekts oder einer vergleichbaren Anlage mit hohem Überschuldungsrisiko bestehen. Nur durch Beweiserleichterungen aufgrund einer Dokumentationspflichtverletzung des Anlagevermittlers kann auch im Prozess das Ziel des Ausgleichs bestehender Informationsasymmetrie verfolgt werden.

4. Inhalt und Adressaten der Dokumentationsvorlagepflicht

Zu untersuchen ist schließlich, welchen Inhalt eine Dokumentation haben muss, um im Anlegerprozess beweisrechtliche Bedeutung zu erlangen und das Ungleichgewicht in der Möglichkeit der Informationsbeschaffung zwischen Anleger und Vermittler auszugleichen.

a) Anlageziel und Art der Finanzdienstleistung

Um die Art und den Umfang der Informationspflichten durch das Gericht bestimmbar und durch den Anleger beweisbar zu machen, ist notwendiger Inhalt einer vorlegungspflichtigen Dokumentation die Art der erbrachten Finanzdienstleistung. Da bestimmte Anlageziele, wie etwa die Altersvorsorge, eine umfangreiche Informationspflichten auslösende Beratung erforderlich machen, ist in die Dokumentation zunächst das Anlageziel des Kunden aufzunehmen. Für den Beratungsvertrag sind abstrakte (z.B. Altersvorsorge, Sicherung der Ausbildung der Kinder) oder konkrete Anlageziele (z.B. Erwerb einer Immobilie) zu dokumentieren.

b) *Liquiditätsbedarf*

Zusätzlich ist zu dokumentieren, ob und zu welchem Zeitpunkt Liquiditätsbedarf des Schuldners besteht. Der Liquiditätsbedarf konkretisiert das Anlageziel und deckt gleichzeitig Widersprüche in den Kundenvorstellungen für den Finanzdienstleister auf. Insbesondere für die eingeschränkt fungiblen Finanzanlagen des Nebenkapitalmarktes hat die Dokumentation Angaben über die Höhe des Anteils des investierten Kapitals und der laufenden Belastungen am bestehenden Vermögen und Einkommen des Kunden zu enthalten. Für den Finanzdienstleister wird bereits aus diesen Angaben deutlich, ob seine Anlageempfehlung dem Anlegerbedarf gerecht wird und damit seine Zuordnung erfolgreich ist.

c) *Art der Finanzdienstleistung*

Die Dokumentation der Art der Finanzdienstleistung dient der Bestimmung des Umfangs an Informationspflichten. Wie oben erläutert[144], ist das Bestehen eines Beratungsvertrags bereits mit dem Vorliegen bestimmter Anlageziele indiziert. Darüber hinaus ist in Abgrenzung zum Anlagevermittlungsvertrag eine durchgeführte Beratung durch den Beratungswunsch des Kunden oder das Beratungsangebot des Finanzdienstleisters zu dokumentieren. Mithin ist hier keine näher spezifizierte Finanzanlage zu dokumentieren, sondern das konkrete Anlageziel des Kunden. Sofern eine konkrete Anlageempfehlung der Beratung folgt, ist diese ebenfalls zu dokumentieren. Hierdurch ist durch das Gericht feststellbar, dass neben einem Beratungsvertrag auch ein Vermittlungsvertrag mit dem Kunden zustande gekommen ist.

Besteht die Finanzdienstleistung lediglich in der Vermittlung von Finanzanlagen, so hat der Dokumentationsbogen die Angabe zu enthalten, dass der Kunde eine näher zu spezifizierende Finanzanlage erwerben wollte oder dass ihm diese vom Anlagevermittler angeboten wurde. Dieses ist, wie oben[145] dargestellt, als Indiz für einen Vertrag mit dem Inhalt der Anlagevermittlung zu werten.

d) *Erfahrungs- und Kenntnisstand*

Wie oben festgestellt[146], gilt sowohl für Vermittlungs- als auch Beratungsverträge, dass Grundlage einer Definition von Informationspflichten die Informationsbedürftigkeit des Kunden ist. Mithin ist zu dokumentieren, welchen Erfahrungs- und Kenntnisstand der Kunde zum Zeitpunkt der Beratung und/oder Vermittlung hat. Da die Beratung die Erörterung mehrerer abstrakter Anlagealternativen beinhaltet, muss die Dokumentation die Selbsteinschätzung des Anlegers hinsichtlich seiner Kenntnisse und Erfahrungen zu den Anlagealternativen beinhal-

---

144 Siehe 5. Kapitel.
145 Siehe 4. Kapitel.
146 Siehe 5. Kapitel.

ten. Für den Vermittlungsvertrag ist hingegen die Selbsteinschätzung des Anlegers hinsichtlich der konkret von ihm gewünschten oder ihm empfohlenen Finanzanlage zu dokumentieren.

e) Art und Umfang erteilter Informationen

In Relation zu den Angaben zum Informations- und Liquiditätsbedarf richtet sich der Umfang der zu erteilenden Auskünfte nach dem Risiken der Finanzanlage, die damit ebenfalls dokumentationspflichtig sind. Vom Kunden ist zu bestätigen, dass er über die spezifischen Risiken der Finanzanlage, etwa die Unveräußerbarkeit des Fondsanteils (wie in Konstellation 1) aufgeklärt worden ist. Für die Dokumentation des Anlegergesprächs gilt inhaltlich, dass sie neben standardisierten Themenkomplexen, wie Anlagezielen, Erfahrungen und Kenntnisständen, auch einzelne Erwägungen wiederzugeben hat, die die Anlageentscheidung beeinflusst haben und im Prozess als Gedächtnisstützen verwendet werden können. Hierzu gehört zum Beispiel die schriftliche Wiedergabe der Motivation des Anlegers für seine Entscheidung, ungeachtet einer ihm bekannten unterlassenen Plausibilitätskontrolle durch den Vermittler eine bestimmte Finanzanlage zu erwerben.

Der Umfang der Dokumentationspflicht hinsichtlich der Informationserteilung hat sich an dem Umfang der jeweiligen Informationspflichten zu orientieren und beinhaltet damit die Pflicht, die Empfehlung oder den erteilten Rat bezugnehmend auf die Person des Anlegers zu begründen. Von maßgeblicher Bedeutung ist für den Umfang der Aufklärung und damit der Dokumentation die Komplexität der Finanzanlage.

f) Zeitpunkt des Kundengesprächs und Gegenzeichnung des Anlegers

Schließlich hat die Dokumentation die Angabe zum Zeitpunkt des Kundengesprächs zu enthalten und ist vom Anleger nach dem Gespräch gegenzuzeichnen. Der Zeitpunkt des Kundengesprächs ist zu dokumentieren, da die Informationen Grundlage der Anlageentscheidung sein sollen und nur in solchen Fällen geeignet sind, eine eigenverantwortliche Entscheidung des Kunden zu ermöglichen, wenn sie zeitnah zum Anlageerwerb gegeben worden sind. Standardisierte Aufklärungsbögen, die einmalig zu Beginn eines langfristigen Kundenkontakts ausgefüllt werden, sind daher als Kenntnisnachweis für spätere Anlageentscheidungen nur beschränkt geeignet. Auch die Gegenzeichnung durch den Kunden ist unverzichtbar für den vollen Beweiswert der Dokumentation. Sie stellt den Nachweis für die auf einem gemeinsamen Informationsgespräch basierende Dokumentation dar, die im Einvernehmen mit dem Kunden erfolgt ist.

g) Adressat

Die Pflicht zur Dokumentationsvorlage richtet sich an sämtliche Finanzdienstleister, welche geeignete Beiträge zur Vermittlung der Finanzanlage erbringen und damit Anspruchsgegner aus der Verletzung des Vermittlungsvertrags sind. Einbezogen sind daher, wie oben festgestellt, sämtliche Personen, die auf den Anleger zum Zwecke des Erwerbs der Finanzanlage unmittelbar oder mittelbar einwirken. Zur Beibringung der Dokumentation sind damit auch Angehörige höherer Vertriebsebenen verpflichtet, ungeachtet dessen, ob sie Handelsvertreter, Handelsmakler oder als Angestellte tätig sind.

Zusammenfassung

1. Der Nebenkapitalmarkt hat sich im Wesentlichen aus dem Bedürfnis von Anlegern entwickelt, Einkommensspitzen in Anlageformen zu investieren, die zum einen renditeträchtiger als die konventionellen von den Banken angebotenen Finanzanlagen waren und zum anderen der Besteuerung zu entziehen. Auf diesem Anlegerinteresse basiert auch die Entwicklung der Vertriebssysteme, die sich zunächst ebenfalls außerhalb des Bankenbereichs vollzogen hat.
2. Besondere Brisanz erhält die Entwicklung des Nebenkapitalmarktes und der unzureichenden Informationserteilung durch Vermittler gegenwärtig dadurch, dass nunmehr auch Bevölkerungskreise mit geringerem Einkommen durch aggressive Vermittlungspraktiken zum Erwerb dieser Finanzanlagen bewogen werden. Darüber hinaus führen durch die Notwendigkeit einer umfassenden Eigenvorsorge, Fehlleitungen von Einkommen und daraus resultierende Anlegerschäden zu langfristiger Unterversorgung.
3. Der Anlegerschutz im Kapitalmarktrecht hat im Wesentlichen einen rechtsformbezogenen Ansatz und richtet sich auch nach dem 4. Finanzmarktförderungsgesetz auf die Aktiengesellschaft und auf verbriefte Beteiligungen aus. Vertriebsbezogene Regelungen, die hingegen geeignet sind, einen Anlegerschutz hinsichtlich heterogener Finanzanlagen herzustellen, sind, wie am Beispiel des Vermögensanlagengesetzes und des Vermittlergesetzes zu erkennen ist, nicht durch den Gesetzgeber umgesetzt worden. Lediglich das Wertpapierhandelsgesetz wählt als Ansatzpunkt den Markt an für sich. Finanzanlagen des Nebenkapitalmarkts sind jedoch aufgrund ihrer fehlenden Wertpapiereigenschaft von dessen aufsichtsrechtlichen und Wohlverhaltsregeln nicht erfasst. Kleinere und ausschließlich auf Vermittlung von Finanzanlagen des Nebenkapitalmarkts spezialisierte Finanzdienstleister fallen damit aus den gesetzlichen Regelungstatbeständen heraus.
4. Die bisherigen Anlegerschutznormen sind, indem sie zumeist an konkrete Missstände anknüpften, systematisch nicht aufeinander abgestimmt und haben unterschiedliche Reichweiten, sodass der Anlegerschutz bisher keinen Systembegriff, sondern ein rechtsethisches Prinzip darstellt.
5. Insgesamt weist der gesetzlich formulierte Anlegerschutz Lücken auf, die notwendigerweise mit dem gesetzlichen Erfordernis eines Fachkundenachweises für den einzelnen Vermittler und einem einheitlichen Standard an Informationspflichten zu schließen wären, da die Gruppe der Vermittler aufgrund des unmittelbaren Kundenkontakts den größten Einfluss auf die Anlegerentscheidung und damit auf Zusammenführung von Kapital und Kapitalanlage hat

6. Anlagevermittler sind je nach der Organisationsform des Vertriebs und ihrer Stellung in einem Vertriebsunternehmen als Makler, Handelsvertreter oder Angestellte einzuordnen. Darüber hinaus ergeben sich aufgrund der Einordnung übergeordneter Vermittler unechte und echte Untervertretungen bei den Handelsvertretern sowie weitere Einteilungen nach deren vertraglichen Verhältnissen zu übergeordneten Vertriebsebenen oder Produktanbietern. Anlagevermittler sind mithin nicht in einer einheitlichen Rechtsform organisiert, an welche sich Verhaltenspflichten knüpfen ließen. Lediglich für Handelsmakler stellt § 98 HGB eine spezialgesetzliche Haftungsgrundlage zur Verfügung. Anknüpfungspunkt für einheitliche Haftungsgrundlagen ist mithin das Rechtsverhältnis zwischen Vermittler und Kunden.
7. Gegenstand eines Vertragsverhältnisses zwischen Anleger und Finanzdienstleister kann die Vermittlung einer Finanzanlage sein. Die Definition der Vermittlungstätigkeit ist in § 84, 93 HGB einheitlich und kann zu einer Bestimmung des Leistungsinhalts herangezogen werden. Eine Vermittlungstätigkeit liegt hiernach vor, wenn der Finanzdienstleister den Abschluss von Geschäften durch Einwirkung auf den Kunden fördert, dass heißt den Geschäftsabschluss vorbereitet, ermöglicht oder herbeiführt. Mithin können auch anleitende oder beaufsichtigende Tätigkeiten, welche die dem Vermittler übergeordnete Vertriebsmitarbeiter ausüben, als Vermittlung qualifiziert werden, wenn sie zum Erfolg des Geschäftsabschlusses führen.
8. Die Rechtsprechung hat grundsätzlich erkannt, dass Anlagevermittlung und Anlageberatung zwei unterschiedliche Finanzdienstleistungen darstellen. Die Auswertung der Urteile zeigt aber, dass diese Dienstleistungen nicht voneinander getrennt geprüft werden und daher eine Basis für eine systematische Zuordnung von Verhaltenspflichten nicht gefunden wird. Im Gegenteil wird in einigen Fällen die Vermittlung mit einer Einschränkung der Verhaltenspflichten im Wege des Mitverschuldenseinwands verbunden. Vermittlung und Beratung sind jedoch Gegenstand zweier selbstständiger Verträge, die ausdrücklich oder konkludent geschlossen werden können. Während die Anlagevermittlung auf Informationserteilung hinsichtlich eines bestimmten Produkts gerichtet ist, umfasst die Beratung die Informationserteilung hinsichtlich unterschiedlicher Anlagealternativen, um das vom Anleger verfolgte Anlageziel zu erreichen.
9. Der Vermittlungsvertrag ist mit Informationspflichten verbunden, die sich auf das konkret empfohlene oder nachgefragte Anlageprodukt beziehen. Die Grundsätze, die die Rechtsprechung mit anleger- und objektgerechten Beratung bezeichnet hat, gelten hier insofern, als der Vermittler Informationen zu erteilen hat, die sich am Erfahrungs- und Kenntnisstand des Anlegers orientieren. Hieraus folgt, dass er diesen zu seinen Erfahrungen und Kenntnissen zu befragen hat. Aus der Notwendigkeit einer objektgerechten Informationserteilung ergibt sich, dass die Komplexität der insbesondere von Finanzanla-

gen des Nebenkapitalmarktes den Umfang der Informationspflichten erhöht. Der Beratungsvertrag hingegen erfordert die Ermittlung des Anlageziels und die Darstellung der adäquaten Anlagealternativen. Diese Zuordnung wird in der Rechtsprechung nicht präzise verfolgt.

10. Darüber hinaus hat der Anlagevermittler die Schlüssigkeit des Anlagekonzepts zu prüfen und Nachforschungen über das Anlagekonzept anzustellen. Diese Nachforschungspflicht geht mindestens so weit, dass er Informationen von anerkannten Presseorganen auswerten muss. Er hat dabei jedwede negative Berichterstattung hinsichtlich des Projekts und dessen Initiatoren und weiteren Beteiligten zu erwähnen. Diese weitreichende Informationspflicht ist dadurch begrenzt, als dass er die Berichterstattung hinsichtlich ihres Wahrheitsgehalts nicht zu kommentieren hat.
11. Im Gegensatz hierzu hat der Anlageberater seine anlagebezogenen Informationen stets auch auf das Anlageziel des Kunden und damit auf dessen Liquiditätsbedürfnis auszurichten.
12. Die gegenwärtige Beweislastverteilung im Anlegerschutzprozess besteht zulasten des Anlegers, da dieser zumeist im Prozess nicht beweisen kann, ob er zusätzlich eine Beratung durch den Finanzdienstleister gewünscht hat und welche Informationen er im Rahmen des Kundengesprächs erhalten hat. Die sekundäre Darlegungslast des Finanzdienstleisters ist nicht geeignet, diese Beweislastverteilung auszugleichen.
13. Eine Übertragung der arzthaftungsrechtlichen Grundsätze zu Dokumentationspflichten des Schädigers ist notwendig, wo die Vermittlung von Finanzdienstleistungen existentielle Angewiesenheitslagen des Anlegers berührt, so insbesondere bei Anlagen zur Sicherung der Altervorsorge und der Ausbildung von Kindern.
14. Unter der Prämisse, dass das wichtigste Glied in der Kette der Konzeption und des Vertriebs der komplexen Anlageformen des Nebenkapitalmarktes der im unmittelbaren Kundenkontakt stehende Vermittler ist, hat bei zurückhaltender Gesetzgebung die Rechtsprechung dafür zu sorgen, dass unvollständige oder fehlerhafte Informationserteilung auch zu einem durchsetzbaren Anspruch für den auf Vermögensaufbau ausgerichteten Anleger werden kann.

Literaturverzeichnis

Alternativkommentar zur Zivilprozessordnung: Neuwied und Darmstadt 1987

Anschütz, Gerhard: Staatsaufsicht und Börsenverwaltung – Mit besonderer Berücksichtigung der Rechtsverhältnisse an der Berliner Börse, in: Verwaltungsarchiv, Zeitschrift für Verwaltungsrecht 11 (1903), S. 519 f.

Armansperg, Wolfgang Graf v.: Die Abschreibungsgesellschaft, München 1983

Assmann, Heinz-Dieter / *Schneider*, Uwe H.: Wertpapierhandelsgesetz: Kommentar, 2. Aufl., Köln 1999

– Informationspflicht des Anlagevermittlers und Mitverschulden des Anlegers, Anm. zum Urteil des BGH v. 25.11.1981, in: NJW 1982, S. 1083 ff.

– Neues Recht für den Wertpapiervertrieb, die Förderung der Vermögensbildung durch Wertpapieranlage und die Geschäftstätigkeit von Hypothekenbanken, in: NJW 1991, S. 528 ff.

– Entwicklungstendenzen der Prospekthaftung, in: WM 1983, S. 138 ff.

– Prospekthaftung als Haftung für die Verletzung kapitalmarktbezogener Informationspflichten nach deutschem und US-amerikanischem Recht, Köln, Berlin etc., 1985

Bässler, Heinrich Ernst: Die Geschichte der Prospekthaftung und die zivilrechtliche Haftung aus dem Einführungsprospekt, Leipzig 1914

Ballerstedt, Kurt: Zur Haftung für culpa in contrahendo bei Geschäftsabschluss durch Stellvertreter, in: AcP 151 (1950/51), 501 ff.

Balzer, Peter: Discount-Broking im Spannungsfeld zwischen Beratungsausschluss und Verhaltenspflichten nach dem WpHG, in: DB 1997, S. 2311 ff.

– Anlegerschutz bei Verstößen gegen die Verhaltenspflichten nach §§ 31 ff. Wertpapierhandelsgesetz (WpHG), in: ZBB 1997, S. 260 ff.

Bar, Christian v.: Verkehrspflichten, Richterliche Gefahrsteuerungsgebote im deutschen Deliktsrecht, Köln, Berlin, Bonn, München 1980

– Vertrauenshaftung ohne Vertrauen, Zur Prospekthaftung bei der Publikums-KG in der Rechtsprechung des BGH, in: ZGR 1983, S. 476 ff.

Barkam, Detlev: Informations- und Prospektpflicht sowie Prospektprüfung bei Anlagen auf dem grauen Kapitalmarkt, Bochum 1992

Baumbach, Adolf: Zivilprozessordnung, 59. Aufl., München 2001

Baumgärtel, Gottfried: Handbuch der Beweislast im Privatrecht, Bd. 1, 2. Aufl., Köln, Berlin, Bonn, München 1991

Baur, Jürgen: Investmentgesetze, Berlin 1970

Binder, Renate: Editorial, in: VuR 1999, S. 217 f.

Böhm, Klaus Jürgen: Anlegerschutz am Nebenkapitalmarkt in: Europäische Hochschulschriften Reihe V, Volks- und Betriebswirtschaft, Bd. 213, Frankfurt a.M., Bern, Las Vegas 1979

Boernstein, Ulrich: Deutsche Steuern bei Investitionen in Entwicklungsländern, Köln 1983

Bopp, Gerhard F.: Steuervergünstigungen bei typischer stiller Beteiligung, in: Handbuch der steuervergünstigten Kapitalanlagen, hrsg. von A.J. Rädler und A. Raupach, Köln 1973, S. 519 ff.

Breidenbach, Stephan: Die Voraussetzungen von Informationspflichten beim Vertragsschluss, München 1989

Bremer, Heinz: Grauer Kapitalmarkt und Anlegerschutz, in: ZGR 1973, S. 410 ff.

Brüggemeier, Gert: Deliktsrecht, Baden-Baden 1986

Brunner, Wolfgang L. / *Vollath*, Johann (Hrsg.): Handbuch der Finanzdienstleistungen, Stuttgart 1993

Bülow, Peter: Verbraucherkreditgesetz, Kommentar, 3. Aufl., Köln 1998

BVI: Bundesverband Deutscher Investmentgesellschaften e.V.: „Investment" jährlicher Verbandsbericht

Caemmerer, Ernst v.: Kapitalanlage- oder Investmentgesellschaften, in: JZ 1958, S. 41 ff.

Canaris, Claus-Wilhelm: Bankvertragsrecht, 2. Aufl., Berlin, New York 1981

– Schutzgesetze – Verkehrspflichten – Schutzpflichten, in: FS für Karl Larenz, München 1983

Coing, Helmut: Haftung aus Prospektwerbung für Kapitalanlagen in der neueren Rechtsprechung des Bundesgerichthofes, in: WM 1980, S. 206 ff.

Crezelius, Georg: Grauer Kapitalmarkt und Rechtsordnung, in: BB 1985, S. 209 ff.

Damm, Reinhard: Entwicklungstendenzen der Expertenhaftung, Vermögensschutz und Drittschutz auf dem Markt für sachkundige Informationen, in: JZ 1991, S. 373 ff.

Duchardt, Uwe / *Gillitzer*, Daniela: Aktuelle Übersicht des Marktes für steuerbegünstigte Kapitalanlagen 2001, Wirtschaftliche Sinnfrage im Hinblick auf die Möglichkeit eines Vermögensaufbaus, in: DStR 2001, S. 1624 ff.

Ebenroth, Carsten Thomas / *Boujong*, Karlheinz / *Joost*, Detlev: HGB-Kommentar, München 2001

Eichstädt, Kai D.: Das schnelle Geld? Chancen und Risiken auf dem Freien Kapitalmarkt, München 1993

Eisenhardt, Ulrich: Kapitalanlegerschutz und Schadensersatz nach geltendem Recht, Heidelberg, Karlsruhe 1978

Engel, Dieter: Die Risiken einer Beteiligung an Verlustzuweisungskommanditgesellschaften, in: Die Wirtschaftsprüfung 1974, S.101 ff.

Ensthaler, Jürgen: Gemeinschaftskommentar zum HGB, 6. Aufl., Neuwied 1999

Eschenbruch, Klaus / *Niebuhr*, Frank: Immobilienleasing und öffentliche Vergabe, in: BB 1996, S. 2417 ff.

Esser, Josef / *Schmidt*, Eike: Schuldrecht Bd. 1, Allgemeiner Teil, Tb., 7. Aufl., Heidelberg 1993

Ewers, Antonius: Die neueste BGH-Rechtsprechung zur Verkäuferhaftung für unrichtige Angaben über finanzielle Belastungen beim Immobilienerwerb, in: DStR 1999, S. 421 ff.

Fikentscher, Wolfgang: Schuldrecht, 9. Aufl., Berlin, New York 1997

Fleischer, Holger: Das 4. Finanzmarktförderungsgesetz, in: NJW 2002, S. 2977 ff.

Fleischmann, Hans Gunnar: Steuern, die Vermögen werden?: Ein Wegweiser für steuerbegünstigte Kapitalanlagen, 8. Aufl., Landsberg am Lech 1984, zitierte Bearbeiter:
- *Meyerhoff*, Hans-Dieter, S. 15-27
- *Fleischmann*, Hans Gunnar, S. 29-108, S. 287-340
- *Röschinger*, Helmut, S. 108-120
- *Kemsat*, Wolfgang, S. 121-136
- *Meyerhoff*, Hans-Dieter, S. 145-167
- *Goddar*, Heinz / *Fleischmann*, Gunnar, S. 184-197
- *Wipfler*, Berthold, S. 341-398
- *Haupt*, Peter / *Maerz*, Hans, S. 472-493
- *Fischer*, Anton, S. 494-523

Francke, Robert / *Hart*, Dieter: Ärztliche Verantwortung und Patienteninformation: eine Untersuchung zum privaten und öffentlichen Recht der Arzt-Patient-Beziehung, Stuttgart 1987

Frehrking, Daniel-Christian / *Schöffski*, Oliver: Strukturvertrieb von Finanzdienstleistungen, Aufbau und Bedeutung, in: Zeitschrift für Betriebswirtschaft 1994, S. 571 ff.

Fuellmich, Reiner / *Rieger*, Stefan: Die Haftung der Banken für massenhaft fehlerhafte Treuhandmodellfinanzierungen, in: ZIP 1999, S. 465 ff.

– Die Haftung der Banken für massenhaft fehlerhafte Treuhandmodellfinanzierungen, in: FS für Erwin Deutsch, Köln u.a. 1999, S. 919 ff.

Gabler: Wirtschaftslexikon, Bd. 1, K-R, 15. Aufl., Wiesbaden 2000

Gallandi, Volker: § 264 a StGB – Der Wirkung nach ein Mißgriff?, in: Wistra 1987, S. 316 ff.

Giesen, Dieter: Arzthaftungsrecht, 4. Aufl., Tübingen 1995

Gloystein, Peter / *Krägenau*, Henry: EHStG – besser als sein Ruf, in: Wirtschaftsdienst 1973, S. 235 ff.

Goldbeck, Werner / *Uhde*, Werner: Das Bauherrenmodell in Recht und Praxis, Neuwied 1984

Goss, Horst: Volkswirtschaftliche Konsequenzen der Allfinanz: unter besonderer Berücksichtigung des Bank-, Bauspar- und Versicherungswesens, Frankfurt a.M. 1992

Gottwald, Peter: Sonderregeln der Beweislastverteilung, in: Jura 1980, S. 303 ff.

Graebner, Erwin Walter: Abschreibungskrisen. Die Zukunft hat schon begonnen, in: Jahrbuch der deutschen Anlageberatung 1974/75, Köln 1974, S. 91 ff.

Grannemann, Axel: Prospektherausgeberhaftung auf dem grauen Kapitalmarkt, Pfaffenweiler 1988

Graue, Wulf: Die Rechtsstellung des Finanzmaklers, Münster 1975

Grießenbeck, Armin v.: Zur Anwendbarkeit des § 98 HGB auf Emissionsgehilfen beim Vertrieb von Anteilen einer Publikums-KG, in: BB 1988, S. 2188 ff.

Grimme, Leoni / *Ritz*, Corinna: Die Novellierung verkaufsprospektrechtlicher Vorschriften durch das Dritte Finanzmarktförderungsgesetz, in: WM 1998, S. 2091 ff.

Grosskommentar zum HGB: Bd. 1, Einleitung, §§ 1-104, 4. Aufl., Berlin, New York 1995

Grütering, Heinrich: So vermeidet man Abschreibungspleiten, in: Jahrbuch der deutschen Anlageberatung 1974/75, Köln 1974, S. 87 ff.

Günkel, Manfred / *Frenzl*, Barbara: Ausgewählte Fragen zum Steuerentlastungsgesetz: Bilanzierung und Verlustzurechnung, in: DStR 1999, S. 649 ff.

Gutenberg, Erich: Grundlagen der Betriebswirtschaftslehre, 3. Band, Die Finanzen, 8. Aufl., Berlin, Heidelberg, New York 1980

Häberle, Heidi Sigrid / *Raupach*, Arndt: Begriff und Voraussetzungen der Verlustzuweisung, in: Handbuch der steuervergünstigten Kapitalanlagen, hrsg. von A.J. Rädler und A. Raupach, Köln 1973, S. 127 ff.

Hagenmüller, Karl Friedrich: Geld- und Kapitalanlagegeschäfte, in: Bankbetriebslehre (1), Band II der Bank-Enzyklopädie aus dem Unterrichts- und Nachschlagewerk der Bankakademie, Wiesbaden 1975, S. 755 ff.

Hardlitschke, Erich: Die steuerliche und wirtschaftliche Auswirkung der sogenannten „Abschreibungs"-Kommanditgesellschaften, in: DStR 1969, S. 78 ff.

Haug, Ulrich, in: Szaguun, Volkhard, Gesetz über das Kreditwesen in der Fassung vom 22.1.1996, Kommentar, 6. Aufl., Stuttgart, Berlin, Köln 1997

Heinsius, Theodor: Anlageberatung durch Kreditinstitute – ein Thema ohne Ende, in: FS für Friedrich Kübler, Heidelberg 1997, S. 405 ff.

Heise, Hans Jürgen: Immaterielle Wirtschaftsgüter, in: Steuerlexikon (Hrsg. von W.H. Wacker), München 1975, S. 192 ff.

Helkenberg, Wilhelm-Christian: Anlegerschutz am Grauen Kapitalmarkt – Prognosegrundsätze und Emissionsprospekte, Wiesbaden 1989

Henke, Andrea: Sachwalterhaftung, Diss. Münster 1997

Henn, Günter: Die Rechte des Aktionärs, Köln 1984

Heymann, Ernst: Handelsgesetzbuch-Kommentar, Bd. 1, 2. Aufl., Berlin, New York 1995 (zit.: Ernst Heymann/Bearbeiter)

Heymann, Ekkehard v.: Die neuere Rechtsprechung zur Bankenhaftung bei Kapitalanlagen, in: NJW 1990, S. 1137-1200

– Bankenhaftung bei Immobilienanlagen, 12. Aufl., Frankfurt a.M. 1998

Hippel, Eike v.: Kein Schutz vor Anlagebetrug?, in: ZRP 1997, S. 305 ff.

Hoegen, Dieter: Einzelfragen zur Haftung bei Anlagevermittlung und Anlageberatung unter besonderer Berücksichtigung der Rechtsprechung des Bundesgerichtshofes, in: FS Stimpel, S. 247 ff., Berlin, New York 1985

Honneck, Gerhard: Anlegerschutz und Grauer Kapitalmarkt, in: Kreditwesen 1994, S. 690 ff.

Honsell, Heinrich: Probleme der Haftung für Auskunft und Gutachten, in: JuS 1976, S. 621 ff.

Hopt, Klaus J.: Inwieweit empfiehlt sich eine allgemeine gesetzliche Regelung des Anlegerschutzes?, Gutachten für den 51. Deutschen Juristentag, München 1976

– Risikokapital, Nebenbörsen und Anlegerschutz, in: WM 1985, 793 ff.

- Kapitalanlegerschutz im Recht der Banken, Gesellschafts-, bank- und börsenrechtliche Anforderungen an das Beratungs- und Verwaltungsverhalten der Kreditinstitute, München 1976
- Berufshaftung und Berufsrecht der Börsendienste, Anlageberater und Vermögensverwalter, in: FS für Robert Fischer, Berlin, New York 1979
- Handelsgesetzbuch, 30. Aufl., München 2000
- Nichtvertragliche Haftung außerhalb von Schadens- und Bereicherungsausgleich, in: AcP 183 (1983), S. 608 ff.
- Funktion, Dogmatik und Reichweite der Aufklärungs-, Warn- und Beratungspflichten der Kreditinstitute, in: FS für Joachim Gernhuber, Tübingen 1993

Horn, Ernst-Jürgen: Neuere Entwicklungen auf dem deutschen Kapitalmarkt: Institutionen, Marktstrukturen und Marktergebnisse, Tübingen 1994 (zit.: E.-J. Horn)

Horn, Norbert: Anlageberatung im Privatkundengeschäft der Banken, Rechtsgrundlagen und Anforderungsprofil, in: WM 1999, S. 1 ff.
- Die Aufklärungs- und Beratungspflichten der Banken, in: ZBB 1997, S. 139 ff.

Horst, Peter Michael: Kapitalanlegerschutz, Haftung bei Emission und Vertrieb von Kapitalanlagen, München 1987

Hueck, Götz: Gesellschaftsrecht, 19. Aufl., München 1991

Jansen, Dieter Ernst: Allfinanz 2000, Neuwied 1992
- Finanzen, Geld und Vermögen (2. Aufl. von Allfinanz 2000), Neuwied 1999

Jung, Mathias: Die Auswirkungen der 6. KWG-Novelle auf Anlagevermittler, (Börsen-)Makler und Vermögensverwalter, in: BB 1998, S. 649 ff.

Kieninger, Eva-Maria: Informations-, Aufklärungs- und Beratungspflichten beim Abschluss von Versicherungsverträgen, in: AcP 198 (1998), S. 190 ff.

Kloten, Norbert / *Stein*, Johann Heinrich v. (Hrsg.): Geld, Bank und Börsenwesen, Stuttgart 1988, zit. Bearbeiter: Kirelli, Sermin, Geldmärkte, Kapitalmärkte und Börsen – Ein Überblick, S. 933 ff.

Koch, Hans-Dieter / *Schmidt*, Reinhard H.: Ziele und Instrumente des Anlegerschutzes, BFuP 1981, S. 231 ff.

Koch, Peer: Berufsverbände, in: Finanzen, Geld und Vermögen, Neuwied 1999 (zit.: P. Koch)

Köndgen, Johannes: Zur Theorie der Prospekthaftung (I), in: AG 1983, S. 85 ff.
- Zur Theorie der Prospekthaftung (II), in: AG 1983, S. 120 ff.

Kohl, Helmut / *Kübler*, Friedrich / *Walz*, W. Rainer / *Wüstrich*, Wolfgang: Abschreibungsgesellschaften, Kapitalmarkteffizienz und Publizitätszwang – Plädoyer für ein Vermögensanlagegesetz –, ZHR 138 (1974), S. 1 ff.

Kreditwesengesetz: Kommentar zu KWG und Ausführungsvorschriften, hrsg. von Karl-Heinz *Boos*, Reifrid *Fischer*, Hermann *Schulte-Mattler*, München 2000

Kümpel, Siegfried: Die allgemeinen Verhaltensregeln des Wertpapierhandelsgesetzes, in: WM 1995, 689 ff.

– Bank- und Kapitalmarktrecht, 2. Aufl., Köln 2000

Küstner, Wolfram: Handbuch des gesamten Außendienstrechts, Bd. 1, Das Recht des Handelsvertreters, 2. Aufl., Heidelberg 1992

Lach, Helge: Vertikales Management von Versicherungsunternehmen, Marketingkonzepte für Versicherungsunternehmen mit Ausschließlichkeits-, Makler- und Strukturvertrieb, Berlin 1995 (zit.: H. Lach)

Lach, Michael: Gesetz für Immobilienmakler, Darlehensvermittler, Vermögensanlagenverwalter, Bauträger, Baubetreuer, 7. Aufl., Kissing 1978 (zit.: M. Lach)

Lammel, Siegbert: Zur Auskunftshaftung, in: AcP 179 (1979), S. 337 ff.

Larenz, Karl: Lehrbuch des Schuldrechts, Band 1, Allg. Teil, 14. Aufl., München 1987

Lehmann, Karl Heinz: Aktienrechtsreform 1965, 2. Aufl., Bonn 1969

Leopold, Günter: Venture Capital – Das Eigenkapitalgeschäft mit kleinen und mittleren Unternehmen, in: DStR 1999, S. 470 ff.

Loritz, Karl-Georg: Aufklärungs- und Informationsbeschaffungspflichten über Presseberichte beim Vertrieb von Kapitalanlagen, in: NZG 2002, S. 890 ff.

Lutter, Marcus: Zur Haftung des Emissionsgehilfen im Grauen Kapitalmarkt, in: FS für Johannes Bärmann, München 1975, S. 605 ff.

Mattil, Peter: Das Einlagensicherungs- und Anlegerentschädigungsgesetz vom 22.7.1998 – Konsequenzen und Vorteile, in: Kapitalmarkt – intern special v. 11.3.1999

Meinig, Wolfgang: Die Produktpolitik bei steuersparenden Vermögensanlagen, Neue Problemlösungen im Kapitalmarkt, Köln 1976

Meixner, Rüdiger: Neuerungen im Bankenaufsichts- und Kapitalmarktrecht, in: NJW 1998, 862 ff.

Melcher, Christian: Die Anwendung des Handelsvertreterrechts auf Kapitalanlageberater, in: BB 1981, S. 2101 ff.

Meßmer, Kurt: Die Bilanzbündeltheorie. Eine meisterhafte Schöpfung der Rechtsprechung?, in: Steuerberater-Jahrbuch 1972/73, Köln 1973, S. 127 ff.

Metz, Rainer: Verbraucherkreditgesetz, Kommentar, Baden-Baden 1999

Möllers, Thomas M.J. / *Leisch*, Franz Clemens: Neuere Gesetze und Rechtsprechung zur bank- und kapitalmarktrechtlichen Informationshaftung, in: JZ 2000, S. 1085 ff.

Münchener Kommentar zum Handelsgesetzbuch:
- Bd. 1, §§ 1-104, München 1996, zit. Bearbeiter: Gunther *Bokelmann*, Gerrick *v. Hoyningen-Huene*, Peter *Krebs*, Manfred *Lieb*, Karsten *Schmidt*,
- Bd. 2, §§ 241-432, München 1994, zit. Bearbeiter: Volker *Emmerich*

Nicklisch, Fritz: Rechtsfragen der Einlagensicherung im Kreditgewerbe, Frankfurt a.M. 1979

Nobbe, Gerd: Aufklärungs- und Beratungspflichten bei Wertpapieranlagen, in: Horn / Schimansky, Bankrecht 1998, Köln 1998, S. 235 ff.

Ogger, Günter: Das Kartell der Kassierer: die Finanzbranche macht Jagd auf unser Geld, München 1994

Otto, Harro: in: Aktiengesetz Grosskommentar, 4. Aufl., Berlin, New York 1997

Pabst, Günter: Rechtliche Risiken bei Konzeption und Vertrieb von Kapitalanlagen, Heidelberg 1989

Palandt, Otto: Bürgerliches Gesetzbuch, 62. Aufl., München 2002

Pfeifer, Axel: Venture Capital als Finanzierungs- und Beteiligungsinstrument, in: BB 1999, S. 1665 ff.

Plück, Ralf / *Schmutzler*, Karl Jürgen / *Kühn*, Peter: Kapitalmarktrecht, Gesetzliche Regelungen und Haftungsrisiken für Finanzdienstleister, Wiesbaden 1999

Pötzsch, Thorsten: Das Dritte Finanzmarktförderungsgesetz, in: WM 1998, S. 949 ff.

Pressler, Christoph-Marc: Das Bauherrenmodell, Eine Analyse seiner rechtspraktischen Handhabung und Restriktion, Frankfurt a.M. 1991

Priester, Hans-Joachim: Zur Bewertung von Spielfilmen in der Bilanz, in: Die Wirtschaftsprüfung 1972, S. 581 ff.

Prölls, Jürgen: Die Beweislastverteilung nach Gefahrenbereichen, in: VersR 1964, S. 901 ff.

Prütting, Hanns: Gegenwartsprobleme der Beweislast, Eine Untersuchung moderner Beweislasttheorien und ihrer Anwendung insbesondere im Arbeitsrecht, München 1983

Quast, Dieter: Steuerbegünstigte Kapitalanlagen in betriebswirtschaftlicher, steuerlicher und zivilrechtlicher Sicht, 2. Aufl., Köln 1975

Raeschke-Kessler, Hilmar: Grenzen der Dokumentationspflicht nach § 31 II Nr. 1 WpHG, Anmerkungen zum Bankgeheimnis und informationellen Selbstbestimmung des Kunden, in: WM 1996, S. 1764 ff.

– Bankenhaftung bei der Anlageberatung über neue Finanzprodukte, in: WM 1993, S. 1830 ff.

Rasch, Harald: Vermögensbildung durch Verluste?, in: BB 1974, S. 163 ff.

Raw, Charles / *Page*, Bruce / *Hodgson*, Godfrey: Do you sincerely want to be rich?, 5. Aufl., New York 1971

Reich, Norbert: Informations-, Aufklärungs- und Warnpflichten beim Anlagengeschäft unter besonderer Berücksichtigung des „execution-only-business“ (EOB), in: WM 1997, S. 1601 ff.

Reifner, Udo: Falschberatung durch Versicherungsvermittler, in: Versicherungswissenschaftliche Studien, Bd. 4, Nomos Verlag, 1996, S. 141 ff.

Reischauer, Friedrich / *Kleinhans*, Joachim: Kreditwesengesetz, Berlin 1998

Risthaus, Anne / *Plenker*, Jürgen: Steuerentlastungsgesetz 1999/2000/2002 – Geänderte Verlustverrechnungsmethoden im Rahmen der Einkommensteuerfeststellung, in: DB 1999, S. 605 ff.

Röhricht, Volker / *Westphalen*, Friedrich Graf v.: Handelsgesetzbuch, Kommentar, Köln 1998

Roos, Carl Josef: Zur Aufsicht über Spezialfonds, ZfgK 1985, S. 434 f.

Rosen, Rüdiger v.: Börsengesetz, Börsen-Zulassungsverordnung, Depotgesetz, Gesetz über Kapitalanlagegesellschaften, Auslandsinvestment-Gesetz, 2. Aufl., Frankfurt a.M. 1990

Rosenberg, Leo / *Schwab*, Karl Heinz / *Gottwald*, Peter: Zivilprozessrecht, 15. Aufl., München 1993

Rümker, Dietrich: Aufklärungs- und Beratungspflichten der Kreditinstitute aus der Sicht der Praxis, in: Aufklärungs- und Beratungspflichten der Kreditinstitute – Der moderne Schuldturm?, Schriftenreihe der Bankrechtlichen Vereinigung, Bd. 3, Berlin, New York 1993

Schacht, Guido: Die Kapitalmarktaufsicht im internationalen Vergleich, in: Wirtschaftswissenschaftliche Forschung und Entwicklung, Bd. 49, München 1980

Schäfer, Frank A.: Haftung für fehlerhafte Anlageberatung und Vermögensverwaltung, 2. Aufl., 1995, zit.: Schäfer, Haftung für fehlerhafte Anlageberatung

- Anlegerschutz und die Sorgfalt eines ordentlichen Kaufmanns bei der Anlage der Sondervermögen durch Kapitalanlagegesellschaften – unter besonderer Berücksichtigung der Theorien zur Aktienkursprognose und zur Zusammenstellung von Portefeuilles, Baden-Baden 1987
- Wertpapierhandelsgesetz, Börsengesetz mit BörsenZulV, Verkaufsprospektgesetz mit Verkaufsprospekt V: Kommentar, Stuttgart, Berlin, Köln 1999, zit. Bearbeiter: Peterhoff, Wolfgang P.
- Emission und Vertrieb von Wertpapieren nach dem Wertpapierverkaufsprospektgesetz, in: ZIP 1991, S. 1557-1565

Schäfer, Frank A. / *Müller*, Jörg: Haftung für fehlerhafte Wertpapierdienstleistungen, Köln 1999

Schimansky, Herbert / *Bunte*, Hermann-Josef / *Lwowski*, Hans-Jügen (Hrsg.): Bankrechts-Handbuch, Bd. III, München 1997

Schlund, Gerhard H.: Schadensersatzansprüche von Kapitalanlegern in „steuerbegünstigten" Anlagen und deren Verjährung, in: BB 1984, S. 1437 ff.

Schmelz, Karl-Joachim / *Klute*, Sabine: Zum Gesetzentwurf für ein Verbraucherkreditgesetz, in: ZIP 1989, S. 1509 ff.

Schmidt, Karsten: Handelsrecht, 5. Aufl., Köln, Berlin, Bonn, München, 1999

Schneider, Uwe H.: Die Inhaltskontrolle von Gesellschaftsverträgen, in: ZGR 1978, S. 1 ff.

Schön, Michael: Verhaltensregeln für Wertpapierdienstleistungsunternehmen nach dem Zweiten Finanzmarktförderungsgesetz: Auswirkungen auf die Anlageberatung der Kreditinstitute, Hamburg 1997

Schork, Ludwig: Gesetz über das Kreditwesen, Kommentar, Köln, Berlin, Bonn, München 1965

Schubert, Hans T.: Außerstrafrechtlicher Schutz vor unseriösen sogenannten Beteiligungsgesellschaften, in: Tagungsberichte der Sachverständigenkommission zur Bekämpfung der Wirtschaftskriminalität – Reform des Wirtschaftsstrafrechtes –, 6. Arbeitstagung in der Zeit v. 12.-15.2.1975, hrsg. v. Bundesminister der Justiz, Bonn 1974

Schubert, Werner / *Hommelhoff*, Peter: Hundert Jahre modernes Aktienrecht, Berlin, New York 1985

Schulz, Wolfgang: Das deutsche Börsengesetz, Die Entstehungsgeschichte und die wirtschaftlichen Auswirkungen des Börsengesetzes von 1896, Frankfurt a.M. 1994.

Schwark, Eberhard: Das neue Kapitalmarktrecht, in: NJW 1987, S. 2041 ff.

- Die Haftung aus dem Prospekt über Kapitalanlagen, in: BB 1979, S. 897 ff.
- Anlegerschutz durch Wirtschaftsrecht, in: Schriften des Instituts für Arbeits- und Wirtschaftsrecht der Universität zu Köln, Bd. 40, München 1979, S. 74 ff.
- Börsengesetz, Kommentar zum Börsengesetz und zu den börsenrechtlichen Nebenbestimmungen, 2. Aufl., München 1994
- Die Verhaltensnormen der §§ 31 ff. WpHG, in Schriftenreihe der Bankrechtlichen Vereinigung, Bd. 7, Bankrechtstag 1995, Berlin , S. 109 ff.

Schwerdtner, Peter: Maklerrecht, 4. Aufl., München 1999

Schwintowski, Hans-Peter: Haftung bei der Finanzierung von (atypisch) fehlgeschlagenen steuerbegünstigten Kapitalanlagen, in: NJW 1989, S. 2089 ff.

- Anleger- und objektgerechte Beratung in der Lebensversicherung, in: VuR 1997, S. 84 ff.
- Aufklärungspflichten beim Discount-Brokerage, in: ZBB 1999, S. 385 ff.

Seer, Roman / *Schneider*, Norbert: Die Behandlung der sogenannten Verlustzuweisungsgesellschaften nach dem neuen § 2b EStG, in: Betriebsberater 1999, S. 872 ff.

Siol, Joachim: Beratungs- und Aufklärungspflichten der Discount-Broker, in: FS für Herbert Schimansky, S. 781 ff., Köln 1999

Spannagel, Wolfgang: Der alternative („graue") Kapitalmarkt, in: Der nichtorganisierte Kapitalmarkt, Hrsg. Bruns, Georg / Häuser, Karl, Frankfurt a.M. 1983

Spickhoff, Andreas / Petershagen, Jörg: Bankenhaftung bei fehlgeschlagenen Immobilienerwerber-Teuhandmodellen, in: BB 1999, S. 165 ff.

Staudinger, Julius v.: Kommentar zum Bürgerlichen Gesetzbuch, 13. Bearbeitung, Berlin 1995

- §§ 164 – 181: Eberhard *Schilken*
- §§ 255 – 292: Manfred *Löwisch*, Walter *Selb*

Steder, Karl-Heinz: Zum Entwurf eines Gesetzes über den Vertrieb von Anteilen an Vermögensanlagen, in: AG 1978, S. 173 ff.

Steuer, Stephan: Das Gesetz zur Umsetzung der EG-Einlagensicherungs- und Anlegerentschädigungsrichtlinie und seine Umsetzung in der Praxis, in: WM 1998, S. 2449 ff.

– Haftung für fehlerhafte Anlageberatung – Eine unendliche Geschichte, in: FS für Herbert Schimansky, S. 793 ff., Köln 1999

Stürner, Rolf: Entwicklungstendenzen des zivilprozessualen Beweisrechts und Arzthaftungsprozess, in: NJW 1979, S. 1225 ff.

– Die Aufklärungspflicht der Parteien im Zivilprozess, Tübingen 1976

Spickhoff, Andreas: Anmerkung zum BGH-Urteil v. 27.11.1998, in: JZ 1999, S. 301 ff.

Stoll, Hans: Tatbestände und Funktionen der Haftung für culpa in contrahendo, in: FS für Ernst v. Caemmerer, Tübingen 1978

Tettinger, Peter J.: Gewerbeordnung, 6. Aufl., München 1999

Thiel, Jürgen: Der Schutz der Anleger von Wertpapierfonds im deutschen und amerikanischen Recht, Frankfurt a. M., Bern 1982

Tipke, Klaus / *Lang*, Joachim: Steuerrecht, 16. Aufl., Köln 1998

Uhlenbruck, Wilhelm: Abschreibungsgesellschaften, Anlegerprobleme bei Sanierung – Konkurs – Vergleich, Düsseldorf 1974

– Die Rechtsstellung des getäuschten Kommanditisten in Konkurs und Vergleich der betrügerischen GmbH & Co. (Unter besonderer Berücksichtigung der Abschreibungsgesellschaften), in: GmbH-Rundschau 1973, S. 107 ff.

Vortmann, Jürgen: Verbraucherkreditgesetz Kommentar, Stuttgart, Berlin, Köln 1991

Wagner, Klaus R.: Kapitalanlagerechtliche Aufklärungspflichten über jede Art von Negativberichterstattung? – Zum freien Kapitalanlagemarkt –, WM 2002, S. 1037 ff.

– Neuere Entwicklungen steuerorientierter Fonds von 1996-1998, in: NZG 1999, S. 229 ff.

– Schwierigkeiten bei der Konzeption von Leasing-Fonds, in: DStR 1995, S. 1153 ff.

– Umsetzung von Krisenmanagement bei notleidenden geschlossenen Immobilienfonds, in: NZG 1999, S. 868 ff.

Weber, Martin: Deutsches Kapitalmarktrecht im Umbruch, in: NJW 1994 S. 2849 ff.

– Haftung für Rat, Auskunft und Empfehlung, in: DtZ-Informationen 1992, S. 57 ff.

– Verschulden bei Vertragsverhandlungen – die Haftung aus culpa in contrahendo, in: DtZ-Information 1992, S. 21 ff.

Weber-Rey, Daniela: Aufsichtsrechtliche Regelungen für Vermittler von Finanzanlagen und Vermögensverwalter nach der 6. KWG-Novelle, in: WM 1997, S. 2288 ff.

Wehling, Margret: Strukturvertrieb – Kurzfristige Modeerscheinung oder Vertriebsorganisation der Zukunft?, Teil I, in: ZFO 1994, S. 203 ff.

– Teil II, in: ZFO 1994, S. 255 ff.

Wendt, Gerlind: Die ärztliche Dokumentation, Eine beweisrechtliche Untersuchung zu ihrer Bedeutung für die Entscheidung der Sorgfaltsfrage bei der deliktischen Arzthaftung, Baden-Baden, 2001

Werner, Horst Siegfried / *Machunsky*, Jürgen: Immobilienfonds, Bauherren- und Erwerbermodelle: steuerbegünstigte Kapitalanlagen in der Krise – Haftungsverantwortung von Initiatoren, Treuhändern, Anlagevermittlern, Banken, Steuerberatern und Rechtsanwälten, Göttingen 1989

– Rechte und Ansprüche geschädigter Kapitalanleger, 3. Aufl., Göttingen 1991

Westphalen, Friedrich Graf v. / *Emmerich*, Volker / *Kessler*, Ronald: Verbraucherkreditgesetz-Kommentar, Köln 1991

Wiebke, Harald: Das neue Aufsichtsrecht für Finanzdienstleistungsunternehmen, in: DStR 1998, S. 491 ff.

Wiedemann, Herbert: Der Kapitalanlegerschutz im deutschen Gesellschaftsrecht, in: BB 1975, S. 1591 ff.

– Gesellschaftsrecht, Bd. 1, München 1980

Wiedemann, Herbert / *Schmitz*, Erich: Kapitalanlegerschutz bei unrichtiger oder unvollständiger Information, Besprechung der Entscheidungen BGHZ 71, 284 und BGHZ 72, 382, in: ZGR 1980, 129 ff.

Wielens, Franz: Probleme bei der Auswahl von Kapitalanlagen und kritische Durchleuchtung der steuerbegünstigten Kapitalanlagen, in: DB 1970, S. 2037 ff.

Wittmann, Arno: Zivilrechtliche Prospekthaftung beim Vertrieb von steuerbegünstigten Kapitalanlagen, in: DB 1980, S. 1579 ff.

Worms, Alexander: Anlegerschutz durch Strafrecht, Diss. Göttingen 1986, Köln 1987

Wüst, Günther: Präventiver und repressiver Rechtsschutz bei Anlegerwerbung und Anlagevermittlung, in: JZ 1989, S. 67 ff.

Wüst, H.P.: Prospekthaftung von Anlagevermittlern, in: DStZ 1980, Beilage 1, S. III u. IV und Beilage 2, S. III u. IV.

Zahn, Johannes: Diskussionsbeitrag zum 51. Deutschen Juristentag, in: Verhandlungen des 51. Deutschen Juristentages, P 73-P 80, P 124-P 128

Zimmer, Daniel: Neue Vorschriften für den nicht organisierten Kapitalmarkt, Eine Bewertung der den „grauen Kapitalmarkt“ betreffenden Bestimmungen der 6. KWG-Novelle, in: DB 1998, S. 969 ff.

Zöllner, Wolfgang: Zur geschichtlichen Entwicklung der Aktiengesellschaft und des Aktienrechts, in: Kölner Kommentar zum Aktiengesetz, Einleitungs-Band, Köln, Berlin, Bonn, München 1984

Rechtsprechungsübersicht

BGH	22.10.1962	NJW 1983, 1730
BGH	16.04.1964	BGHZ 94, 356
LG Hechingen	18.06.1964	BB 1986, 902
BGH	25.10.1967	NJW 1988, 1661
BGH	06.11.1967	BB 1988, 2270
BGH	14.11.1968	WM 1990, 918
BGH	16.01.1970	NJW 1990, 1907
BGH	26.01.1971	WM 1990, 920
BGH	14.12.1972	BGHZ 111, 314
BGH	18.01.1973	WM 1991, 271
BGH	18.05.1973	NJW 1991, 2556
BGH	05.07.1973	BGHZ 61, 118
BGH	05.07.1973	BGHZ 115, 214
BGH	05.07.1973	NJW-RR 1992, 531
BGH	05.07.1973	MDR 1992, 1237
BGH	14.04.1975	DB 1992, 1084
BGH	09.02.1976	WM 1992, 432
BGH	07.11.1977	VersR 1992, 626
BGH	14.11.1977	NJW 1992, 555
BGH	08.02.1978	NJW 1992, 2080
LG Itzehoe	08.02.1978	Az. 2 O 842/91
BGH	10.04.1978	NJW 1993,199
BGH	10.04.1978	WM 1993, 1238
BGH	24.04.1978	MDR 1993, 956
BGH	31.05.1978	WM 1978, 957
BGH	08.06.1978	DB 1993, 1966
BGH	27.06.1978	BGHZ 72, 132, 138
BGH	16.11.1978	ZIP 1993, 1993
BGH	22.03.1979	VersR 1993, 1104
BGH	06.09.1979	NJW-RR 1993, 1114
BGH	17.12.1979	BGHZ 123, 126
BGH	13.03.1980	VersR 1993,1236
BGH	22.05.1980	NJW-RR 1994, 1515
BGH	06.10.1980	NJW 1994, 2028
OLG Düsseldorf	22.05.1981	ZIP 1994, 1256
AG Frankfurt a.M.	25.06.1981	NJW-RR 1996, 110
OLG Düsseldorf	08.07.1981	WM 1996, 1082
OLG Köln	25.11.1981	VersR 1996, 1265
OLG Düsseldorf	25.11.1981	NJW-RR 1996, 1006

OLG Düsseldorf	25.11.1981	WM 1996, 1059
BGH	22.03.1982	WM 1996, 664
BGH	24.05.1982	BB 1996, 923
BGH-Beschluss	12.07.1982	NJW 1996, 1744
OLG Zweibrücken	02.02.1983	NJW-RR 1996, 949
OLG Hamm	07.07.1983	WM 1996, 1812
OLG Braunschweig	05.04.1984	WM 1996, 1484
LG Hamburg	22.05.1985	312 O 163/96
BGH	29.08.1985	NJW 1997, 1361
BGH	22.01.1986	WM 1986, 486
BGH	09.10.1986	BB 1997, 1011
BGH	03.02.1987	BGHZ 99, 391, 397
BGH	05.02.1987	WM 1987, 590
BGH	04.03.1987	NJW 1998, 448
BGH	30.10.1987	NJW 1998, 302
LG Wiesbaden	24.03.1988	2 O 132/97
BGH	27.09.1988	XI ZR 260/96
BGH	18.04.1989	NJW 1998, 982
OLG Braunschweig	19.09.1989	WM 1998, 375
BGH	28.09.1989	WM 1990, 75, 76
BGH	17.10.1989	NJW-RR 1987, 523
BGH	03.04.1990	NJW 1992, 282
BGH	03.04.1990	NJW 1998, 898
LG Osnabrück	24.04.1990	WM 1998, 381
OLG Nürnberg	31.05.1990	WM 1998, 378
OLG Nürnberg	31.05.1990	BB 1998, 498
BGH	20.06.1990	WM 1990, 1977
HansOLG Hamburg	11.12.1990	WM 1999, 1875
BGH	26.04.1991	NJW 1999, 638
BGH	26.09.1991	ZIP 1999, 486
BGH	26.09.1991	VuR 1999, 187
OLG Düsseldorf	15.10.1991	NZG 1999, 609
OLG Stuttgart	07.11.1991	NZG 1999, 612
BGH	07.11.1991	NJW 1973, 1604
BGH	07.11.1991	WM 1978, 611
BGH	07.11.1991	BGHZ 71, 284
BGH	07.11.1991	WM 1979, 141
BGH	03.12.1991	NJW 1980, 1162
BGH	12.02.1992	BGHZ 76, 231
BGH	26.02.1992	BGHZ 77, 172
BGH	31.03.1992	BGHZ 79, 337
BGH	01.04.1992	NJW 1982, 1095
BGH	01.04.1992	BGHZ 83, 222

BGH	13.10.1992	NJW 1982, 2493
OLG Köln	09.11.1992	WM 1982, 23
BGH	13.05.1993	DB 1988, 176
BGH	13.05.1993	NJW 1990, 2461
BGH	13.05.1993	NJW 1992, 228
OLG Hamm	13.05.1993	WM 1993, 241
BGH	13.05.1993	NJW 1995, 130
BGH	13.05.1993	NJW 1995, 1025
OLG Köln	06.07.1993	BauR 1996, 905 L.
OLG Köln	06.07.1993	NJW-RR 1996, 469
OLG Düsseldorf	11.11.1993	WM 1981, 969
BGH	05.05.1994	WM 1982, 867
OLG Düsseldorf	08.07.1994	WM 1984, 586
BGH	10.10.1994	WM 1969, 36
BGH	01.12.1994	BGHZ 64, 238
BGH	06.03.1995	WM 1976, 447
BGH	24.08.1995	WM 1978, 87
BGH	19.09.1995	NJW 1978, 424
BGH	01.01.1996	WM 1964, 609
BGH	01.01.1996	WM 1973, 164
BGH	19.01.1996	BGHZ 70, 356
BGH	19.01.1996	BGHZ 72, 92
BGH	27.02.1996	LM § 276 (Cc) Nr. 30
OLG Karlsruhe	27.02.1996	9 U 25/98
OLG München	12.03.1996	25 U 4876/98
OLG Karlsruhe	12.03.1996	3 U 47/98
OLG München	26.03.1996	31 W 1110/99
OLG München	03.06.1996	31 W 1110/99
OLG Stuttgart	12.06.1996	6 U 169/98
BGH	30.07.1996	NJW 1987, 1815
BGH	23.09.1996	NJW 1989, 2120
BGH(Nichtannahme)	24.01.1997	ZIP 1996, 872
OLG Hamm	28.01.1997	ZIP 1996, 2067
BGH	11.03.1997	MDR 1963, 128
BGH	12.06.1997	NJW 1964, 1621
BGH	26.09.1997	BGH'Z 48, 344
BGH	23.10.1997	JZ 1968, 69
BGH	28.10.1997	NJW 1970, 1075 ff.
BGH	20.11.1997	BB 1971, 544
BGH	04.12.1997	BGHZ 61, 17 ff.
OLG Düsseldorf	19.12.1997	NJW 1980, 403 f.
BGH	23.12.1997	WM 1981, 1175
BGH	28.01.1998	NJW 1982, 1095

BGH	28.01.1998	NJW 1984, 2101
BGH	06.05.1998	NJW 1990, 390
BGH	27.11.1998	ZIP 1990, 43
BGH	02.02.1999	NJW 1992, 2818
BGH	11.02.1999	WM 1992, 1193
OLG Karlsruhe	19.02.1999	NJW-RR 1995, 500
OLG Düsseldorf	09.03.1999	RR 1997, 1280
BGH	11.03.1999	DStR 1999, 812
BGH	13.01.2000	NJW-RR 2000, 998
HansOLG Hamburg	28.04.2000	WM 2001, 299
LG Frankfurt a.M.	23.06.2000	VuR 2001, 150
OLG Karlsruhe	21.07.2000	WM 2001, 245
BGH	14.11.2000	NJW 2001, 358
BGH	05.12.2000	ZIP 2001, 108
OLG Stuttgart	08.01.2001	ZIP 2001, 692
OLG Rostock	01.03.2001	ZIP 2001, 1009
OLG Stuttgart	21.03.2001	BB 2001, 1426
LG Regensburg	26.03.2001	VuR 2001, 215
BGH	06.04.2001	ZIP 2001, 1152
LG Stuttgart	29.06.2001	VuR 2001, 372
OLG Koblenz	06.07.2001	WM 2002, 1224
OLG Frankfurt a.M.	23.08.2001	WM 2002, 549
LG Hannover	16.11.2001	VuR 2002, 27
LG Karlsruhe	29.11.2001	BKR 2002, 370
OLG München	13.12.2001	Az. 19 U 4293/01
OLG Celle	20.12.2001	Az. 11 U 242/00
LG München	23.01.2002	BKR 2002, 467
OLG Koblenz	28.02.2002	VuR 2002, 241
AG Göttingen	09.04.2002	VuR 2002, 246
BGH	13.06.2002	BKR 2002, 645
OLG Nürnberg	18.07.2002	Az.: 8 U 4359/01
OLG Celle	15.08.2002	Az. 11 U 291/01
OLG Celle	15.08.2002	Az. 11 U 341/01
OLG Saarbrücken	06.09.2002	Az. 1 U 577/01-133
BGH	12.11.2002	DB 2003, 201

FSC
www.fsc.org
MIX
Papier | Fördert gute Waldnutzung
FSC® C083411

Kolibri 360 GmbH
Ferdinand-Jühlke-Straße 7
99095 Erfurt, Deutschland
produktsicherheit@kolibri360.de

Druck:
CPI Druckdienstleistungen GmbH
im Auftrag der
Kolibri 360 GmbH
Ferdinand-Jühlke-Str. 7
99095 Erfurt